Die Wirtschaft im Wandel

Christian Keuschnigg · Michael Kogler
(Hrsg.)

Die Wirtschaft im Wandel

Innovation, soziale Sicherheit, und Wohlfahrt

Hrsg.
Christian Keuschnigg
Forschungsgemeinschaft für National-
ökonomie (FGN-HSG)
Universität St. Gallen
St. Gallen, Schweiz

Michael Kogler
Forschungsgemeinschaft für National-
ökonomie (FGN-HSG)
Universität St. Gallen
St. Gallen, Schweiz

ISBN 978-3-658-31734-8   ISBN 978-3-658-31735-5   (eBook)
https://doi.org/10.1007/978-3-658-31735-5

Die Deutsche Nationalbibliothek verzeichnet diese Publikation in der Deutschen Nationalbiblio-
grafie; detaillierte bibliografische Daten sind im Internet über http://dnb.d-nb.de abrufbar.

Planung/Lektorat: Carina Reibold
Springer Gabler ist ein Imprint der eingetragenen Gesellschaft Springer Fachmedien Wiesbaden
GmbH und ist ein Teil von Springer Nature.
Die Anschrift der Gesellschaft ist: Abraham-Lincoln-Str. 46, 65189 Wiesbaden, Germany

Geleitwort

Prof. Dr. Bernhard Ehrenzeller, Rektor der Universität St.Gallen
„Wissen schafft Wirkung" – So lautet unser Anspruch als Universität an Forschung und Lehre. Das Projekt „Next Generation" und das vorliegende Buch sind ein bestes Beispiel dafür, wie bereits Studierende sich mit neuster Forschung auseinandersetzen und dabei sogleich eine Brücke zur breiteren Öffentlichkeit schlagen können. Unsere Studierenden der Volkswirtschaftslehre erschliessen sich im Studium die modernen Methoden der empirischen sowie theoretischen Forschung und erarbeiten sich den aktuellen Bestand des Wissens über wirtschaftliche Zusammenhänge. Im Projekt „Next Generation" lernen sie auch, diese Erkenntnisse in ansprechender und prägnanter Form zugänglich zu machen, wodurch sie auch zur wirtschaftspolitischen Entscheidfindung beitragen.

Im Stil eines „Reader's Digest" fassen die Studierenden die zentralen Kernaussagen und die wichtigsten quantitativen Ergebnisse ökonomischer Forschung zusammen. Sie trainieren so ihre Fähigkeit, Forschungserkenntnisse verständlich zu vermitteln und einzuordnen. Damit leisten die Studierenden selbst einen wichtigen Beitrag zu einer Kernaufgabe der Universität, sprich zum Wissenstransfer von der Grundlagenforschung in die wirtschaftspolitische Praxis.

Die Herausgeber wählen geeignete Forschungsarbeiten von hoher Aktualität und Relevanz aus. Ein kurzer Abstract ordnet das Thema in den wirtschafts- und gesellschaftspolitischen Kontext ein und erklärt die Relevanz der Arbeit. Die Texte sind sorgfältig editiert und richten sich an Leser*innen ohne ökonomisches Hintergrundwissen.

Das Projekt „Next Generation" ist eine gezielte Begabten- und Nachwuchsförderung, die talentierten St.Galler VWL-Studierenden nicht nur in der Wissenschaftskommunikation schult, sondern ihnen auch mehr Sichtbarkeit schenkt. Durch die Verbreitung ihrer Texte in Newslettern, sozialen Medien und externen

Wissensplattformen, kommen sie mit einer interessierten Öffentlichkeit in Kontakt. Mit ihren Beiträgen können sich die angehenden Ökonom*innen den Entscheidungsträger*innen in Politik und Wirtschaft vorstellen.

Ich danke den Initianten des Projekts, den Herausgebern und den engagierten Studierenden für ihre Arbeit und wünsche Ihnen eine anregende Lektüre!

Vorwort

Prof. Dr. Christian Keuschnigg, Professor für Nationalökonomie, und Michael Kogler, PhD, Herausgeber
Die Volkswirtschaftslehre hält eine fast unüberschaubar grosse Fülle empirischer Forschungsergebnisse bereit, die es für Politik, Wirtschaft und Gesellschaft zu nutzen gilt. Die aktuelle Forschung erweitert laufend das Wissen über wirtschaftliche Zusammenhänge und über Auswirkungen von Politikmassnahmen. Damit legt sie die Grundlage für eine sachliche, evidenzbasierte Politik.

Mit Publikationen in führenden Fachzeitschriften machen Wissenschaftler die Erkenntnisse ihrer Forschung für die weitere Nutzung durch andere verfügbar. Die universitäre Lehre vermittelt den Studierenden den Bestand des gesicherten Wissens, um sie für ihre künftigen Aufgaben vorzubereiten. Wie können jedoch Politik und Öffentlichkeit von den neuen Erkenntnissen und der Weiterentwicklung der Volkswirtschaftslehre profitieren?

Die Entscheidungsträger in Politik und Wirtschaft haben in der Regel weder Zugang zu den spezialisierten Fachzeitschriften noch haben sie das technische Wissen, um die Ergebnisse direkt würdigen zu können. Auch die Medien und die Öffentlichkeit brauchen für die demokratische Willensbildung ein unabhängiges Bild von wirtschaftlichen Entwicklungen und Zusammenhängen. Durch die Übersetzung der neuen Forschungsergebnisse in ein für ein breites Publikum verständliches Format kann die Wissenschaft letztlich einen grösseren praktischen Nutzen für Politik und Öffentlichkeit stiften.

Mit den Forschungsnachrichten des Projekts Next Generation informieren die besten St.Galler Studierenden der Volkswirtschaftslehre über neue Erkenntnisse ökonomischer Spitzenforschung. Die Beiträge richten sich an Entscheidungsträger in Politik und Wirtschaft, Medien und die interessierte Öffentlichkeit. In der Lehre ergänzen sie die Inhalte der spezialisierten Veranstaltungen mit ganz neuen Forschungsergebnissen und ermöglichen den Studierenden, wichtige Querbezüge zwischen den Teildisziplinen der Volkswirtschaftslehre zu erkennen.

Die Beiträge können Studierende anregen, den untersuchten Fragestellungen im Rahmen von Masterarbeiten oder einer Dissertation auf den Grund zu gehen. Sie sollen jüngere Studierende für ein vertieftes Studium der Volkswirtschaftslehre begeistern. Am wichtigsten scheint uns, dass die studentischen Autoren mit allgemeinverständlichen Zusammenfassungen die Öffentlichkeit an ihrem Studium teilhaben lassen und einen eigenständigen Beitrag zum Wissenstransfer in die wirtschaftspolitische Praxis leisten.

Inhaltsverzeichnis

**Wirtschaftlicher Wandel und gesellschaftliche Teilhabe: Soziale
Sicherheit und Gesundheit**

Einleitung

Politik und Wirtschaft im Wandel

Christian Keuschnigg und Michael Kogler

Globalisierung, Innovation und Alterung der Gesellschaft treiben den wirtschaftlichen Wandel voran. Der Aufstieg Chinas pflügt die Weltwirtschaft um, die Digitalisierung verändert die Arbeitswelt. Welche neuen Herausforderungen ergeben sich für die Wirtschaftspolitik? Wie kann die Politik die Voraussetzungen für nachhaltiges Wachstum in einer sich rasch ändernden Wirtschaft verbessern? Wer sind die Gewinner und Verlierer? Was kann die Politik tun, damit nicht nur wenige, sondern möglichst viele vom wirtschaftlichen Wandel profitieren?

Forschung für eine bessere Wirtschaftspolitik
Wissenschaft ist kein Selbstzweck. Der Erkenntnisgewinn soll Nutzen stiften. In Medizin und Pharmazie sind dies etwa neue Therapien und Medikamente. Mathematik und Physik legen die Grundlagen dafür, spektakuläre Bauten zu konzipieren und leistungsfähige Computer zu entwickeln.

Der praktische Nutzen der Volkswirtschaftslehre besteht darin, dass Familien, Unternehmen und Staat zu besseren Entscheidungen finden, die mehr Wohlfahrt ermöglichen. Das braucht Theorie und empirische Grundlagen. Einer Wirtschaftspolitik ohne Theorie fehlen Ziel und Plan sowie das Wissen über die zugrundeliegenden Wirkungsmechanismen. Eine Politik losgelöst von empirischen Grundlagen wäre spekulativ. Evaluationsstudien können systematisch aufzeigen, wie wirksam

C. Keuschnigg · M. Kogler (✉)
Forschungsgemeinschaft für Nationalökonomie (FGN-HSG), Universität St. Gallen, St. Gallen, Schweiz
E-Mail: michael.kogler@unisg.ch

C. Keuschnigg
E-Mail: christian.keuschnigg@unisg.ch

© Der/die Autor(en) 2021   3
C. Keuschnigg und M. Kogler (Hrsg.), *Die Wirtschaft im Wandel*,
https://doi.org/10.1007/978-3-658-31735-5_1

frühere Massnahmen und Reformen waren. Sie informieren die Entscheidungsträger darüber, welche Instrumente vielversprechend sind und welche nicht. Wie kann die Wirtschaftspolitik diese Forschungsergebnisse nutzen? Entscheidungsträgern fehlt oft die Zeit und manchmal auch das spezielle Fachwissen, die Entwicklungen in den Fachzeitschriften der Volkswirtschaftslehre zu verfolgen. Zwar verfügen sie über erfahrene und kompetente Mitarbeiter, welche das Wissen aus der Forschung in den Entscheidungsprozess einfliessen lassen können. Sie sollten sich aber idealerweise selbst ein eigenständiges, informiertes Urteil bilden. Ebenso sollte das breite Publikum ein Grundverständnis über die wirtschaftlichen Zusammenhänge entwickeln, um wirtschaftspolitische Massnahmen besser bewerten zu können.

Eine Schwierigkeit im Umgang mit der empirischen Forschung liegt darin, dass viele Studien oft nur Einzelergebnisse liefern. Je nach untersuchter Politikänderung oder Reform, je nach Zeitpunkt und institutionellem Umfeld liefert die empirische Forschung eine grosse Bandbreite von Ergebnissen. Trotzdem lässt sich in vielen Fällen ein breiter Konsens ableiten.

Dieser Sammelband vermittelt einen Überblick über ausgewählte empirische Forschungsarbeiten. Studierende der volkswirtschaftlichen Master- und Doktoratsprogramme an der Universität St.Gallen haben zahlreiche neue Forschungsergebnisse prägnant zusammengefasst. Sie leisten damit einen wichtigen Beitrag zum Wissenstransfer von der volkswirtschaftlichen Forschung in die wirtschaftspolitische Praxis und verbessern damit die Informationsgrundlagen für die wirtschafts- und gesellschaftspolitische Debatte.

Neben der Relevanz der Forschungsarbeiten berücksichtigt die Auswahl der Beiträge zwei weitere Kriterien. Erstens stammen die Arbeiten aus den führenden Fachzeitschriften. Sie unterliegen damit einem harten Auswahlprozess mit strenger Qualitätskontrolle. Die besten Fachzeitschriften akzeptieren wenige der eingereichten Beiträge, die zudem in einem aufwendigen Begutachtungs- und Überarbeitungsprozess noch weiter verbessert werden. Zweitens stellt die Auswahl auf das Ansehen der Wissenschaftler in der Fachwelt ab. In den Spitzenzeitschriften vergehen oft mehrere Jahre bis zur tatsächlichen Publikation einer Arbeit. Daher werden auch ganz neue Forschungsarbeiten führender Ökonomen, die bereits als Diskussionspapiere renommierter Universitäten und Forschungsnetzwerke zugänglich sind, berücksichtigt.

Der vorliegende Sammelband stellt neue Forschungsergebnisse zu unterschiedlichen Themen zusammen. Trotz der grossen Breite und der selektiven Auswahl der Themen gibt es einen gemeinsamen Nenner, nämlich wirtschaftlicher Fortschritt durch Wandel. Dieser findet in vielen Bereichen wie Technologie, Industriestruktur und weltweite Arbeitsteilung, Alterung und Demographie statt. Er stellt die Wirtschaftspolitik vor neue Aufgaben, die von Bildung und Forschung über stabile Banken bis zu Fragen der sozialen Sicherheit reichen.

Die Triebkräfte wirtschaftlichen Wandels
Wichtige Treiber des wirtschaftlichen Wandels sind Innovation, Globalisierung und Demographie. Neue Produkte und Technologien verändern die Wirtschaft. Sie bieten den Konsumenten grössere Auswahl zu meist niedrigeren Preisen und führen zu Automatisierung von Produktion und Vertrieb. Die Digitalisierung, die aufgrund grosser Fortschritte in der Informations- und Kommunikationstechnologie möglich wurde, verändert die Geschäftsmodelle der Unternehmen und die Arbeitswelt fundamental. Triebkraft dieser Entwicklung ist letztlich die Innovation. Dieser Prozess beginnt mit neuen, oft radikalen Ideen und führt im Ergebnis zu besseren Produkten und effizienteren Technologien. Innovation steigert die Produktivität und ermöglicht höheren Wohlstand. Dies gilt vor allem für die entwickelten Länder, die ihre Produktivität kontinuierlich steigern.

Aber Innovation hat Gewinner und Verlierer. Im Prozess kreativer Zerstörung verdrängen innovative Unternehmen mit besseren Produkten und Dienstleistungen die etablierten Konkurrenten, die es versäumt haben, ihr Geschäftsmodell anzupassen. Viele Arbeitnehmer können in den Wachstumsbranchen neue Chancen realisieren und an den Einkommensgewinnen teilhaben. Traditionelle Qualifikationen verlieren jedoch ihren Wert, sodass Löhne und Beschäftigung in Gefahr geraten.

Ähnliche Folgen hat die Globalisierung. Niedrigere Transportkosten, die Vertiefung und Erweiterung des europäischen Binnenmarktes und die Integration Chinas und anderer Schwellenländer in die Weltwirtschaft multiplizieren den internationalen Handel. Dieser ermöglicht eine bessere Spezialisierung und Arbeitsteilung, spart Kosten und ermöglicht niedrigere Preise. Der weltweite Wettbewerb und der Zugang zu grossen Absatzmärkten fördern die Innovation. Alle Länder gemeinsam profitieren von Handelsgewinnen durch niedrigere Preise und grössere Produktvielfalt. Aber auch im Welthandel gibt es Gewinner und Verlierer, und es braucht gleich lange Spiesse im internationalen Wettbewerb.

Der zunehmende Handel lässt Exporte und Importe gleichermassen wachsen. Während innovative Exporteure und multinationale Unternehmen stärker wachsen und mehr Beschäftigung schaffen, müssen andere Unternehmen der Importkonkurrenz weichen und Arbeitsplätze abbauen. Die Wirtschaftspolitik muss es schaffen, möglichst viel Beschäftigung auf die expandierenden Branchen zu lenken und mögliche Verlierer sozial abzusichern. So können möglichst viele an den Handelsgewinnen teilhaben, damit die Unterstützung für den Freihandel erhalten bleibt.

Schliesslich lassen Fortschritte in der Medizin und im Gesundheitswesen die Lebenserwartung bei länger anhaltender Gesundheit zunehmen. Die zunehmende Alterung der Gesellschaft verändert das Zusammenleben der jungen und alten Generationen und stellt die Politik vor grosse Herausforderungen. Sowohl die Pensionsversicherung als auch das Gesundheits- und Pflegesystem brauchen erhebliche Anpassungen.

Aufgaben der Wirtschaftspolitik

Wenn die Wirtschaft sich stark wandelt, muss auch die Wirtschaftspolitik sich ändern und neue Herausforderungen aufnehmen. Sie soll erstens die Voraussetzungen dafür schaffen, dass der wirtschaftliche Wandel tatsächlich zu nachhaltigem Wachstum und höherem Wohlstand führt. Dies erfordert Investitionen in Bildung und Forschung sowie flexible Arbeits- und Kapitalmärkte, sodass Arbeitnehmer und Kapital von schrumpfenden zu expandierenden Branchen wechseln. Nur ein handlungsfähiger Staat ist dabei in der Lage, diese investiven Aufgaben zu erfüllen.

Die Wirtschaftspolitik soll zweitens dafür sorgen, dass möglichst viele an den Chancen des Wandels partizipieren können. Sie muss die Verlierer angemessen entschädigen und auch den Benachteiligten eine Perspektive auf sozialen Aufstieg bieten, damit die Ungleichheit moderat und das Wachstum inklusiv bleibt. Nach diesen beiden Prinzipien sind die zwei nachfolgenden Abschnitte des Buchs organisiert.

Wachstum durch Strukturwandel

Bildung, Innovation und wettbewerbsfähige Unternehmen

Die meisten Innovationen wie neue Technologien und Produkte nutzen Erkenntnisse der Grundlagenforschung. Gleichzeitig brauchen innovative Unternehmen eine gut ausgebildete Belegschaft. Deshalb sind ein gut funktionierendes Bildungssystem und insbesondere Universitäten mit ihren Standbeinen Forschung und Lehre eine zentrale Voraussetzung für Innovation. Auch für jeden einzelnen lohnt sich eine gute Ausbildung. Sie ist entscheidend für sichere Beschäftigung und attraktive Karriereperspektiven.

Wie ist der Nutzen staatlicher Bildungsinvestitionen zu bewerten? Bildung hat eine private Rendite wie höhere Einkommen und Lebenszufriedenheit. Doch sie ist nicht für alle gleich hoch. Es kommt sehr darauf an, dass jeder nach seinen Fähigkeiten und Interessen das passende Studium absolvieren kann. Zusätzliche Studienplätze ermöglichen es mehr Studienwerbern, ihre erstbeste Wahl verwirklichen. Weil sie von anderen Fachrichtungen in ihr bevorzugtes Fach wechseln, werden andernorts Studienplätze frei. Die gesamtwirtschaftliche Rendite von Bildungsinvestitionen muss die Gewinne jener „Aufrücker" berücksichtigen. Wie kommen besonders hohe Bildungsrenditen zustande? Ist Talent entscheidend, oder ein einflussreiches Elternhaus? Absolventen von Eliteuniversitäten haben eine gute Chance, Spitzeneinkommen zu erreichen. Die empirische Forschung macht deutlich, dass die Bedeutung von Beziehungen für die Karriere nicht in allen Fachrichtungen gleich wichtig ist. Gerade im Management hängt der Karriereerfolg aber oft stark von Beziehungen ab. Umso größer ist die Herausforderung der Politik, diesen Vorteil zu kompensieren und auf Chancengleichheit hinzuwirken, und der Eliteuniversitäten, ihr Beziehungsnetzwerk allen zu öffnen.

Neben Investitionen in Ausbildung und Grundlagenforschung fördert der Staat die private Forschung und Entwicklung von Unternehmen. Damit verbessern diese ihre Wettbewerbsfähigkeit am Weltmarkt und steigern Innovation und Wachstum der Gesamtwirtschaft. Der Prozess verstärkt sich, da Unternehmen von den Erkenntnissen ihrer Mitbewerber profitieren. Daher ist die Rendite von Forschung und Entwicklung für die gesamte Wirtschaft viel höher als für ein einzelnes Unternehmen. Die Gesellschaft kann viel gewinnen, wenn sie Unternehmen bei Forschung und Entwicklung unterstützt.

Eine Möglichkeit sind Steueranreizen für forschende Unternehmen. Diese helfen vor allem jungen, innovativen Unternehmen, Finanzierungsengpässe zu überwinden und regen die Gründungsaktivitäten an. Die empirische Evidenz zeigt, dass Regionen mit Steueranreizen mehr Unternehmensgründungen verzeichnen als andere. Diese beschleunigen das innovationsgetriebene Wachstum und stärken die internationale Wettbewerbsfähigkeit.

Kapitalmärkte, Banken und Strukturwandel
Innovatives Wachstum bringt einen andauernden Strukturwandel mit sich. Dieser erfordert, dass Arbeit und Kapital flexibel von schrumpfenden zu wachsenden Branchen und Unternehmen, wo die Zukunftschancen gut sind, wandern können. In der Realität erschwert eine Vielzahl von Friktionen diesen Wandel. Wenn Ressourcen in ihren bisherigen Verwendungen blockiert sind, bremst dies den Wandel und verringert das Produktivitätsgewinne. Deshalb kommt Banken und Wagniskapitalgeber eine wichtige Bedeutung zu. Sie finanzieren den Strukturwandel, indem sie Kapital aus wenig produktiven Firmen abziehen und es dorthin lenken, wo es produktiv eingesetzt wird und zum Wachstum beiträgt.

Allerdings können nur starke Banken mit ausreichend Eigenkapital diese Aufgabe erfüllen. Banken dürfen faule Kredite an wenig wettbewerbsfähige Unternehmen nicht weiter verlängern, sondern müssen sie fällig stellen und teilweise abschreiben, damit sie die Kredite zu den neuen Wachstumsunternehmen lenken können. Schwache Banken mit wenig Eigenkapital können den Strukturwandel nicht finanzieren, weil die dabei auftretenden Verluste ihre Mindestkapitalausstattung gefährden. Nicht nur die Finanzstabilität, sondern auch der Strukturwandel setzt einen starken Bankensektor mit robuster Kapitalausstattung voraus. Eigenkapital ist jedoch teuer. Daher haben die Banken einen Anreiz, sich stärker zu verschulden. Dies macht sie nicht nur krisenanfälliger, sondern trägt auch dazu bei, dass sie faule Kredite nicht fällig stellen, weil ihr Eigenkapital die Verluste nicht ausgleichen kann. Die Besteuerung fördert den Verschuldungsanreiz zusätzlich. Denn das Fremdkapital wird steuerlich entlastet, das Eigenkapital aber nicht. Die Bankenregulierung will mit höheren Kapitalstandards die Eigenkapitalausstattung des Bankensektors stärken. Da macht es wenig Sinn, wenn der Staat mit dem steuerlichen Schuldenanreiz das genaue Gegenteil tut.

Auch der Wettbewerb zwischen den Banken trägt dazu bei, dass sie den Strukturwandel besser unterstützten können. Indem sie mehr Informationen über ihre Kunden sammeln und ihre Prozesse bei der Auswahl und Überwachung optimieren, gelingt es ihnen besser, die besonders vielversprechenden Unternehmen zu identifizieren. Dadurch können sie die Kreditvergabe vor allem auf die Unternehmen mit hohem Wachstumspotential lenken.

Bei der Finanzierung von Wachstum kommt es nicht allein auf die Banken an. Denn gerade bei Start-ups sind diese meist zurückhaltend. In diesem Fall sind Wagniskapitalgeber besonders wichtig. Sie können besser als andere die Erfolgschancen beurteilen und sind eher bereit, sich zu engagieren. Auf ihre Expertise können auch weitere Kreditgeber vertrauen. Wagniskapital hilft gleich zweimal. Die Wagnisfinanziers stellen selbst Kapital bereit und geben auch anderen Investoren das notwendige Vertrauen, sich zu beteiligen. Deshalb ist ein aktiver Markt für Wagniskapital in einer innovativen Wirtschaft so wichtig.

Trotzdem bleibt das Risiko groß, denn nicht alle Start-ups haben das gleiche Potenzial. Auch für Wagniskapitalgeber sind die Erfolgsaussichten oft schwer einzuschätzen. Da das Neue ist auf dem Markt noch nicht getestet ist, zählt die Erfahrung aus der Vergangenheit. Einem Unternehmensgründer, der bereits einmal Erfolg hatte und Erfahrung sammeln konnte, wird stärker vertraut. Auch ein Wagnisfinanzier, der auf einen erfolgreichen Leistungsausweis zurückblicken kann, genießt bei den Gründern und Banken mehr Vertrauen.

Globale Wertschöpfung
Innovation und Globalisierung ermöglichen tiefere Spezialisierung nicht nur von ganzen Volkswirtschaften, sondern auch von einzelnen Unternehmen. Der

wirtschaftliche Wandel zeigt sich etwa an immer komplexeren Wertschöpfungsketten, die neue Risiken mit sich bringen.

Je stärker die Arbeitsteilung und Spezialisierung ist, desto mehr sind die
Unternehmen in einem Netzwerk von Lieferbeziehungen eng verflochten und
voneinander abhängig. Fällt ein schwer ersetzbarer Lieferant aus, oder geht
einem wichtigen Kunden das Geld aus, kann es zu einem Unterbruch in der
Produktionskette kommen. Die Ansteckung in der Wertschöpfungskette kann
ganze Branchen erfassen und Konjunkturabschwünge verschärfen. Um die
Krisenrobustheit zu stärken, können die Unternehmen z. B. mit Lagerhaltung,
Diversifizierung der Lieferanten und ausreichenden Kapitalreserven vorsorgen.

Ein aktuelles Beispiel dafür, wie fragil globale Lieferketten sind, ist der
Brexit. Zwar ist Grossbritannien mittlerweile aus der Europäischen Union aus-
getreten, aber wie die künftigen Handelsbeziehungen aussehen, bleibt weiter
unklar. Müssen sich die Unternehmen auf neue Zölle, kostspielige Formalitäten,
Zeitverzögerungen an der Grenze, und teure Unterbrüche in der Wertschöpfungskette einstellen? Die empirische Forschung macht schon jetzt klar, dass Unsicherheit Gift für die Wirtschaft ist. Die Unternehmen müssen für alle Eventualitäten
planen und Ressourcen einsetzen, und schieben wichtige Entscheidungen auf.
Bereits bevor der Brexit vollzogen wurde, bremste die Unsicherheit darüber die
britischen Unternehmen und beeinträchtigte Investitionen und Produktivitätswachstum.

Wirtschaftlicher Wandel und gesellschaftliche Teilhabe
Ein handlungsfähiger Staat

Der Staat kann nur in Bildung und Forschung investieren und die Entwicklung
von Banken und Kapitalmärkte unterstützen, wenn er selbst stark und handlungs-
fähig ist. Dies setzt gut funktionierende staatliche Institutionen voraus, denen
die Bürgerinnen und Bürger vertrauen. Mindestens genauso wichtig sind solide
öffentliche Finanzen. Sonst muss der Staat viel Geld für den Schuldendienst
verwenden, weshalb nur wenig Mittel für Zukunftsinvestitionen zur Verfügung
stehen. Die Überschuldung kann zudem rasch zu einer Staatschuldenkrise führen,
die harte Einschnitte für den Staat und dessen Gläubiger verlangt.

Die empirische Forschung zeigt, dass demokratische Institutionen die
wirtschaftliche Entwicklung begünstigen. In einer Demokratie lenken die Bürger
die Politik zu ihrem Vorteil. Reformen werden wahrscheinlicher, die für eine
große Mehrheit und nicht nur für eine privilegierte Minderheit nützlich sind.
Demokratisierung verspricht langfristige Wohlstandsgewinne. Schätzungen
zeigen, dass nach 20 bis 25 Jahren, das Pro-Kopf Einkommen um rund ein Viertel
höher ist. Diese Wohlstandsgewinne sind umso stärker, je mehr Menschen gut

ausgebildet sind und besser am öffentlichen Diskurs und der Demokratie teilnehmen können.

Wenn Bürgerinnen und Bürger den staatlichen Institutionen vertrauen, sind sie
stärker bereit, sich in der Politik und Zivilgesellschaft zu engagieren. Auch die
Steuermoral und der verantwortungsvolle Umgang mit Sozialleistungen nehmen
zu. Ein korrektes Verhältnis der Bürger zum Staat stärkt diesen und ermöglicht
es ihm, den wirtschaftlichen Wandel in grösserem Umfang zu unterstützen und
sozialverträglich zu gestalten.

Wie gross die Leistungsfähigkeit des Staates ist, hängt entscheidend von den
öffentlichen Finanzen ab. Es gibt viele Gründe, wichtige Staatsausgaben mit
Schulden zu finanzieren. Allerdings ist die Tragbarkeit der Staatsverschuldung
begrenzt. Wenn jedoch eine bereits hohe Verschuldung weiter rasch zunimmt, ver-
schwindet das Vertrauen der Investoren. Selbst überschuldete Länder können das
Vertrauen wieder zurückgewinnen, wenn sie eine Wende einleiten. Eine sinkende
Schuldenquote ist ein starkes Signal, dass die Finanzen unter Kontrolle sind.
Fallende Risikoprämien und Zinsen erleichtern eine nachhaltige Konsolidierung.

Geht das Vertrauen der Anleger jedoch verloren, dann setzt eine
unkoordinierte Kapitalflucht ein. Sie lässt die Zinsen schlagartig ansteigen und
verschärft die Krise erst recht. In diesem Fall kann die Geldpolitik kurzfristig
eingreifen, um die prekäre Lage zu stabilisieren. Die empirische Evidenz zu den
Aufkaufprogrammen der Europäischen Zentralbank 2012 zeigt, dass allein deren
Ankündigung die Zinsen rasch und signifikant verringern konnte. Der Zins-
rückgang betrug etwa für italienische Staatsanleihen rund 2 Prozentpunkte, für
spanische rund 2,5 Prozentpunkte.

In einer Staatsschuldenkrise können die Gläubiger mit einem Schuldenschnitt ein Ende mit Schrecken setzen, damit wenigsten die restliche Staatsschuld
sicher zurückkommt. Oder sie einigen sich auf Schuldenerleichterungen und eine
Streckung der Rückzahlung, und riskieren damit eine verschleppte Insolvenz
anstatt nachhaltiger Gesundung. Forschungsergebnisse zeigen, dass ein Schuldenschnitt eher Gewähr bietet, zu neuem Wachstum zurückzufinden und die Tragbarkeit der Staatsschulden wiederherzustellen.

Ungleichheit und soziale Mobilität
Der wirtschaftliche Wandel beeinflusst die Einkommensverteilung und damit die
soziale Ungleichheit. Denn Innovation und Globalisierung schaffen Gewinner
und Verlierer. Erfolgreiche Unternehmer und ihre Beschäftigten profitieren davon,
die Produktion neuer und innovativer Güter und Dienste durch weltweiten Absatz
zu vervielfachen. Wer dagegen in Branchen engagiert ist, die mit zunehmender
Importkonkurrenz zu kämpfen haben, muss Einkommensverluste hinnehmen.

Die Herausforderungen liegen darin, mehr Betroffenen eine neue Perspektive auf Aufstiegschancen zu geben und eine übermässige Konzentration der Einkommen mit starker Ungleichheit zu verhindern.

Die Superstars der Firmen sind überaus innovativ und erzielen überdurchschnittlich hohe Gewinne. Mit viel Knowhow und einer hoch qualifizierten, aber sehr kleinen Belegschaft dominieren sie die Branchen und sichern ihren Gründern und Eigentümern den Löwenanteil der Wertschöpfung. Der Anteil der Arbeitnehmer am Einkommen, die Lohnquote, sinkt, wenn sich die Wertschöpfung von den übrigen Unternehmen zu den Superstars mit besonders geringer Lohnquote verschiebt. Gerade in den innovativsten Branchen ist der Rückgang der Lohnquote am stärksten.

Die Wettbewerbspolitik ist daher neu gefordert, übermässige Gewinne durch Ausnutzung von Marktmacht zulasten der Arbeitnehmer und Konsumenten zu verhindern und den Zutritt neuer Anbieter zu erleichtern. Tatsächlich zeigt die empirische Evidenz, dass die Konkurrenz durch neue, innovative Unternehmen auf Dauer unverdiente Renteneinkommen verhindert. Die Beseitigung von Marktzutritts- und Wettbewerbsbarrieren kann daher inklusives Wachstum fördern und der Ungleichheit entgegenwirken.

Zu starke Ungleichheit gefährdet den gesellschaftlichen Zusammenhalt. Die Politik kann darauf reagieren, indem sie mit Steuern und Transfers im Nachhinein umverteilt, oder indem Sie, z. B. durch besseren Zugang zu Bildung die Aufstiegschancen verbessert. Wie diese wahrgenommen werden, beeinflusst die Einstellung der Bürgerinnen und Bürger zur Umverteilung. Wer in jungen Jahren aus einfachen Verhältnissen startet, mag nach erfolgreicher Karriere zu den Spitzenverdienern gehören. Und wer daran glaubt, bald selbst zu den Reichen zu gehören, hat womöglich weniger Verlangen danach, den eigenen Aufstieg mit progressiven Steuern und mehr Umverteilung zu erschweren.

Beschäftigung und Arbeitsmarkt
Handel und Innovation lösen einen Strukturwandel aus. Für den Arbeitsmarkt sind sie Chance und Gefahr zugleich. Innovative Unternehmen erschliessen neue Märkte und stellen neue Mitarbeiter ein, während andere unter starker Konkurrenz leiden, sodass Arbeitsplätze verloren gehen. Besonders die Jobverluste durch Importkonkurrenz etwa aus China führten in den vergangenen Jahren dazu, dass immer mehr Bürgerinnen und Bürger in den westlichen Industriestaaten den internationalen Handel kritischer betrachten.

Eine Studie aus den USA zeigt, dass die zunehmende Importkonkurrenz aus China insgesamt zu Arbeitsplatzverlusten führte, technologischer Fortschritt und Automatisierung jedoch kaum. So verringerten z. B. um 1000 US$ höhere Importe aus China pro Arbeitnehmer die Beschäftigungsquote in den USA um

0,7 Prozentpunkte in 10 Jahren. Besonders die wenig qualifizierten Arbeitnehmer waren davon betroffen. Den Handel zu unterbinden und den Strukturwandel aufzuhalten würde den Fortschritt blockieren. Die Politik braucht aber ein gezieltes Programm, das die betroffenen Arbeitnehmer absichert und aktiv unterstützt, mit neuen Qualifikationen anderswo eine neue Beschäftigung mit besseren Perspektiven zu finden.

Eine Möglichkeit dafür sind Qualifizierungsprogramme für Arbeitslose. Jährlich wenden Industrienationen beträchtliche Summen für solche Programme auf, in Frankreich beispielsweisen rund 1 % des BIP. Vor dem Hintergrund hoher Kosten sind belastbare Auswertungen, welche die Wirkung der Programme evaluieren, von grosser Bedeutung. Tatsächlich zeigen empirische Studien, dass die Teilnahme an Qualifizierungsprogrammen die Beschäftigungschancen und Einkommen steigern kann.

Schliesslich kann der Staat auch direkt strukturschwache Gebiete fördern. Regionalpolitik kann dazu beitragen, die Beschäftigung zu sichern und die Entwicklung mit neuen Investitionen anzustossen. Ist sie tatsächlich wirksam? Oder führt sie bloss zu einer Verlagerung von Arbeitsplätzen von nicht geförderten zu geförderten Regionen, ohne dass die Gesamtwirtschaft profitiert? Eine Studie aus Grossbritannien zeigt durchaus vielversprechende Ergebnisse. Investitionszuschüsse können die Beschäftigung in einer Branche steigern, vor allem bei kleineren Unternehmen. Der Beschäftigungsanstieg kommt meist dadurch zustande, dass neue Arbeitsplätze geschaffen werden, und nicht, weil sie aus nicht geförderten Regionen verlagert werden.

Soziale Sicherheit und Gesundheit
Der demographische Wandel und die zunehmende Alterung unserer Gesellschaft stellen Sozial- und Gesundheitspolitik vor schwierige Herausforderungen. Eine Hauptaufgabe besteht darin, die finanzielle Stabilität der Pensionssysteme angesichts steigender Lebenserwartung nachhaltig zu sichern und den Kostenanstieg im Gesundheitssystem zu bremsen.

Deshalb heben viele Länder Europas das Rentenalter schrittweise an, um das Pensionssystem zu entlasten. Allerdings darf man diesen Effekt nicht isoliert betrachten: So wirkt sich ein späterer Pensionsantritt auch auf die Gesundheit der Betroffenen aus. Tatsächlich zeigt die empirische Evidenz, dass sich die Wahrnehmung der eigenen Gesundheit durch den Pensionsantritt verbessert. Der Anteil der Befragten, die eine schlechte bis durchschnittliche Gesundheit angeben, nimmt um bis zu 35 % ab. Gehen Menschen nun später in Pension, sind Folgekosten im Gesundheitswesen zu erwarten. Es wäre wichtig, mit begleitenden und vorbeugenden Massnahmen solche Folgekosten möglichst zu vermeiden.

Eine Möglichkeit, den Anstieg der Gesundheitskosten zu begrenzen, sind Selbstbehalte. Die Krankenversicherung bietet Schutz vor hohen Kosten und Einkommensverlusten bei Krankheit. Wenn die Versicherten einen Teil der Behandlungskosten selbst zahlen müssen, gehen sie sparsamer mit den Leistungen um. Empirische Schätzungen zeigen, dass die Versicherten die Selbstbehalte durchaus berücksichtigen. Demnach reduzieren Selbstbehalte das Risiko einer Übernutzung von Gesundheitsleistungen. Aber was wäre gewonnen, wenn die Einsparungen auf Kosten der Qualität der Gesundheitsversorgung gingen? Weitere Forschungsarbeiten zeigen, dass die Kosten unter anderem auch deshalb sinken, weil Versicherte bei einem Selbstbehalt teilweise auf medizinisch sinnvolle Leistungen verzichten.

Information als Grundlage der Politik
Die volkswirtschaftliche Forschung liefert wertvolle Grundlagen für eine evidenzbasierte Wirtschaftspolitik. Sie gibt Aufschluss über Wirkungszusammenhänge und über die quantitativen Auswirkungen verschiedener Reformen und Programme. Zwar kann auch sie keine absolute Sicherheit bieten. Denn einmal ermittelte Zusammenhänge müssen unter sich wandelnden Rahmenbedingungen stets neu überprüft und besser verstanden werden. Nur eines ist gewiss: ohne empirische Forschung ist eine evidenzbasierte Politik unmöglich. Es bliebe bloss die Spekulation über mögliche Auswirkungen wirtschaftspolitischer Massnahmen. Die Wirksamkeit der Politik darf nicht dem Zufall überlassen bleiben.

Ebenso sollen die Erkenntnisse der Volkswirtschaftslehre den Wählerinnen und Wählern dabei helfen, sich eine eigenständige und informierte Meinung über die ökonomischen Zusammenhänge und die Folgen wirtschaftspolitischer Massnahmen zu bilden. Deshalb ist es wichtig, dass komplexe Erkenntnisse auf das Wesentliche vereinfacht und allgemein verständlich vermittelt werden. Das ist der wichtige Beitrag der Studierenden im Projekt ‚Next Generation'. Mit diesem zweiten Sammelband, der eine kleine aber hoffentlich wichtige Auswahl neuer Forschungsergebnisse bietet, lassen Nachwuchskräfte der Volkswirtschaftslehre das interessierte Publikum an ihrem Wissen aus dem Studium teilhaben.

Wachstum durch Strukturwandel: Bildung, Innovation, und wettbewerbsfähige Unternehmen

Eine Top-Uni für eine Top-Karriere: Wer profitiert?

Thomas Schiller

Relevanz

Das Renommee der Eliteuniversitäten ist enorm. Ihre Alumni schaffen es in die Top 1 % der Einkommen und dominieren das Who is Who in Wirtschaft und Gesellschaft. Doch wer profitiert von der Eliteausbildung? Ist Talent entscheidend, oder die Abstammung von einem einflussreichen Elternhaus? Fördern die Eliteuniversitäten die Chancengleichheit und den sozialen Aufstieg, oder tragen sie gar zur Zementierung der Ungleichheit bei? Es scheint, dass die Bedeutung von Beziehungen für die Karriere nicht in allen Studiengängen gleich wichtig ist. Der Erfolg einer Management-Karriere hängt scheinbar mehr von Beziehungen ab als in anderen Studienrichtungen. Die Pflege des Beziehungsnetzes profitiert von einem vorteilhaften sozialen Hintergrund und geht von ganz alleine. Umso grösser ist die Herausforderung der Politik, diesen Vorteil zu kompensieren und auf Chancengleichheit hinzuwirken, und der Eliteuniversitäten, ihr Beziehungsnetzwerk allen zu öffnen.

Quelle

Zimmerman, Setz D. (2019), Elite Colleges and Upward Mobility to Top Jobs and Top Incomes, American Economic Review 109, 1–47.

T. Schiller (✉)
Universität St.Gallen, St.Gallen, Schweiz
E-Mail: thomas.schiller@student.unisg.ch

C. Keuschnigg und M. Kogler (Hrsg.), *Die Wirtschaft im Wandel*,
https://doi.org/10.1007/978-3-658-31735-5_2

17

Eine gute Ausbildung verspricht sozialen Aufstieg. Ein Studienabschluss von einer renommierten Universität steigert die Chance auf einen attraktiven Arbeitsplatz sowie ein hohes Einkommen, nicht selten am obersten Ende der Einkommensverteilung. Viele Universitäten werben mit der Karrierelaufbahn ihrer Absolventen und mit den beruflichen Erfolgen ihrer Alumni um die neue Studierendentalente.

Gibt es tatsächlich einen kausalen Zusammenhang zwischen der Alma Mater und der späteren Position ihrer Alumni in der Einkommensverteilung? Wer profitiert am meisten von einem Studium an einer Eliteuniversität? Kann ein Studium Chancengleichheit und sozialen Aufstieg fördern oder zementiert es bloß die bestehende Ungleichheit? Wie unterscheiden sich die Studiengänge einer renommierten Universität in ihren Auswirkungen auf Karrieren und Einkommen? Verspricht ein Wirtschaftsstudium mehr als eine andere Studienwahl?

Seth Zimmerman von der Universität Chicago untersuchte, wie sich die Ausbildung an einer Eliteuniversität auf Berufs- und Einkommenschancen auswirkt. Dazu verwendete er Daten aus Chile, welche für diese Frage besonders geeignet sind. In Chile müssen alle Bewerber an Spitzenuniversitäten einen standardisierten Aufnahmetest ablegen, der über die Zulassung entscheidet. Damit wird es möglich, Einkommen und Karrieren jener Bewerber, welche die Aufnahme gerade noch schafften, mit dem beruflichen Erfolg der anderen zu vergleichen, die knapp nicht zugelassen wurden und auf durchschnittliche Universitäten ausweichen mussten. Da beide Bewerbergruppen nahe an der Zulassungsgrenze landeten, ist es sehr plausibel, dass sich ihre Merkmale nicht systematisch voneinander unterscheiden, außer eben durch die Zulassung. Dieser Vergleich ermöglichte es dem Forscher, die Effekte des Studiums an einer Spitzenuniversität unbeeinflusst von anderen Faktoren wie z. B. den intellektuellen Fähigkeiten des Bewerbers zu quantifizieren.

In Chile verfügen die Absolventen eines rechts- und ingenieurwissenschaftlichen sowie eines wirtschaftswissenschaftlichen Studiums an einer Eliteuniversität über die besten Karriere- und Einkommenschancen. Dies trifft im Besonderen auf ein Wirtschaftsstudium zu, das auf eine Tätigkeit im Management vorbereitet: Zwar bewerben sich nur rund 1,8 % aller Studieninteressierten für einen solchen Studiengang, jedoch machen diese rund 27 % aller Top 1 %- und gar 39 % aller Top 0,1 %-Einkommen aus. Die Wahrscheinlichkeit, ein Top 0,1 %-Einkommen zu erreichen und somit mehr zu verdienen als 99,9 % der Bevölkerung, ist mit einem auf Management orientierten Studiengang rund 16mal höher als beispielsweise bei einem Medizinstudium. Ähnliches zeigt sich bei der Berufslaufbahn: Absolventen eines Wirtschaftsstudiums sind überproportional in Führungspositionen vertreten.

Die empirischen Schätzungen zeigen, dass die Zulassung zu einem Management-Studium an einer Eliteuniversität die Chancen auf ein Höchsteinkommen an der Spitze der Einkommensverteilung und auf eine Führungsposition deutlich verbessert. Ein Bewerber, der knapp in einen solchen Studiengang aufgenommen wurde, hat eine deutlich bessere Chance, zukünftig ein Top 0,1 %-Einkommen zu erzielen, als einer, der knapp abgelehnt wurde und auf die nächst bessere Alternative ausweichen musste. Die Eliteausbildung erhöht die Wahrscheinlichkeit eines Höchsteinkommens um rund 50 % im Vergleich zur Ausbildung an einer durchschnittlichen Universität. Ebenso nimmt dadurch die Wahrscheinlichkeit, im Laufe der Karriere eine Führungsposition zu erreichen, um rund 44 % zu.

Absolventen einer Spitzenuniversität haben eine um 50 Prozent höhere Chance, ein Top 0.1%-Einkommen zu erzielen, und eine um 44 Prozent höhere Chance auf eine Führungsposition.

Allerdings sind die Vorteile einer Eliteausbildung sehr einseitig verteilt: Überwiegend profitieren männliche Bewerber, die vor dem Studium ein privates Gymnasium besuchten und typischerweise aus wohlhabenden Familien stammen. In dieser Gruppe steigert ein Wirtschaftsstudium an einer Spitzenuniversität die Chance auf ein Top-0,1 % Einkommen um ganze 69 % und auf eine Führungsposition um 54 %. Sowohl für Frauen als auch für Männer mit einem öffentlichen Gymnasialabschluss findet der Forscher hingegen keine signifikanten Effekte. Abb. 1 illustriert die Wahrscheinlichkeit eines Spitzeneinkommens abhängig vom

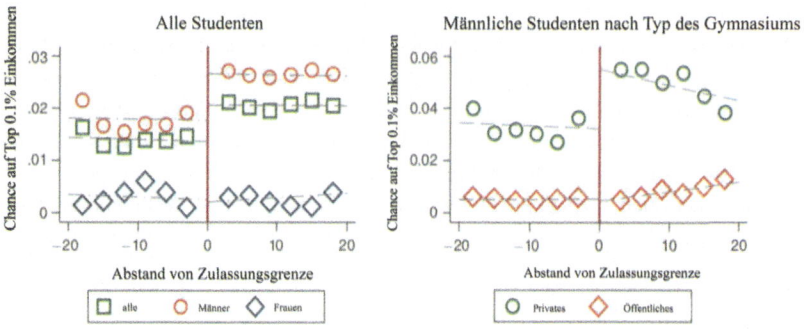

Abb. 1 Wahrscheinlichkeit eines Spitzeneinkommens (Top 0,1 %) und Zulassung zur Eliteuniversität. (Quelle: Zimmerman 2019, S. 24)

Ergebnis des Aufnahmetests abhängig vom Geschlecht (links) bzw. Schulbildung (rechts, nur männliche Bewerber). Nur Bewerber mit Testergebnissen über der Schwelle von null wurden zum Studium zugelassen.

Eine Spitzenausbildung begünstigt vorwiegend Männer aus wohlhabenden Familien. In dieser Gruppe steigert das Studium die Wahrscheinlichkeit für ein Höchsteinkommen um 69 Prozent.

Warum profitieren überwiegend Männer aus wohlhabenden Familien vom Studium an einer Eliteuniversität? Seth Zimmerman betrachtet zuerst einige naheliegende Faktoren, welche diese Entwicklung erklären könnten, wie Unterschiede in der Ausbildungsqualität zwischen privaten und öffentlichen Schulen oder Charakteristika des Arbeitsmarktes, welche bestimmte Gruppen begünstigen. Jedoch haben die Absolventen öffentlicher und privater Gymnasien in Chile nahezu identische Testergebnisse in Kernfächern wie Lesen und Mathematik. Solche Faktoren können also die überproportionalen Einkommens- und Karrierevorteile von Männern mit hohem sozioökonomischem Status kaum erklären.

Dass nur bestimmte Gruppen mit hohem Status von der Spitzenausbildung profitieren, scheint eine Besonderheit von Managementkarrieren zu sein. Seth Zimmerman analysiert als Vergleich auch die Einkommenschancen von Bewerbern medizinischer Studiengänge an Eliteuniversitäten, die ähnlich selektiv sind. Dabei zeigt sich, dass die Zulassung zum Studium die Chance, zu den Top 10 % oder Top 0,1 % der Einkommen aufzusteigen, für Absolventen von Privatschulen nicht signifikant stärker erhöht als für Absolventen öffentlicher Schulen. Die Vorteile einer Spitzenausbildung sind gleichmäßiger verteilt.

Weshalb verlaufen Karrieren im Management anders? Ein zentraler Unterschied zu anderen Tätigkeiten besteht in der Rolle persönlicher Beziehungen, welche den Karriereverlauf oft entscheidend fördern. Solche Bindungen entstehen oft bereits zwischen Kommilitonen an der Universität. Offenbar können in Chile Männer mit einer Privatschulbildung leichter solche Bindungen zu Kommilitonen mit ähnlichem Hintergrund entwickeln. Seth Zimmerman analysiert, wie häufig Absolventen desselben Jahrgangs und derselben Universität gleichzeitig Führungspositionen im selben Unternehmen innehaben. Die Wahrscheinlichkeit dafür ist mehr als doppelt so hoch, wenn jemand zuvor ein privates Gymnasium besucht hat.

Männer mit hohem sozioökonomischem Status formen persönliche Bindungen an der Universität leichter und profitieren daher überproportional von einer Spitzenausbildung in Wirtschaft und Management.

Ein Studium an einer Eliteuniversität verbessert die Chancen auf Höchsteinkommen und auf Führungspositionen besonders im Management. Davon profitieren allerdings überwiegend Absolventen mit hohem sozioökonomischem Status wie z. B. Männer aus wohlhabenden Familien. Frauen oder Männern aus einfacheren Verhältnissen bringt hingegen eine Eliteausbildung kaum signifikant bessere Karriere- und Einkommenschancen, im Vergleich zu einer ähnlichen Ausbildung an anderen Universitäten. Die Studienergebnisse deuten darauf hin, dass die an der Universität aufgebauten Beziehungen ein wesentlicher Grund für einen besseren Karriereerfolg sind. Männern aus reichem Hause können solche Beziehungen leichter entwickeln und profitieren daher überproportional stark von der Eliteausbildung. Mögliche Lösungsansätze, um die Gewinne gleichmäßiger zu verteilen und die Chancengleichheit zu verbessern, liegen in einer stärkeren sozialen Integration aller Studierenden während der Ausbildung, beispielsweise durch die zufällige Zuteilung von Mitbewohnern oder Lerngruppen.

.

Mehr Bildungsrendite mit richtiger Studienwahl

Valentine Huber

Relevanz
Damit staatliche Investitionen in die Hochschulbildung möglichst viel
Wirkung entfalten, kommt es sehr darauf an, dass jeder nach seinen Fähigkeiten und Neigungen das passende Studium verwirklichen kann. Wenn
der Staat in höhere Kapazitäten investiert und mehr Studienplätze in einer
Fachrichtung mit hoher Bildungsrendite schafft, können mehr Studienwerber ihre erstbeste Wahl in diesem Fach verwirklichen und so zu mehr
Einkommen und Lebenszufriedenheit kommen. Weil sie von anderen Fachrichtungen in ihr bevorzugtes Fach wechseln, werden andernorts Studienplätze frei. Mindestens so wichtig für die gesamtwirtschaftliche Rendite
von Bildungsinvestitionen sind die Gewinne der «Aufrücker», welche
mit den frei werdenden Studienplätzen ihre nächst bessere Studienwahl
realisieren können. Auch ihre Einkommensgewinne sollten in einer gesamtwirtschaftlichen Beurteilung von Bildungsinvestitionen mitzählen.

Quelle

Kirkeboen, Lars J., Edwin Leuven und Magne Mogstad (2016), Field of Study,
Earnings and Self-selection, Quarterly Journal of Economics 131(3), 1057–1112.

Etwa 45 % der Schweizer Jugendlichen entscheiden sich für eine tertiäre Ausbildung wie z. B. an einer Fachhochschule oder Universität. Bildung hat eine
Rendite. Im Durchschnitt können sie später einen signifikant höheren Lohn

V. Huber (✉)
Universität St.Gallen, St.Gallen, Schweiz
E-Mail: valentine.huber@hsgalumni.ch

© Der/die Autor(en) 2021
C. Keuschnigg und M. Kogler (Hrsg.), *Die Wirtschaft im Wandel*,
https://doi.org/10.1007/978-3-658-31735-5_3

erwarten als ihre Mitbewerber ohne tertiäre Ausbildung. Allerdings kommt
es maßgeblich auf die Wahl der Fachrichtung und Bildungsinstitution an.
Diese bestimmen, wie hoch die Bildungsrendite letztendlich ausfallen wird.
Die Forscher Lars Kirkeboen, Edwin Leuven, und Magne Mogstad haben für
Norwegen die Bildungsrenditen einzelner Studiengänge untersucht, und wie die
späteren Einkommen von einer geschickten Studienwahl abhängen.

Um die Bildungsrenditen zu schätzen, nützen die Wissenschaftler eine Eigen-
heit im norwegischen Bildungssystem aus. Um sich an einer norwegischen
Universität einzuschreiben, müssen Maturitätsabgänger eine Wunschliste ein-
reichen, auf welcher sie bis zu 15 Präferenzen bestehend aus Studienrichtung
und Bildungsinstitution angeben. Danach werden die Studienplätze zentral vergeben, wobei jeweils diejenigen Maturanden mit den besten Abschlussnoten mit
der höchsten Priorität bedient werden. Wenn es z. B. an der Universität in Oslo
für ein Medizinstudium nur 200 Plätze gibt, werden die 200 besten Bewerber
zum Studium zugelassen, welche Medizin in Oslo als erste Präferenz angegeben
haben. Die restlichen Bewerber erhalten Studienplätze entsprechend ihren
weiteren Prioritäten. Im Durchschnitt können nur 40 % der Bewerber ihren meist
präferierten Studienplatz belegen. Immerhin werden fast 80 % der Studierenden
nach einer ihrer ersten drei Präferenzen eingeteilt.

> Im Durchschnitt können nur 40% der Bewerber ihren meist präferierten Studien-
> platz aufnehmen. Fast 80% erhalten einen Studienplatz nach ihren ersten drei
> Präferenzen.

Welchen Einfluss hat die Studienwahl auf die Bildungsrendite? Zur Schätzung der
Bildungsrenditen benützen die Forscher administrative Informationen zu Familienhintergrund, Wohnort und Einkommen. Die Stichprobe umfasst alle Studierenden,
welche sich zwischen 1998 und 2004 für eine tertiäre Ausbildung beworben haben.
Die Einkommen werden jeweils 8 Jahre nach der Bewerbung betrachtet.

Um verzerrende Einflüsse von unbeobachteten Einflussfaktoren auf die Wahl
und Zuteilung verschiedener Studienrichtungen auszuschließen, vergleichen die
Forscher die Einkommen von Personen, welche dieselben Präferenzen angegeben
haben, und welche direkt an der Zulassungsgrenze zwischen zwei Fachrichtungen
liegen und mit etwas Glück ihre nächst bessere Wahl hätten realisieren können.
Ein solches Verfahren ermöglicht die Schätzung des kausalen Effekts der Studienwahl auf den späteren Berufserfolg, da die betrachteten Studierenden sich nur in
ihrer finalen Studienrichtung unterscheiden, nicht aber in ihren Präferenzen oder
anderen Charakteristika.

Man stelle sich vor, dass alle Studierenden, welche ein Medizinstudium in
Oslo als erste Wahl angegeben haben, anhand ihrer Noten gereiht werden. Die

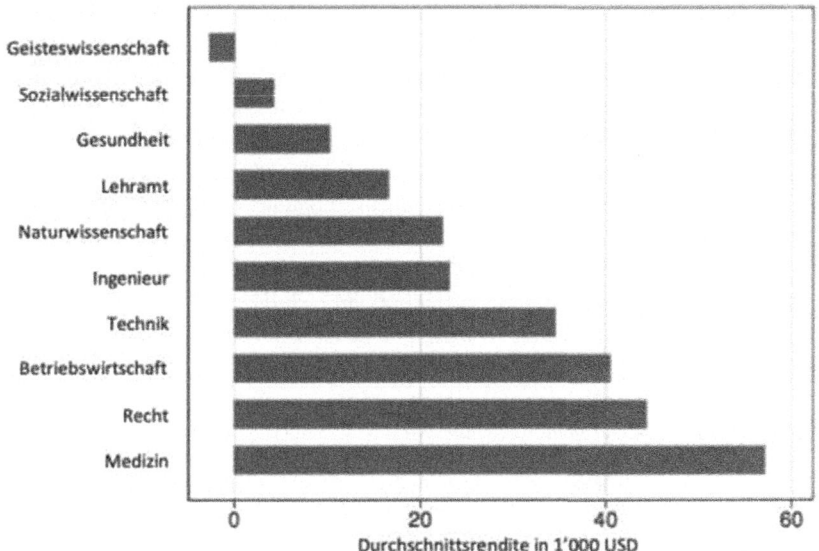

Abb. 1 Durchschnittliche Bildungsrendite im Vergleich zur nächstbesten Alternative (gewichtet), in tausend US-Dollar

Forscher vergleichen nun das später erzielte Einkommen der Person auf Rang 200 mit dem Einkommen der Person auf Rang 201. Diese beiden Personen sollten angesichts der fast identischen Reihung die gleichen „Qualitäten" besitzen, jedoch kann nur die erste Person in Oslo Medizin studieren. Die zweite Person muss ein anderes Studium oder eine andere Bildungsinstitution besuchen. So kann man den Einfluss der Studienwahl auf das spätere Einkommen isolieren und andere Einflüsse ausschalten.

Vergleicht man also zwei Studierende an der Zulassungsgrenze, kann man den Effekt der Fachauswahl auf die Bildungsrenditen schätzen. Abb. 1 zeigt, dass die geschätzten Renditen eindeutig und ganz erheblich unterschiedlich sind. So verdient ein Absolvent der Geisteswissenschaften im Durchschnitt weniger, als wenn dieselbe Person ihrer nächstbesten Studienwahl nachgegangen wäre. Hingegen kann z. B. ein Absolvent eines Medizinstudiums mit einem Plus von knapp 60'000 US$ gegenüber seiner nächstbesten Alternative rechnen.

Die Forscher nutzen ihre Ergebnisse, um die möglichen Auswirkungen verschiedener politischer Handlungsalternativen zu schätzen. Wie würde sich z. B. eine höhere Zulassungsquote für das Studium der Naturwissenschaften auf den späteren Arbeitsmarkterfolg auswirken? Eine Öffnung der Zulassungsbedingungen

hätte sowohl einen direkten wie auch einen indirekten Effekt auf die Bildungsrendite. Direkt wären jene Studierende betroffen, welche mit einer höheren
Zulassungsquote ihre erste Wahl des Studienplatzes realisieren könnten. Indirekt
würden aber auch weitere Gruppen profitieren, nämlich jene, welche durch die frei
gewordenen Plätze in ihren nächst besseren Studienplatz aufrücken könnten. Die
Forscher schätzen, dass es bei 100 zusätzlichen Studienplätzen in den Naturwissenschaften im Durchschnitt zu einer Einkommenserhöhung von 19′400 US$ (direkter
Effekt bei jenen, die neu ihre erste Wahl realisieren können) und 46′100 US$
kommen würde (indirekter Effekt bei jenen, die einen nächste besseren Studienplatz erhalten). Der große indirekte Effekt erklärt sich dadurch, dass viele der 100
freiwerdenden Plätze in Studienfeldern mit hoher Bildungsrendite sind, so zum
Beispiel 19 Plätze im Bereich Lehre und 27 im Bereich Betriebswirtschaft.

> Bei 100 zusätzlichen freien Studienplätzen in den Naturwissenschaften käme es im
> Durchschnitt zu einer Einkommenserhöhung von 19'400 US Dollar bei jenen, die
> neu ihre erste Wahl realisieren können, und 46'100 US Dollar bei jenen, die einen
> freiwerdenden nächst besseren Studienplatz erhalten.

Reformen, welche die Zulassungsquoten zu einem Studienbereich verändern,
wie z. B. ein Numerus Clausus in der Medizin, sollten also stets auch die Auswirkungen auf jene Studienwerber im Blick haben, die nicht ihren meist bevorzugten Studienplatz erhalten, sondern nur mit schwächerer Priorität bedient
werden. Diese Aufrücker, welche nunmehr ihre nächst bessere Studienwahl
realisieren können, erzielen damit ganz erhebliche Einkommensgewinne, die bei
einer gesamtwirtschaftlichen Beurteilung mitzählen müssen. Allerdings werden
diese in der heutigen Bildungspolitik oft außer Acht gelassen.

Wie hoch ist die Rendite privater Forschung?

Flurina Mark

Relevanz

Mit privater Forschung und Entwicklung bauen die Unternehmen ihre Wettbewerbsfähigkeit aus und steigern Innovation und Wachstum der Gesamtwirtschaft. Dabei lernen und profitieren sie von den F&E-Erfolgen und Erkenntnissen ihrer Mitbewerber mit ähnlicher technologischer Ausrichtung. Wenn dagegen die Konkurrenten auf den Absatzmärkten aufrüsten und Marktanteile besetzen, ist es für die Absatzchancen und den eigenen F&E-Ertrag weniger gut bestellt. Die Forschung zeigt jedoch, dass die Vorteile privater F&E für andere Unternehmen deutlich überwiegen. Daher ist die F&E-Rendite für die gesamte Wirtschaft viel höher als die private Rendite eines einzelnen Unternehmens. Wenn die Rendite gering ist, investiert man weniger. Die Gesellschaft kann viel gewinnen, wenn sie private F&E erleichtert und unterstützt.

Quelle

Brian Lucking, Nicholas Bloom und John Van Reenen (2018), Have R&D Spillovers Changed? NBER Working Paper No. 24622.

Viele Unternehmen betreiben Forschung und Entwicklung (F&E). Damit bringen sie die Innovation und das Wachstum der Wirtschaft voran. Forschung und Entwicklung nützen in erster Linie dem Unternehmen selbst, welches in diese Aktivitäten investiert. Zudem beeinflussen sie indirekt auch die anderen Unternehmen.

F. Mark (✉)
Universität St.Gallen, St.Gallen, Schweiz
E-Mail: flurina.mark@student.unisg.ch

© Der/die Autor(en) 2021
C. Keuschnigg und M. Kogler (Hrsg.), *Die Wirtschaft im Wandel*,
https://doi.org/10.1007/978-3-658-31735-5_4

Einerseits kann F&E die Produktivität von Unternehmen steigern, welche ähnliche Technologien verwenden und daher über Prozessinnovationen und technologische Verbesserungen lernen und davon profitieren. Andererseits leiden Wettbewerber, die ähnliche Güter anbieten. Denn innovativere Produkte verringern typischerweise die Nachfrage nach Konkurrenzprodukten. Wie lassen sich diese zwei gegenläufigen Effekte empirisch unterscheiden und quantifizieren?

Die Ökonomen Brian Lucking, Nicholas Bloom und John Van Reenen von den Universitäten Stanford und MIT untersuchen, wie sich F&E auf andere Unternehmen auswirkt („Spillover-Effekte"). Dazu verwenden sie Daten zu Patenten, finanziellen Kennzahlen und Performance US-amerikanischer Unternehmen zwischen 1980 und 2015. Im Vergleich zu früheren Studien erstreckt sich ihr Datensatz über einen längeren Zeitraum und umfasst auch neuere Patente.

Wie kann man die positiven und negativen Spillover-Effekte in den Daten erfassen? Dabei spielt die Nähe von Unternehmen entweder im Sinne ähnlicher Technologien oder vergleichbarer Absatzmärkte ihrer Produkte eine wichtige Rolle. So gelten zwei Unternehmen, welche über viele Patente in denselben Technologiebereichen verfügen oder hohe Umsätze in den gleichen Branchen erzielen, als nahe. Im ersten Fall ist ein positiver, im zweiten Fall aber ein negativer Spillover-Effekt der F&E plausibel. Die so beschriebene Nähe misst, wie stark ein Unternehmen gegenüber den F&E-Aktivitäten anderer Unternehmen exponiert ist. Die Interdependenzen hängen jedoch nicht allein von der Nähe ab, sondern auch vom Umfang der Forschungsaktivitäten Dritter. Je näher und forschungsintensiver andere Unternehmen sind, desto stärker fallen die positiven und negativen Spillover-Effekte aus.

Die Wissenschaftler analysieren die Auswirkungen von F&E auf verschieden Unternehmenskennzahlen wie Marktwert, Anzahl Patente, und F&E-Ausgaben. Die zentrale Hypothese ist, dass der Marktwert eines Unternehmens mit den F&E-Aktivitäten anderer, technogisch vergleichbarer Unternehmen steigt. Die Anzahl der Patente und die Produktivität sollten sich erhöhen. Intensivere Forschungsanstrengungen der Konkurrenten, welche ihre Marktanteile ausbauen wollen, werden sich dagegen eher negativ auf die betroffenen Unternehmen auswirken. Wie sich positive oder negative Spillover-Effekte auf die F&E-Ausgaben eines Unternehmens auswirken, ist also a priori nicht eindeutig.

Die empirischen Schätzungen zeigen, dass die Spillover-Effekte den Marktwert signifikant beeinflussen. Nehmen die Forschungsaktivitäten naher Unternehmen mit ähnlicher Technologie um 10 % zu, so erhöht sich der Marktwert eines Unternehmens um 32,4 %. Ein vergleichbarer Anstieg der F&E bei den unmittelbaren Konkurrenten auf den Absatzmärkten verringert dagegen den Marktwert um 8,6 %. Zudem schätzen John Van Reenen und seine Ko-Autoren einen Anstieg der Patentzahlen, wenn Unternehmen mit ähnlicher Technologie sehr forschungsintensiv sind. Weiter nimmt die Produktivität um 23,1 % zu, wenn technologisch nahe Unternehmen ihre F&E-

Aktivitäten um 10 % steigern. Ihre Ergebnisse zeigen aber auch, dass forschungs-
intensivere Konkurrenten, die um dieselben Marktanteile kämpfen, den Nutzen der
eigenen F&E tendenziell schmälern und die Zahl der Patente verringern.
Schliesslich erhöhen beide Spillover-Effekte die Forschungsausgaben eines
Unternehmens, zum einen, weil sie von den Erfahrungen und Erkenntnissen technologisch naher Mitbewerber profitieren, zum anderen aber auch, um sich gegen die
Konkurrenten auf den Absatzmärkten zu wehren. F&E der anderen Unternehmen verstärkt daher den Anreiz, selbst mehr in Forschung und Entwicklung zu investieren.

> Steigen die Forschungsanstrengungen anderer Unternehmen mit einer ähnlichen
> Technologie um 10 %, vergrössert sich der Marktwert um 32.4 %. Nehmen die F&E-
> Aktivitäten der Produktmarktkonkurrenten um 10 % zu, sinkt der Marktwert um 8.6 %.

In einem nächsten Schritt dokumentieren die Forscher, dass sich zwischen 1980
und 2015 die positiven und negativen Nebenwirkungen privater F&E insgesamt
nur wenig verändert haben. Während des Dotcom-Booms zwischen 1995 und 2005
waren die positiven Spillover-Effekte auf den Marktwert um 48 % grösser und die
negativen um 38 % niedriger. Dies spiegelt möglicherweise den Enthusiasmus der
Investoren für forschungsintensive Unternehmen zu jener Zeit wider.

> Die soziale Ertragsrate zusätzlicher F&E ist rund viermal so hoch wie die private
> Rendite. Weil die Unternehmen nicht alle gesellschaftlich relevanten Erträge der
> Innovation berücksichtigen, fallen die privaten F&E-Investitionen zu gering aus.

Schliesslich schätzen die Wissenschaftler die sozialen und privaten Renditen
zusätzlicher F&E-Investitionen. Der private Ertrag misst die Veränderung der
eigenen Wertschöpfung aufgrund höherer F&E-Aktivität jenes Unternehmens. Hingegen misst der soziale Ertrag die Veränderung der gesamten Wertschöpfung aller
Unternehmen gemeinsam und berücksichtigt damit die positiven und negativen
Spillover-Effekte der privaten F&E. John Van Reenen und seine Ko-Autoren
schätzen den sozialen Ertrag auf 57,7 % und den privaten auf 13,6 %. Die sozialen
Ertragsraten waren somit rund viermal so hoch wie private. Dieser Unterschied
fiel stärker aus als in früheren Studien mit einem kürzeren Beobachtungszeitraum.
Diese schätzten eine etwa dreimal höhere soziale Rendite. Der zunehmende Unterschied zwischen der sozialen und privaten Ertragsrate war überwiegend einem
kleineren privaten Grenzertrag der F&E zuzuschreiben. Dass der soziale Ertrag
den privaten übersteigt, weist auf ineffizient niedrige F&E-Aktivitäten von Unternehmen hin. Sie berücksichtigen bei ihrer eigenen F&E-Entscheidung nicht, dass
auch andere Unternehmen davon profitieren würden. Aus gesellschaftlicher Sicht
wäre daher eine Ausdehnung privater F&E-Investitionen wünschenswert.

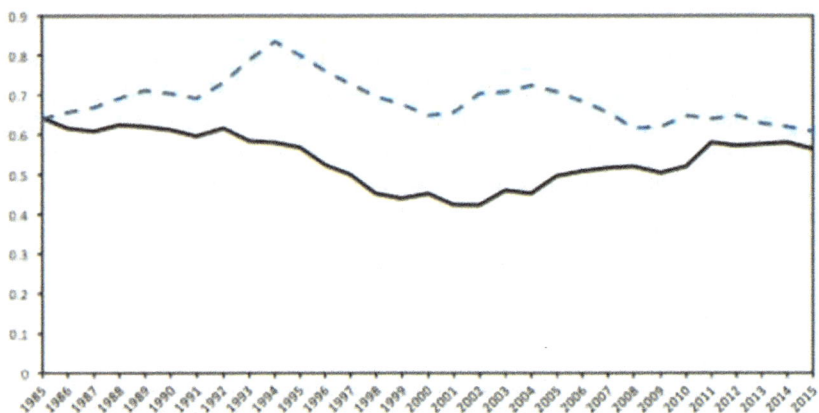

Abb. 1 Die soziale Ertragsrate von F&E-Investitionen. (Quelle: Lucking et al. 2018)

Abschliessend untersuchten die Forscher die Veränderung der sozialen Ertragsrate über die gesamte Zeitperiode von 1985 bis 2015 (siehe Abb. 1). Sie berechneten diese Grösse sowohl für die Unternehmen in der Stichprobe (schwarze Linie) als auch für alle US-amerikanischen Unternehmen anhand aggregierter Daten (blaue gestrichelte Linie). Letzteres sollte einer Verzerrung vorbeugen. Denn die beobachteten Unternehmen waren vergleichsweise forschungsintensiv und daher möglicherweise nicht repräsentativ für die gesamte Unternehmenslandschaft der USA. Die Wissenschaftler stellen jedoch fest, dass die soziale Rendite unabhängig davon keine massiven Schwankungen verzeichnete und sich relativ stabil verhielt.

F&E-Steueranreize stärken Unternehmensgründungen

Gerald Gogola

Relevanz

Mit innovativen Ideen erlangen junge Unternehmen Wettbewerbsvorteile und legen den Grundstein für weiteres Wachstum. Sie schaffen überdurchschnittlich viele Arbeitsplätze und tragen zur Erneuerung der Wirtschaft bei. F&E-Steueranreize helfen, Finanzierungsengpässe zu überwinden und regen die Gründungsaktivitäten an. Regionen mit F&E-Steueranreizen können daher mehr Gründungen verzeichnen als andere. Damit können Staaten und Regionen nicht nur das innovationsgetriebene Wachstum beschleunigen, sondern auch ihre internationale Wettbewerbsfähigkeit stärken.

Quelle

Fazio, Catherine, Jorge Guzman und Scott Stern (2019), The Impact of State-Level R&D Tax Credits on the Quantity and Quality of Entrepreneurship, NBER WP 26099.

Junge Unternehmen spielen eine zentrale Rolle für die wirtschaftliche Entwicklung. Mit Forschung und Innovation entwickeln sie neue Geschäftsmodelle, bauen ihre internationale Wettbewerbsfähigkeit aus und legen den Grundstein für ein starkes Unternehmenswachstum. Damit schaffen sie neue Arbeitsplätze, tragen zur Erneuerung der Wirtschaft bei und treiben das Wirtschaftswachstum voran. Viele Staaten versuchen, mit Steuergutschriften Forschung und Ent-

G. Gogola (✉)
WPZ Research, Wien, Österreich
E-Mail: gerald.gogola@wpz-research.com

31

C. Keuschnigg und M. Kogler (Hrsg.), *Die Wirtschaft im Wandel*,
https://doi.org/10.1007/978-3-658-31735-5_5

wicklung (F&E) nicht nur in den bestehenden Unternehmen anzuregen, sondern auch die Zahl innovativer Gründungen zu steigern. *Doch wie effektiv ist die steuerliche F&E-Förderung, innovative Gründungen anzustoßen? Wie stark können innovative Start-ups davon profitieren?*

Catherine Fazio, Jorge Guzman und Scott Stern untersuchen solche Fragen anhand der Entwicklungen in den USA. Dort haben neben der Bundesregierung auch die Bundesstaaten und die Bezirke („counties") steuerlichen Gestaltungsspielraum. So haben in den letzten Jahren viele Bezirke Steuergutschriften für F&E-Ausgaben neu eingeführt bzw. auch wieder abgeschafft. Die Wissenschaftlerinnen und Wissenschaftler nutzen diese steuerlichen Unterschiede für ihre Untersuchung. Konkret vergleichen sie Bezirke, die eine steuerliche Forschungsförderung eingeführt haben, mit anderen, die keine steuerlichen F&E-Abzüge anbieten, aber ansonsten ganz ähnlich sind. Die Forscherinnen und Forscher verfügen zudem über umfassende Unternehmensdaten auf Bezirksebene mit mehr als 30.000 Beobachtungen im Zeitraum von 1990 bis 2010.

Fazio, Guzman und Stern stellen eine positive Wirkung der steuerlichen Forschungsförderung auf die Häufigkeit von Unternehmensgründungen fest. In den Bezirken, die eine Steuergutschrift für F&E-Ausgaben eingeführt haben, wurden im Durchschnitt um 7,5 % mehr junge, innovative Unternehmen gegründet als in den Bezirken ohne Steuergutschrift.

> Die Zahl junger, innovativer Unternehmensgründungen ist in den US-Bezirken mit steuerlicher F&E-Förderung um 7,5 % höher als in anderen Bezirken ohne Steueranreiz.

Die Wirkung der Steueranreize tritt nicht sofort, sondern nur allmählich ein. Abb. 1 zeigt die Entwicklung der Unternehmensgründungen vor und nach dem Jahr der Einführung (veranschaulicht durch die rote Linie). In den ersten Jahren sind noch kaum Änderungen im Gründungsgeschehen zu beobachten. Nach etwa drei Jahren nimmt jedoch die Zahl innovativer Gründungen markant zu. Auch 14 Jahre nach der Einführung setzen sich die positiven Effekte weiter fort. Über die gesamte Beobachtungsdauer nehmen die Gründungen pro Jahr um durchschnittlich 2 % zu. Nach zehn Jahren summiert sich das Wachstum bereits auf 20 %.

Auf die Struktur und Zusammensetzung der Unternehmen in den jeweiligen Bezirken hat die Steuergutschrift keinen Einfluss. War ein Bezirk beispielsweise speziell für seine IT-Unternehmen bekannt, so wurden auch nach der Einführung der steuerlichen F&E-Förderung weiterhin vor allem IT-Unternehmen gegründet. Auch die weitere Entwicklung der jungen Unternehmen nach ihrer Gründung blieb von der steuerlichen F&E-Förderung weitgehend unberührt. So waren die

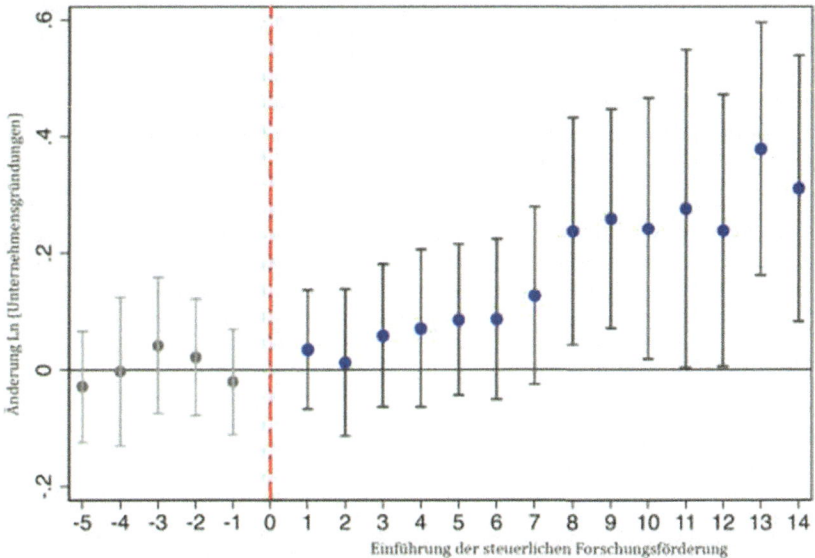

Abb. 1 Zunahme der Unternehmensgründungen nach Einführung der steuerlichen F&E-Förderung

Unternehmen nicht in der Lage, schneller eine strategische Akquisition zu tätigen oder eher einen Börsengang durchzuführen.

> Die Wirkung steuerlicher F&E-Förderung auf die Gründungshäufigkeit tritt nur langsam ein. Merkliche Auswirkungen sind erst nach etwa drei Jahren messbar.

Um die Effekte der steuerlichen Forschungsförderung besser einordnen zu können, vergleichen die Wissenschaftlerinnen und Wissenschaftler die Steueranreize für F&E-Ausgaben mit jenen für Investitionen. Anders als die F&E-Förderung haben Steueranreize für Investitionen keinen bedeutenden Effekt auf Unternehmensgründungen. Das mag daran liegen, dass die Steuergutschriften für Investitionen vor allem den großen, etablierten Unternehmen zu Gute kommen. Junge, innovative Start-ups profitieren dagegen kaum. Es droht eher die Gefahr, dass sie aus dem Markt gedrängt werden, wenn die großen Konkurrenten von steuerlichen Investitionsanreizen profitieren. Das ist nachteilig für die Volkswirtschaft, da insbesondere junge Wachstumsunternehmen einen Großteil der neuen Arbeitsplätze schaffen. Im Vergleich zur F&E-Förderung ist daher die steuerliche Investitionsförderung für die Gründungshäufigkeit weniger relevant.

Im Gegensatz zu steuerlichen F&E-Anreizen hat eine steuerliche Investitions-förderung keine merklichen Auswirkungen auf das Gründungsgeschehen.

Aus ihren empirischen Ergebnissen ziehen Fazio, Guzman und Stern folgende Schlussfolgerungen: Die steuerliche Forschungsförderung erhöht die Zahl der Neugründungen, hat aber keine nennenswerten Auswirkungen auf die Unternehmensentwicklung danach. Steuergutschriften für Investitionen haben dagegen keinen merklichen Effekt auf die Gründungsrate, könnten aber das Wachstum von bereits etablierten Unternehmen anregen. Zudem stellen die Forscherinnen und Forscher fest, dass die positiven Auswirkungen der steuerlichen Forschungs-förderung nur mit Verzögerung eintreten, aber über längere Zeit eine erheblichen Gesamteffekt haben können.

Wachstum durch Strukturwandel: Kapitalmärkte, Banken und Strukturwandel

Wettbewerbliche Banken fördern das Wachstum

Verena Maria Konzett

Relevanz

Was nützen die besten Ideen, wenn Investitionen und neue Jobs mangels Zugang zu Bankkrediten nicht zustande kommen? Wachstum und Innovation brauchen einen leistungsfähigen Finanzsektor. Wettbewerb regt auch die Banken zu Höchstleistungen an. Indem sie mehr Informationen über ihre Kunden sammeln und ihre Prozesse bei der Auswahl und anschliessenden Überwachung optimieren, gelingt es ihnen besser, die besonders vielversprechenden Unternehmen zu identifizieren. Dadurch, dass die Banken die Kreditvergabe vor allem auf die innovativen und profitablen Unternehmen mit hohem Wachstumspotential lenken, fördern sie die Produktivitätssteigerungen und das Wachstum der Realwirtschaft.

Quelle

Bai, J., D. Carvalho, und G. M. Phillips (2018), The Impact of Bank Credit on Labor Reallocation and Aggregate Industry Productivity, Journal of Finance 63(6), 2787–2836.

Ein gut funktionierender Finanzsektor stärkt das Wachstum. Leistungsfähige Banken und liquide Kapitalmärkte können die wirtschaftliche Entwicklung über viele Wege anstossen. Weniger klar ist, welche speziellen Mechanismen wichtig sind und wie genau der Finanzsektor das Wirtschaftswachstum beeinflusst. John

V. M. Konzett (✉)
Universität St.Gallen, St.Gallen, Schweiz
E-Mail: verena.konzett@student.unisg.ch

© Der/die Autor(en) 2021
C. Keuschnigg und M. Kogler (Hrsg.), *Die Wirtschaft im Wandel*,
https://doi.org/10.1007/978-3-658-31735-5_6

37

Bai, Daniel Carvalho und Gordon Phillips untersuchen empirisch die Rolle von
Banken für Produktivität und Wachstum der Realwirtschaft. Können Banken
mit gezielter Vergabe von Krediten die Ressourcen zu den produktivsten Unternehmen lenken? Wie stark ist ihr Beitrag zu Produktivität und Wachstum in der
Realwirtschaft? Wie können die regulatorischen Rahmenbedingungen die Qualität der Kreditvergabe verbessern?

Die Wissenschaftler untersuchen die Kreditvergabe in den USA während
der 1980er Jahre. Der Bankensektor war bis zum Ende der 1970er Jahre von
starken staatlichen Eingriffen geprägt, welche die Entscheidungen der Banken
behinderten und den Wettbewerb auf den lokalen Kreditmärkten einschränkten.
So war die Geschäftstätigkeit einer Bank typischerweise auf einen bestimmten
Bundesstaat beschränkt. Der erschwerte Marktzutritt begünstigte monopol-
ähnliche Strukturen auf den lokalen Bankenmärkten. Dabei waren zwei Ein-
schränkungen besonders wichtig. Erstens war die Eröffnung neuer Filialen
innerhalb eines Bundesstaates beschränkt, wie der *Intra*-Deregulierungsindex in
Abb. 1 illustriert. Letzterer misst die Strenge der innerstaatlichen Regulierung auf
einer Skala zwischen 0 (starke Eingriffe) und 1 (schwache Eingriffe). Zweitens

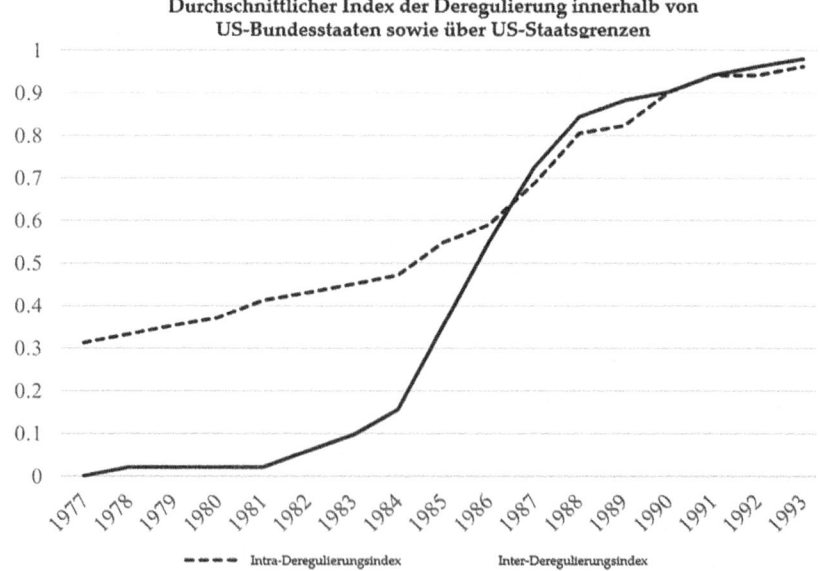

Abb. 1 Deregulierung der Bankenmärkte in US-Bundesstaaten. (Quelle: Bai et al. 2018)

war es Banken und Holdinggesellschaften meist untersagt, eine andere Bank mit Sitz ausserhalb des Bundesstaates zu erwerben. Solche Restriktionen fasst der vergleichbare *Inter*-Deregulierungsindex in Abb. 1 zusammen. Zwischen 1977 und 1993 deregulierten die meisten Bundesstaaten ihre lokalen Bankenmärkte und bauten zahlreiche Beschränkungen und Marktzutrittshürden ab. So wurden etwa Übernahmen von Banken in anderen Bundesstaaten erlaubt.

Die Deregulierung der Bankenmärkte in den USA verschärfte den Wettbewerb zwischen den Banken und beeinflusste deren Kreditvergabe stark. Der Wettbewerb zwang die Banken, ihre Prozesse bei Auswahl und Überwachung (‚Monitoring') von Kreditnehmern zu verbessern. Indem sie mehr Informationen über ihre Kunden sammelten, konnten sie produktive und vielversprechende Unternehmen genauer identifizieren und besser überwachen. Dies senkt nicht nur die Kreditausfälle, sondern trägt auch dazu bei, dass die Unternehmen mit den erhaltenen Krediten höhere Erträge erwirtschaften und stärker wachsen. Speziell führten die Veränderungen dazu, dass die Banken einen grösseren Anteil ihrer Kredite gezielter an besonders produktive Unternehmen vergeben konnten. Bankkredite sind für kleine und junge Unternehmen von besonderer Bedeutung. Sie sind oft geographisch an einen Bundesstaat gebunden und profitieren daher vom Marktzutritt neuer Banken. Zudem spielen Unterschiede im Auswahl- und Überwachungsprozess für junge Unternehmen eine grössere Rolle, da sie meist noch über keine Reputation als zuverlässige Schuldner verfügen.

Die Wissenschaftler verwenden einen Datensatz mit Informationen zu kleinen Industrieunternehmen in den USA (1977–1993). Bei Ihnen stellen Bankkredite eine besonders wichtige Finanzierungsquelle dar. Sie repräsentieren zwischen 50 und 60 % ihrer Verbindlichkeiten. Im Durchschnitt finanzieren die Banken rund 30 % des Firmenvermögens. Bei jungen Unternehmen, welche höchstens zehn Jahre alt sind, beträgt dieser Anteil sogar 40 %.

Nach Deregulierung der Bankenmärkte nimmt der Anteil der Bankkredite an der Gesamtverschuldung bei jungen Unternehmen acht Mal so stark zu wie bei älteren Unternehmen.

Die Forscher argumentieren, dass produktive Unternehmen überproportional von den Veränderungen des Kreditangebots profitieren. Ihr Potenzial wird von den Banken besser erkannt. Sie erhalten daher leichter Kredite, sodass sie schneller wachsen können. Die empirischen Ergebnisse zeigen zunächst, dass sich solche Unternehmen aufgrund der Deregulierung stärker bei Banken finanzieren können. Dabei nimmt der Anteil der Bankkredite an der Gesamtverschuldung bei hochproduktiven Unternehmen stärker zu. Dies deutet darauf hin, dass Banken die

Kredite gezielter an solche Firmen vergeben. Zudem ist der Effekt bei jungen Unternehmen rund acht Mal stärker ausgeprägt als bei Älteren.

Die empirischen Ergebnisse zeigen weiter, dass Deregulierung und stärkerer Wettbewerb auf lokalen Bankenmärkten vor allem das Wachstum besonders produktiver Unternehmen steigert. Solche Unternehmen vergrössern ihre Belegschaft und erhöhen ihren Kapitaleinsatz in Folge des intensiveren Wettbewerbs im Bankensektor stärker als weniger produktive Firmen. Allerdings ist dieser Effekt nur bei jungen Unternehmen statistisch signifikant. In dieser Gruppe erhöht sich beispielsweise das Beschäftigungswachstum, welches durchschnittlich 5,5 % beträgt, bei hochproduktiven Firmen um 3 bis 4,5 Prozentpunkte.

> Die Deregulierung der Bankenmärkte erhöht das Beschäftigungswachstum von jungen, produktiven Unternehmen um 3 bis 4.5 Prozentpunkte mehr als jenes von weniger produktiven Firmen.

Zuletzt quantifizieren die Forscher die Produktivitätsgewinne innerhalb einer Branche. Produktiver Unternehmen wachsen Dank gezielter Finanzierung überproportional stark und ziehen damit die Produktivität der Branche nach oben. Gemessen an der Wertschöpfung betragen die Produktivitätsgewinne im Durchschnitt aller Branchen zwischen 1,1 und 2,1 % während fünf Jahren. Die Forscher schätzen, dass dieser Effekt vor allem von der stärkeren Expansion junger, kleiner Firmen getrieben ist, deren Produktion im selben Zeitraum zwischen 3,3 und 6,2 % zunimmt. Zudem berechnen sie, dass die Deregulierung der lokalen Bankenmärkte die Verzerrungen bei der Ressourcenzuteilung innerhalb einer Branche um 24 % reduziert. Rund 85 % dieses Rückgangs ist auf eine bessere Zuteilung von Arbeitnehmern zu Firmen zurückzuführen. Demnach stellen produktive Firmen mehr Arbeitnehmer ein, wogegen die Belegschaft unproduktiver Unternehmen schrumpft.

> Die Produktivitätsgewinne innerhalb einer Branche betragen im Durchschnitt 1.1 bis 2.1 %. Die Produktion von kleinen, jungen Firmen nimmt dagegen um 3,3 bis 6.2 % zu.

Banken tragen durch die gezielte Finanzierung vielversprechender Unternehmen dazu bei, die Produktivität zu steigern. Der Abbau von Zutrittshürden und Beschränkungen in Bankenmärkten intensiviert den Wettbewerb und führt zu einer effizienteren Kreditvergabe. Davon profitieren vor allem hochproduktive, junge Unternehmen, welche leichteren Zugang zu Krediten erhalten und daher überproportional rasch wachsen können.

Wie Banken den Strukturwandel finanzieren

Christina Maier

Relevanz

Wenn die Produktivität hoch sein soll, müssen Arbeit und Kapital dorthin wandern, wo die Erträge hoch und die Zukunftsperspektiven gut sind, und dürfen nicht dort verharren, wo Beschäftigung und Einkommen unsicher sind. Innovatives Wachstum löst einen andauernden Strukturwandel kreativer Zerstörung aus. Dieses Wachstum kann sich erst entfalten, wenn der Strukturwandel gelingt. Schwache Unternehmen dürfen nicht länger Marktanteile besetzen und damit das Wachstum der produktiven Unternehmen bremsen. Banken dürfen faule Kredite an wenig wettbewerbsfähige Unternehmen nicht weiter verlängern, sondern müssen sie fällig stellen und teilweise abschreiben, damit sie die Kreditvergabe auf die Wachstumsunternehmen lenken können. Schwache Banken mit wenig Eigenkapital können den Strukturwandel nicht finanzieren, weil die dabei auftretenden Verluste ihre Mindestkapitalausstattung gefährden. Nicht nur die Finanzstabilität, sondern auch das Produktivitätswachstum setzt einen starken Bankensektor mit robuster Kapitalausstattung voraus.

Quelle

Schivardi, Fabiano, Enrico Sette und Guido Tabellini (2017), Credit Misallocation During the European Financial Crisis, CEPR DP 11901.

C. Maier (✉)
Universität St.Gallen, St.Gallen, Schweiz
E-Mail: christina.maier@student.unisg.ch

© Der/die Autor(en) 2021　　　　　　　　　　　　　　　　　　　　43
C. Keuschnigg und M. Kogler (Hrsg.), *Die Wirtschaft im Wandel*,
https://doi.org/10.1007/978-3-658-31735-5_7

Nach der Finanzkrise nahm in zahlreichen europäischen Ländern die Sorge zu, dass der geschwächte Bankensektor nicht mehr ausreichend in der Lage ist, Kapital zu den vielversprechendsten Projekten zu lenken, und stattdessen wenig produktive Problemfirmen weiterfinanziert und damit die Krise verlängert. Ein zentrales Problem stellen die Anreize bei der Kreditvergabe durch schwach kapitalisierte Banken dar. Sie neigen dazu, Kredite an schwache Unternehmen mit geringen Erfolgschancen zu verlängern, obwohl diese den Kredit oft nicht zurückzahlen können. So können Banken vermeiden, dass sie bei Kündigung von Problemkrediten diese in ihrer Bilanz sofort abschreiben müssen, wodurch sich ihr Eigenkapital verringert und das Einhalten der regulatorischen Kapitalvorschriften erschwert wird. Im Gegensatz dazu sind Banken mit solidem Kapitalpuffer eher bereit, faule Kredit abzuschreiben und neue Kredite an expandierende Unternehmen zu vergeben, anstatt bestehende Kreditlinien zu verlängern.

Das Verhalten schwach kapitalisierter Banken fördert eine Fehlallokation von Krediten. Wenig profitable Unternehmen erhalten zu viel, und gesunde zu wenig Kapital, was ihre Investitionen und ihr Wachstum einschränkt. Da kaum überlebensfähige Firmen zu wenig oft aus dem Markt ausscheiden, sind Produkt- und Faktormärkte überlaufen. Die überlebenden Firmen besetzen Marktanteile und mindern die Wachstumschancen der gesunden Unternehmen. Die Produktivität des Kapitaleinsatzes leidet. Das ‚Verlorene Jahrzehnt‘ Japans in den 1990er Jahren gilt als Beispiel dafür, wie ein schwächelnder Bankensektor eine Krise verlängern kann.

Allerdings ist es schwer, unprofitable Unternehmen von solchen zu unterscheiden, die nur vorübergehend in Schwierigkeiten, aber grundsätzlich gut aufgestellt sind. Solchen Unternehmen hilft ein Aufrechterhalten von Kreditlinien über eine Krise hinweg und verhindert vermeidbare Insolvenzen und damit verbundene Arbeitsplatzverluste. Folglich sinken gesamtwirtschaftliche Nachfrage und Beschäftigung weniger stark. Ein weiterer positiver Aspekt liegt in den engen Lieferverflechtungen zwischen Unternehmen. Die Weiterführung von Krediten kann Insolvenzen vermeiden, welche die Produktion in anderen gesunden Unternehmen stören könnten, weil z. B. Lieferanten von schwer ersetzbaren Vorleistungen ausfallen. Diese beiden Effekte können zumindest kurzfristig den negativen Auswirkungen einer Fehlallokation von Krediten entgegenwirken.

Fabiano Schivardi, Enrico Sette und Guido Tabellini untersuchen am Beispiel Italiens im Zeitraum 2004 bis 2013 zwei Fragen: Welche Banken tragen zur Fehlallokation von Krediten bei? Welche Auswirkungen hat dieses Verhalten auf die Realwirtschaft, insbesondere auf das Wachstum und den Erfolg gesunder Unternehmen sowie auf das Produktivitätswachstum? Die Finanz- und Wirtschaftskrise führte in Italien zu einer besonders langen Rezession mit einem kumulativen Einkommensverlust von rund 10 %. Der Anteil notleidender Kredite in den Bankbilanzen stieg von knapp 6 auf 16 % und die Kreditvergabe ging dauerhaft zurück. Die Forscher nutzen einen umfangreicheren Datensatz mit Informationen aus dem italienischen Firmenregister, dem Kreditregister und den Aufsichtsberichten der italienischen Nationalbank. Dieser umfasst mehr als 240'000 Unternehmen mit Kreditbeziehungen zu 163 italienischen Banken.

Die Wissenschaftler analysieren die Kreditvergabe von Banken an sogenannte ‚Zombie'-Unternehmen. Als solche gelten Unternehmen, die entweder besonders ertragsschwach oder hoch verschuldet sind. Für eine Bank steigt damit das Kreditrisiko, während die Wahrscheinlichkeit einer vollständigen Rückzahlung abnimmt. Bereits die beschreibende Datenanalyse weist auf einen Zusammenhang zwischen der Kapitalisierung einer Bank und ihrer Kreditvergabe an schwache Unternehmen hin. Abb. 1 verdeutlicht, dass Banken mit einer niedrigen Eigenkapitalquote (Banken in den ersten beiden Quartilen der Eigenkapitalausstattung) über den gesamten beobachteten Zeitraum einen signifikant höheren Anteil von Krediten an ‚Zombie'-Unternehmen aufweisen als Banken mit überdurchschnittlichen Eigenkapitalquoten (in den beiden oberen Quartilen des Datensatzes).

> Während der Finanz- und Wirtschaftskrise war das jährliche Kreditwachstum an ‚Zombie'-Unternehmen bei Banken mit einer Eigenkapitalquote unter dem Median um ein Viertel höher als bei jenen mit einer Eigenkapitalquote über dem Median.

Die ökonometrischen Schätzungen zeigen, dass die Höhe der Eigenkapitalquote einer Bank ihre Kreditvergabe an ‚Zombie'-Unternehmen während der Finanz-

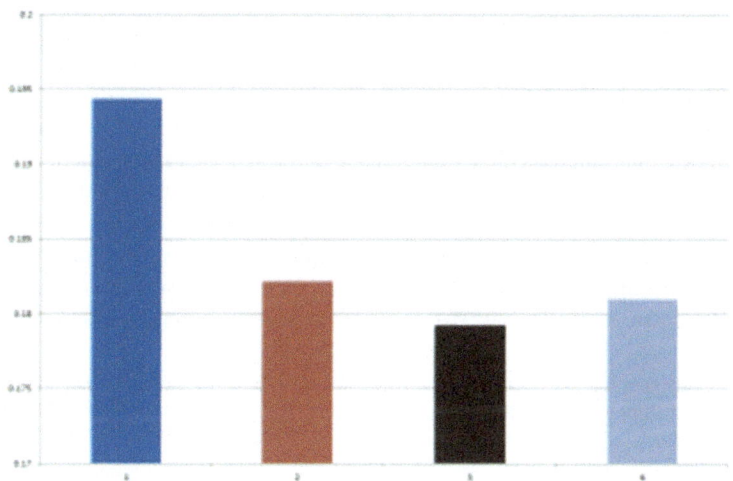

Abb. 1 Anteil der Kredite an ‚Zombie'-Unternehmen an den Gesamtkrediten nach Quartil der regulatorischen Eigenkapitalquote, 2004–2013. (Quelle: Schivardi et al. 2017, S. 46)

krise (2008–2013) signifikant beeinflusste. Das Kreditwachstum an diese Unternehmen war während der Krise bei Banken mit einer niedrigen regulatorischen Eigenkapitalquote von unter dem Median von 11 % um ein Viertel bzw. 2 Prozentpunkte höher als bei Banken mit einer höheren Eigenkapitalquote. Vor der Finanzkrise zeigten sich kaum Unterschiede bei der Kreditvergabe an ‚Zombie'-Unternehmen zwischen schwach und gut kapitalisierten Banken. Die Finanzkrise verursachte bei vielen Banken erhebliche Abschreibungen und Verluste. Banken mit niedriger Eigenkapitalbasis liefen dadurch Gefahr, näher an oder sogar unter die regulatorische Mindestquote zu sinken. Gerade jene Banken hielten daher Kredite an notleidende Unternehmen aufrecht in der Hoffnung, dass sie sich erholen und den Kredit später wieder zurückzahlen würden. Dadurch konnten sie Abschreibungen von Problemkrediten und einen weiteren Rückgang ihrer Eigenkapitalquote vermeiden oder wenigstens aufschieben. Denn während einer Finanzkrise ist es besonders schwierig, neues Eigenkapital aufzunehmen, da die Investoren oft die Eigenkapitalaufnahme mit Problemen bei der Bank in Verbindung bringen. Sie sind unter diesen Umständen meist nur bei hohen Abschlägen bereit, weiteres Kapital zur Verfügung zu stellen.

Wie wirkt sich die verzerrte Kreditvergabe durch schwache Banken auf die Realwirtschaft und die Dauer einer Rezession aus? Einerseits beeinträchtigt die Fehlsteuerung der Kreditvergabe das Wachstum von gesunden Unternehmen, weil sie insgesamt weniger Kredite bekommen. Gleichzeitig erhöht sich die Überlebenswahrscheinlichkeit eines ‚Zombie'-Unternehmens, dessen Kredite weiterlaufen. Normalerweise lenken Banken die Kredite von wenig profitablen Unternehmen zu den gesunden und tragen dazu bei, die Produktivitätsunterschiede abzubauen. Dieser produktivitätssteigernde Prozess blockiert jedoch, wenn bestehende Kreditlinien an schwache Unternehmen weiterlaufen. In der Folge lahmt das Produktivitätswachstum. Die empirischen Schätzungen deuten allerdings darauf hin, dass die Kreditvergabe durch schwach kapitalisierte Banken das Wachstum der gesunden Unternehmen kaum beeinträchtigt. Zwar schneiden sie im Vergleich zu ‚Zombie'-Unternehmen nicht mehr so gut ab, wenn diese weiterhin Zugang zu Krediten haben und nicht so stark schrumpfen müssen. Dennoch verringert das Überleben schwacher Firmen die Arbeitsnachfrage, den Kapitaleinsatz und den Umsatz der gesunden Unternehmen insgesamt nicht.

> Die Fehlsteuerung der Kreditvergabe wirkt sich absolut betrachtet kaum negativ auf das Wachstum von gesunden Unternehmen aus. Relativ zu den ‚Zombie'-Firmen gehen jedoch Arbeitsnachfrage, Kapitaleinsatz und Umsatz zurück.

Auch auf die Produktivitätsunterschiede unter den Unternehmen wirkt sich die verzerrte Kreditvergabe während der Finanzkrise nicht signifikant aus. Nur wenn der Anteil der ‚Zombie'-Unternehmen sehr hoch (über 21 %) liegt, nehmen die Produktivitätsunterschiede zu.

Dagegen beeinflusst die Kreditvergabe eines schwachen Bankensektors das Insolvenzrisiko der Unternehmen. ‚Zombie'-Unternehmen erhalten weiter Kredite, überleben öfter und nehmen den gesunden Unternehmen Marktanteile weg, sodass am Ende gerade diese öfter insolvent werden. Als Folge sind letztlich zu wenig gesunde Unternehmen und zu viele nicht überlebensfähige aktiv. Könnte man die Eigenkapitalquote aller untersuchten Banken auf ein Niveau höher als der Medianwert von 11 % anheben, stiege die Ausfallrate der ‚Zombie'-Unternehmen um 0,4 Prozentpunkte. Die Ausfallrate gesunder Unternehmen hingegen würde um 0,4 Prozentpunkte sinken. Letzteres entspricht einem Rückgang um ein Fünftel.

> Hätten alle Banken in Italien eine Eigenkapitalquote mindestens in der Höhe des Medianwerts von 11 Prozent, wäre die Ausfallrate gesunder Unternehmen um ein Fünftel geringer.

Die Forscher zeigten, dass Italiens schwach kapitalisierte Banken während der Finanzkrise zu viele Kredite an wenig aussichtsreiche, kaum überlebensfähige Unternehmen vergeben haben. Die Fehlsteuerung der Kreditvergabe ermöglichte das Überleben vieler schwacher Unternehmen und verursachte zu viele Insolvenzen von gesunden Firmen. In der Folge lahmte das BIP-Wachstum. Hätte die italienische Regierung vier Milliarden Euro in schwach kapitalisierte Banken investiert, um deren Eigenkapitalquote auf die Höhe des Medianwerts anzuheben, wäre die jährliche Wachstumsrate von 2008 bis 2013 um etwa 0,2 bis 0,35 Prozentpunkte höher gewesen. Dies entspricht einem Anstieg von rund einem Zehntel.

Bessere Steueranreize für Banken

Laurenz Grabher

Relevanz

Eigenkapital ist teuer. Daher haben die Banken einen Anreiz, beim Eigenkapital zu sparen, und finanzieren sich lieber mit Spareinlagen und anderem Fremdkapital. Mit geringeren Finanzierungskosten ist es leichter, den Kunden im Wettbewerb bessere Konditionen anbieten zu können. Die Besteuerung fördert die Verschuldung der Banken zusätzlich. Mit dem Zinsabzug wird das Fremdkapital steuerlich entlastet, das risikotragende Eigenkapital jedoch nicht. Das fördert die Verschuldung der Banken und Unternehmen und trägt zur Krisenanfälligkeit bei. Die Bankenregulierung will mit höheren Kapitalstandards die Eigenkapitalausstattung und damit die Krisenrobustheit des Bankensektors stärken. Da macht es wenig Sinn, wenn der Staat mit dem steuerlichen Schuldenanreiz das genaue Gegenteil tut.

Quelle

Martin-Flores, Jose und Christophe Moussu (2018), Is Bank Capital Sensitive to a Tax Allowance on Marginal Equity? Erscheint in: European Financial Management, doi:10.1111/eufm.12163.

Hohe Überschuldung und wenig Eigenkapital gelten nicht erst seit der Finanzkrise 2008 als einer der grössten Risikofaktoren im Bankensektor. Strengere Kapitalvorschriften wie etwa die Reform der Bankenregulierung „Basel III" zielen darauf

L. Grabher (✉)
Universität St.Gallen, St.Gallen, Schweiz
E-Mail: laurenz.grabher@student.unisg.ch

© Der/die Autor(en) 2021
C. Keuschnigg und M. Kogler (Hrsg.), *Die Wirtschaft im Wandel*,
https://doi.org/10.1007/978-3-658-31735-5_8

ab, die Eigenkapitalquote der Banken zu erhöhen und so ihre Krisenrobustheit zu verbessern. Besonders strenge Kapitalvorschriften können aber auch zu einem Problem werden, wenn Banken ihre Kreditvergabe verringern, um auf diesem Weg die Eigenkapitalquote zu erhöhen. Das würde zu einer Kreditklemme führen und könnte ganz besonders in Krisenzeiten eine Rezession verschärfen.

Die Politik kann jedoch auch einen zweiten Weg gehen, die Krisenrobustheit der Banken zu stärken, ohne das Risiko einer Kreditklemme heraufzubeschwören. Sie könnte steuerliche Anreize setzen, damit Banken mehr Eigenkapital aufnehmen, anstatt sich hauptsächlich über Einlagen und anderes Fremdkapital zu refinanzieren. Wie andere Unternehmen können auch die Banken die Zinszahlungen auf ihr Fremdkapital von der Unternehmenssteuer abziehen. Gleichzeitig ist dies für die Eigenkapitalkosten nicht möglich. Dieser Steuernachteil schafft einen Anreiz, dass Banken ihre Eigenkapitalquote niedrig halten und sich lieber mit Fremdkapital finanzieren. Dies widerspricht dem Ziel der Bankenregulierung und fördert die Überschuldung. Ein gutes Anreizsystem dreht den Spiess um. Eigenkapital wird steuerlich nicht mehr länger benachteiligt, damit es eine attraktivere Finanzierungsquelle wird. So könnte eine Steuerreform die Banken unterstützen, mehr Eigenkapital zu bilden, damit sie Kreditausfälle und Verluste besser verkraften, Abschwünge abfedern und eine Krise leichter überstehen können.

Jose Martin-Flores und Christophe Moussu untersuchen, wie sich eine Steuerreform, welche die Diskriminierung des Eigenkapitals verringert, auf Eigenkapital und Verschuldung der Banken auswirkt. Dazu betrachten sie zwei Steuerreformen in Italien Ende der 1990er bzw. Anfang der 2000er Jahre. Sie zeigen, dass ein Abbau steuerlicher Nachteile die Eigenkapitalquote der Banken erhöht.

Italien führte mit der Steuerreform von 1998 einen Steuerabzug für Eigenkapital ein: Unternehmen und Banken zahlen eine reduzierte Gewinnsteuer auf das zusätzliche Eigenkapital, welches nach 1996 aufgenommen wurde, von 19 % anstelle der vorher üblichen 37 %. Eigenkapital wurde steuerlich attraktiver. Wie wirkte sich diese Reform auf die Eigenkapitalbildung italienischer Banken aus? Um diesen Effekt zu schätzen, nutzen die Forscher die Tatsache, dass die anderen Mitglieder der Eurozone Ende der 1990er Jahre keine solche Steuerreform durchführten.

Konkret suchen sie zu den italienischen Banken eine Kontrollgruppe ganz ähnlicher Banken in den anderen Ländern. Was ähnlich ist, sollte auch ganz ähnlich auf wirtschaftliche Anreize reagieren. Wenn die Möglichkeit des Zinsabzugs auf Eigenkapital der einzige Unterschied zwischen den beiden Gruppen wäre, könnte man aus einer stärkeren Zunahme des Eigenkapitals italienischer Banken im Vergleich zur Kontrollgruppe der Banken anderswo auf einen positiven Effekt des Steueranreizes schliessen. Allerdings gibt es auch weitere Einflussgrössen auf die Kapitalstruktur von Banken wie Zinsen, Inflation oder Wirtschaftswachstum, die sich ebenfalls zwischen den Ländern unterscheiden. Indem sie auch diese Ein-

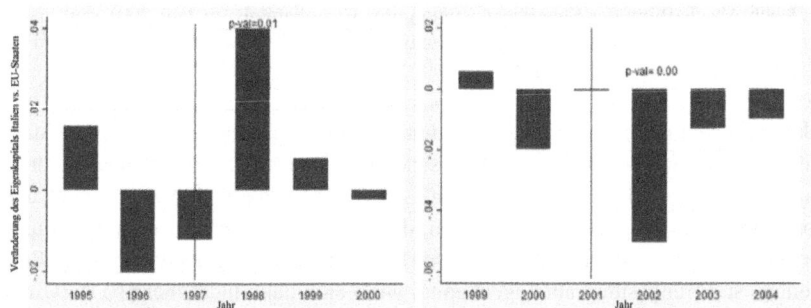

Abb. 1 Veränderung der Eigenkapitalquoten italienischer Banken relativ zu anderen Banken der Eurozone. (Quelle: Martin-Flores und Moussu 2018)

flüsse berücksichtigen und herausfiltern, können sie den Effekt des Steueranreizes in Italien isolieren. Als zentrales Ergebnis halten sie fest:

> Die Einführung der Steuererleichterung erhöhte die Eigenkapitalquote italienischer Banken um 8.8 Prozent. Im Durchschnitt hatten somit italienische Banken im Vergleich zur Kontrollgruppe eine um 0.5 Prozentpunkte höhere Eigenkapitalquote einzig aufgrund der Steuerreform.

Die durchschnittliche Eigenkapitalquote italienischer Banken erhöhte sich um 8,8 % im Vergleich zur Entwicklung ähnlicher Banken in anderen Ländern, die keine Steuerentlastung auf Eigenkapital einführten. Somit stieg die Eigenkapitalquote von 8,90 auf 9,43 %. Der linke Teil in Abb. 1 zeigt die Auswirkung sehr gut. Im Jahr nach der Einführung der Steuerentlastung im Jahr 1997 (vertikale, rote Linie) folgte ein erheblicher Anstieg der Eigenkapitalquote im Vergleich zu ähnlichen Banken in anderen Ländern. Die Forscher stellen fest, dass diese Veränderung darauf zurückgeht, dass die Banken zusätzliches Eigenkapital aufnahmen und nicht ihr Fremdkapital oder gar die Kreditvergabe verringerten.

Allerdings schaffte Italien die Steuerentlastung des Eigenkapitals mit Wirkung ab dem Jahr 2002 wieder ab. Martin-Flores und Moussu finden, dass der Effekt nun genau umgekehrt war, wie der rechte Teil der Abb. 1 zeigt. Nach dem Wiederaufleben der steuerlichen Benachteiligung des Eigenkapitals fielen im Jahr 2002 die Eigenkapitalquoten wieder um durchschnittlich 4,6 %, relativ zu den europäischen Vergleichsbanken. Die Banken passen also ihre Kapitalstruktur laufend an, wenn sich die (steuerlichen) Kosten des Fremd- und Eigenkapitals ändern. Ein Anstieg Eigenkapitalquote nach einem vorübergehenden Steueranreiz ist nicht langlebig, sondern verschwindet, wenn die Steuerbegünstigung wieder abgeschafft wird.

Nach Abschaffung der Steuerbegünstigung des Eigenkapitals im Jahr 2001 sank in Italien die durchschnittliche Eigenkapitalquote ab 2002 um 4.6 Prozent relativ zu den europäischen Vergleichsbanken.

Kleine Banken mit einer Bilanzsumme unter 1 Mrd. EUR reagieren besonders stark auf die steuerlichen Anreize. Die Forscher identifizieren zwei mögliche Gründe dafür. Die erste Erklärung ist, dass grössere Banken international tätig sind und über zahlreiche Möglichkeiten verfügen, die Steuerbelastung in der Bankengruppe zu minimieren, z. B. durch Gewinnverschiebung in steuergünstige Länder. Eine weitere Steuerentlastung auf Eigenkapital wirkt sich dann nicht mehr so stark aus. Da kleinere Institute solche Möglichkeiten nicht haben, reagieren sie tendenziell stärker auf nationale Steueränderungen. Ihr zweiter Erklärungsversuch geht dahin, dass multinationale Banken als «too big to fail» bzw. systemrelevant gelten. Solche Banken profitieren von einer implizierten Staatsgarantie und reagieren weniger stark auf Unterschiede in nationalen Steuersystemen. Vielmehr spielen Faktoren wie z. B. die Kosten einer möglichen Insolvenz oder Eigenkapitalvorschriften eine Rolle.

Die steuerliche Diskriminierung des Eigenkapitals ist einer der Haupttreiber für die niedrige Kapitalausstattung und hohe Verschuldung von Banken und trägt so zur Krisenanfälligkeit von Banken bei. Reformen, welche den steuerlichen Nachteil des Eigenkapitals abbauen, können einen positiven Anreiz setzen und die Banken darin unterstützen, ihre Eigenkapitalquote deutlich zu erhöhen, wie das Beispiel Italiens Ende der 1990er Jahre zeigt. Wenn die Banken mehr Eigenkapital bilden, können sie auch mehr Kredite vergeben, ohne sich dabei selber mehr verschulden zu müssen. So kann die Steuerpolitik einen wachstumsfreundlichen Beitrag leisten, dass Banken ihre Eigenkapitalpuffer aufbauen und damit das Risiko von Bankinsolvenzen und Kreditklemmen in einem wirtschaftlichen Abschwung verringern.

Mehr Sicherheit mit zentraler Bankenaufsicht

David Gmür

Relevanz

Die Wirtschaft braucht Kredit, und die Gesellschaft mehr Sicherheit. Die Banken müssen in der Kreditvergabe auf Ertrag und Risiko gleichzeitig achten. Damit die Regulierung effektiven Schutz bieten kann, muss die Bankenaufsicht die Einhaltung der Vorschriften überwachen und frühzeitig das Entstehen übermässiger Risiken aufdecken. In der Bankenunion kann eine zentrale Aufsicht eher für gleich lange Spiesse im europaweiten Wettbewerb der Banken sorgen, kann unabhängiger als nationale Aufsichtsbehörden agieren, und dank besserer Ressourcen auch komplexe Grossbanken wirksam beaufsichtigen. So wird die Kreditvergabe sicherer, indem die Banken angehalten sind, faule und riskante Kredite zügig abzubauen und mehr Kredit auf die produktiveren Unternehmen mit besseren Aussichten lenken.

Christian Keuschnigg und Michael Kogler, Herausgeber.

Quelle

Altavilla, Carlo, Miguel Boucinha, José-Luis Peydró, und Frank Smets (2020), Banking Supervision, Monetary Policy and Risk-Taking: Big Data Evidence from 15 Credit Registers, CEPR Discussion Paper Nr. 14288.

D. Gmür (✉)
Universität St.Gallen, St.Gallen, Schweiz
E-Mail: david.gmuer@student.unisg.ch

© Der/die Autor(en) 2021
C. Keuschnigg und M. Kogler (Hrsg.), *Die Wirtschaft im Wandel,*
https://doi.org/10.1007/978-3-658-31735-5_9

Im November 2014 trat in der Eurozone der einheitliche Bankenaufsichts-
mechanismus in Kraft, der ein wesentlicher Pfeiler der Europäischen Bankenunion ist. Seither unterstehen grosse Banken der Eurozone einer einheitlichen
überstaatlichen Regulierung und Aufsicht durch die Europäische Zentralbank.
Die Regulierung von Banken ist eine komplexe Aufgabe. Wie die Finanzkrise
2008/2009 zeigte, konnte die Regulierung nicht verhindern, dass Banken übermässige Risiken eingingen. Welche organisatorischen und institutionellen
Reformen können dazu beitragen, die Stabilität des Finanzsystems zu erhöhen?
Wichtig ist, ob die Banken durch nationale oder überstaatliche Aufsichtsbehörden
überwacht werden.

Während nationale Aufsichtsbehörden besseren Zugang zu genaueren
Informationen über den lokalen Bankensektor haben, kann eine überstaatliche
Behörde über mehr Ressourcen wie beispielsweise qualifizierte MitarbeiterInnen
verfügen. Auch die Anreize können sich je nach Regulierungsebene unterscheiden. Angesichts des häufigen Personalwechsels zwischen lokalen Behörden
und Banken sowie starkem Lobbying sind nationale Behörden anfälliger für
Interessenkonflikte und tendenziell nachsichtiger in der Aufsicht. Dagegen kann
eine überstaatliche Behörde unabhängiger agieren.

Stimmt das? Welche Auswirkungen hatte konkret der Systemwechsel von
nationaler zu supranationaler Bankenaufsicht in der Eurozone auf die Kreditvergabe
der Banken und die Stabilität des Finanzsystems? Carlo Altavilla, Miguel Boucinha,
Jose-Luis Peydro und Frank Smets von der Europäischen Zentralbank sowie der
Universität Pompeu Fabra in Barcelona gehen dieser Frage nach. Sie untersuchen
Daten aus 15 Europäischen Kreditregistern mit rund 280 Mio. Beobachtungen im
Zeitraum von Juni 2012 bis Dezember 2017. In ihrer Analyse nutzen sie die Tatsache, dass nicht alle, sondern nur die bedeutenden Banken unter die neue supranationale Aufsicht fallen. Zum Vergleich berücksichtigen sie auch das Verhalten
von Banken ausserhalb der Eurozone, welche nicht davon betroffen waren. Dadurch
können sie die geschätzten Effekte tatsächlich dem Systemwechsel zuordnen.

Ihre Schätzungen zeigen, dass die Banken bei überstaatlicher Aufsicht ihre
Kreditvergabe an Firmen mit hohem Kreditrisiko einschränken und stattdessen
die Kredite an weniger riskante Firmen ausweiten. Firmen gelten als riskant,
wenn sie mit einem grossen Teil ihrer Kredite in Verzug sind. Die zentralisierte
Aufsicht senkt demnach das Risiko im Kreditgeschäft der Banken. Die Banken
schichten von riskanteren zu weniger riskanten Firmen um, ohne dass das
gesamte Kreditvolumen leidet.

In ihrer Analyse unterscheiden die Forscher zwischen Banken in finanziell
stabilen und instabilen Mitgliedsstaaten der Eurozone. Italien, Portugal und
Spanien gelten als finanziell instabil. Österreich, Belgien, Frankreich, Deutschland, Litauen und die Slowakei zählen als stabile Länder. Der Effekt des System-

wechsels ist für finanziell instabile Länder stärker ausgeprägt als für stabile. In der instabilen Gruppe reduziert die zentrale Bankenaufsicht die Kreditvergabe von Banken an Firmen mit dem höchsten Kreditrisiko um 43 %. In stabilen Ländern beträgt dieser Rückgang immerhin noch 36 %. Steigt das Kreditrisiko (um eine Standardabweichung) an, so geht die Kreditvergabe an diese Firmen bei zentraler Aufsicht in den instabilen Ländern um rund acht Prozent und in den stabilen Staaten um fünf Prozent zurück.

Der Systemwechsel zur überstaatlichen Bankenaufsicht der Eurozone reduziert die Kreditvergabe an Firmen mit dem höchsten Kreditrisiko um 43% in finanziell instabilen und um 36% in stabilen Mitgliedsstaaten.

Wie ist dieser Effekt zu bewerten? Problematisch wäre es, wenn die riskanteren Firmen gleichzeitig in besonders produktiven Sektoren tätig wären und nun weniger Kredite erhielten. Die Forscher stellen jedoch fest, dass dies nicht der Fall ist. Dies gilt unabhängig davon, ob die Banken in finanziell stabilen oder instabilen Ländern tätig sind. Die supranationale Bankenaufsicht scheint die Kreditvergabe an produktivere Firmen sogar tendenziell zu erhöhen, allerdings ist dieser Effekt nicht statistisch signifikant. Betrachtet man dagegen Kredite gleicher Qualität, dann vergeben die Banken mehr Kredite an produktivere Firmen. So erhalten Firmen in einem Sektor, dessen Arbeitsproduktivität um eine Standardabweichung über dem Mittelwert liegt, bei gegebenem Risiko um fünf Prozent mehr Kredite.

Bei gleichem Kreditrisiko vergeben Banken um 5% mehr Kredite an Firmen, deren Produktivität um eine Standardabweichung über dem Durchschnitt liegt.

Die einheitliche Bankenaufsicht in der Eurozone trat im November 2014 in Kraft. Dies war jedoch schon seit Oktober 2013 bekannt. Wann genau traten die Änderungen im Risikoverhalten der Banken ein? Abb. 1 zeigt von Mitte 2013 bis 2015, wie die supranationale Aufsicht die Kreditvergabe an Firmen mit dem höchsten Kreditrisiko in finanziell instabilen Mitgliedsstaaten beeinflusst. Es zeigt sich, dass die Banken teilweise schon vorab ihr Verhalten änderten, d. h. der effektive Systemwechsel könnte schon früher stattgefunden haben. Der Effekt ist jedoch erst in der zweiten Jahreshälfte 2014 signifikant. Banken scheinen daher ihr Risikoverhalten tatsächlich erst dann angepasst zu haben, als die neue Aufsicht im November 2014 ihren Betrieb aufnahm.

Die Forscher gingen noch einen Schritt weiter und analysierten das Zusammenspiel des regulatorischen Systemwechsels mit der expansiven Geldpolitik der Europäischen Zentralbank. Ihre Schätzungen zeigen, dass eine

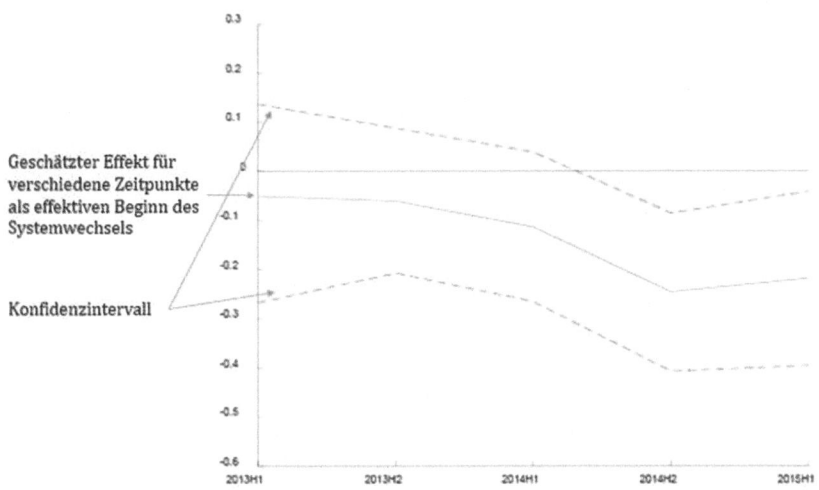

Abb. 1 Effekt der einheitlichen Bankenaufsicht auf die Kreditvergabe an Firmen mit dem höchsten Kreditrisiko. (Quelle: Altavilla et al. 2020)

Lockerung der Geldpolitik dazu beiträgt, dass Banken mehr Risiken eingehen und zusätzliche Kredite an Firmen mit hohem Kreditrisiko vergeben. Der Wechsel zur überstaatlichen Bankenaufsicht hebt diesen Effekt jedoch auf. Die Kreditvergabe an weniger riskante Firmen wird dabei nicht beeinträchtigt.

> Eine Lockerung der Geldpolitik führt dazu, dass Banken mehr Kredite an besonders riskante Firmen vergeben. Die Zentralisierung der Bankenaufsicht in der Eurozone kann diesen destabilisierenden Effekt jedoch aufheben.

Weshalb ist die Aufsicht durch eine überstaatliche Behörde die offenbar effektivere? Das Forscherteam stellt dafür zwei Hypothesen auf. Die *Anreizhypothese* stellt auf die mögliche Veränderung der Anreize der Aufsichtsbehörden ab, die bei zentraler Aufsicht unabhängiger agieren können, während die *Kapazitätshypothese* die Bedeutung einer qualitativ und quantitativ besseren Ressourcenausstattung der überstaatlichen Behörde betont.

Sie stellen fest, dass die zentralisierte Aufsicht vor allem das Risikoverhalten von sehr grossen Banken mit einer Bilanzsumme von mehr als EUR 500 Mrd. stark beeinflusst. Da die Komplexität der Regulierung für jene Banken überproportional zunimmt, ist dies ein Indiz für die Kapazitätshypothese. Für die

Anreizhypothese finden die Forscher hingegen kaum Hinweise. So ist beispielsweise bei sehr schwachen Banken, welche von einer lokalen Behörde stärker geschützt werden könnten, keine Veränderung des Risikoverhaltens festzustellen. Sie kommen daher zum Schluss, dass die effektivere Regulierung in erster Linie darauf zurückzuführen ist, dass die supranationale Behörde über mehr Mittel und Personal verfügt, um eine effiziente Kontrolle auch in sehr komplexen Fällen zu gewährleisten.

> Die effektivere Aufsicht ist vorwiegend darauf zurückzuführen, dass die supranationale Behörde über mehr Mittel und spezialisiertes Personal verfügt.

Die Studie des Forscherteams um José-Luis Peydró zeigt, dass die Wahl der Aufsichtsebene einen wesentlichen Einfluss auf das Risikoverhalten der Banken und somit auf die Stabilität des Finanzsystems haben kann. Im Fall der Eurozone hat der Wechsel von nationaler zu supranationaler Regulierung dazu geführt, dass die Banken ihre Risiken im Kreditgeschäft trotz der lockeren Geldpolitik verringert haben.

Wie innovative Start-ups zu Kapital kommen

Roberta Maria Koch

Relevanz
Innovative Jungunternehmen brauchen dringend Risikokapital. Die Kreditgeber sind zurückhaltend, verlangen Sicherheiten und wollen verlässliche Hinweise auf gute Erfolgsaussichten sehen. Aber das Risiko ist hoch und der Erfolg auf dem Markt ungewiss. Wie können innovative Start-ups zu Kapital kommen? Verwertbare Patente dienen als Sicherheit and schaffen Zugang zu Kredit. Erfahrene Wagnisfinanziers können besser als andere die Erfolgschancen beurteilen und sind eher bereit, sich zu engagieren. Darauf können auch andere Kreditgeber vertrauen. Wagniskapital hilft gleich zweimal. Die Wagniskapitalisten geben selber Beteiligungskapital. Sie geben auch anderen Kapitalgebern das notwendige Vertrauen, damit diese weitere Finanzierung bereitstellen. Deshalb ist ein aktiver Markt für Wagniskapital in einer innovativen Wirtschaft so wichtig.

Quelle
Hochberg, Yael, Carlos Serrano and Rosemarie H. Ziedonis (2018), Patent Collateral, Investor Commitment, and the Market for Venture Lending, Journal of Financial Economics 130, 74–94.

Innovatives Unternehmertum ist für technologischen Fortschritt und langfristiges Wachstum von entscheidender Bedeutung. Dennoch mangelt es vielen Unter-

R. M. Koch (✉)
Universität St.Gallen, St.Gallen, Schweiz
E-Mail: Robertamaria.koch@unisg.ch

nehmensgründern am notwendigen Kapital. Die Finanzierung eines jungen Unternehmens ist mit erheblichen Risiken verbunden. Denn nicht alle Start-ups können am Markt bestehen. Der Wert eines Start-ups beruht oftmals auf einer innovativen Idee und anderen immateriellen Vermögenswerten, welche im Vorfeld schwer einzuschätzen und im Nachhinein manchmal kaum zu verwerten sind. Daher ist es für die meisten Gründer schwierig, externe Finanzierung zu erhalten.

Es gibt verschiedene Instrumente, um das Risiko und die unvollkommene Information potenzieller Investoren abzubauen. Kreditgeber können z. B. Sicherheiten verlangen, auf welche sie im Insolvenzfall zugreifen können. Alternativ können Unternehmen Kapital von spezialisierten Finanzintermediären aufnehmen. Diese beobachten die unternehmerische Tätigkeit genau und können die Erfolgschancen besonders gut einschätzen. Für Jungunternehmen spielen solche Risiko- oder Wagniskapitalgeber eine wichtige Rolle. Bei Wagniskapital (Venture Capital) handelt es sich um eine Finanzierungsform mit hohem Risiko. Denn trotz gründlicher Kreditwürdigkeitsprüfung zu Beginn sind oft nur wenige Start-ups tatsächlich profitabel, während viele scheitern. Als Gegenleistung dafür verlangen Wagniskapitalgeber Einfluss auf die Geschäftspolitik und Anteile am Unternehmen. Dadurch können sie im Erfolgsfall hohe Gewinne verbuchen und die Verluste aus gescheiterten Projekten ausgleichen.

Wagniskapitalgeber investieren in Jungunternehmen und verlangen für das hohe Risiko erhebliche Unternehmensanteile. Risikokreditgeber stellen Fremdkapital zur Verfügung und verlangen hohe Zinsen und Sicherheiten.

Von Wagniskapital sind Risikokredite – Venture Debt – zu unterscheiden. Sie verschaffen einem Start-up zusätzliches Fremdkapital, ohne dessen Eigentümerstruktur zu verändern. Solche Kredite dienen oftmals als Überbrückung oder Zusatzfinanzierung. Aufgrund des hohen Risikos verlangen Kreditgeber hohe Zinsen, nicht selten mehr als das Doppelte des marktüblichen Zinses.

Wie können Start-ups ihren Zugang zu Fremdkapital in Form von Risikokrediten verbessern? Die Ökonomen Yael V. Hochberg, Carlos J. Serrano und Rosemarie H. Ziedonis untersuchten über 3400 amerikanische Start-ups in den Branchen Softwareentwicklung, Halbleiterbauelemente sowie medizinische Geräte. Dabei analysierten sie die finanzielle Entwicklung von Unternehmen, die zwischen 1987 und 1999 gegründet wurden, und beobachteten diese jeweils bis ins Jahr 2008 bzw. bis zu ihrer Auflösung oder ihrem Börsengang.

Die Studie hebt zwei Mechanismen hervor, welche den Zugang zu Fremdkapital erleichtern. Erstens sind Patente von Start-ups wichtige Sicherheiten. Je einfacher ein Patent verkauft werden kann, desto höher ist sein Wert als Sicherheit. Dies steigert die zu erwartende Rückzahlung an die Kreditgeber und erleichtert den

Zugang zu Risikokrediten. Zweitens dient das Engagement eines Wagniskapitalisten als glaubwürdiges Signal für die Qualität und ein vergleichsweise niedrigeres Risiko des Start-ups, was den Zugang zu Fremdkapital ebenfalls verbessert. Denn Wagniskapitalgeber sind in der Lage, die Erfolgsaussichten von Jungunternehmen gut einzuschätzen, und nehmen auch Einfluss auf deren Investitionen und Geschäftspolitik, um die Erfolgschancen weiter zu steigern.

Im Beobachtungszeitraum haben gut 1500 aller berücksichtigten Start-ups mindestens ein Patent angemeldet. Rund 36 % jener Start-ups erhielten Risikokredite. Typischerweise haben Unternehmen über 90 % der Patentrechte an ihre Fremdkapitalgeber übertragen. Für die Kreditgeber ist es wichtig, dass sie im Insolvenzfall die übertragenen Sicherheiten rasch und ohne grosse Verluste veräussern können. Dafür sind nicht nur die Qualität und der Verwendungszweck eines Patents entscheidend, sondern auch die Liquidität und damit die Möglichkeiten für einen Handel auf dem Sekundärmarkt. Je grösser die Zahl potenzieller Käufer eines Patents ist, umso geringer fallen die Verluste der Kreditgeber aus.

> Ein liquider Markt für Patente steigert die Kreditvergabe an Start-ups. Sind die Patente jedoch sehr firmenspezifisch, so sinkt der potenzielle Veräusserungswert. Dies erschwert den Zugang zu Risikokrediten.

Um die Marktliquidität zu quantifizieren, berechnen die Forscher ein Mass für die Wahrscheinlichkeit, dass ein Unternehmen bei Bedarf seine Patente verkaufen kann. Die Ergebnisse zeigen, dass Start-ups mehr Fremdkapital aufnehmen, wenn der Markt für Patente liquide ist. Wenn die Marktliquidität um einen Prozentpunkt zunimmt, steigt die jährliche Verschuldungsrate eines Jungunternehmens, das heisst, die Wahrscheinlichkeit, dass es einen Risikokredit erhält, um rund 1,1 Prozentpunkte oder rund 15 %. Allerdings tritt dieser Anstieg nur dann ein, wenn die Patente nicht allzu firmenspezifisch und damit auch von anderen Unternehmen gut nutzbar sind.

Das Engagement eines Wagniskapitalgebers signalisiert potenziellen Investoren gute Erfolgschancen und erleichtert so den Zugang zu Risikokrediten. Bereits die deskriptive Evidenz weist auf einen positiven Zusammenhang von Eigen- und Fremdkapitalfinanzierung von Start-ups hin. Die ökonometrischen Schätzungen zeigen, dass die Wahrscheinlichkeit einer Fremdfinanzierung signifikant zunimmt, nachdem sich ein Wagniskapitalgeber engagiert. Dieser Anstieg fällt umso stärker aus, je renommierter die Wagniskapitalisten sind, die sich am Start-up beteiligen.

Abb. 1 zeigt die jährlichen Verschuldungsraten der untersuchten Jungunternehmen. Diese sind deutlich höher, wenn ein Unternehmen zumindest teilweise

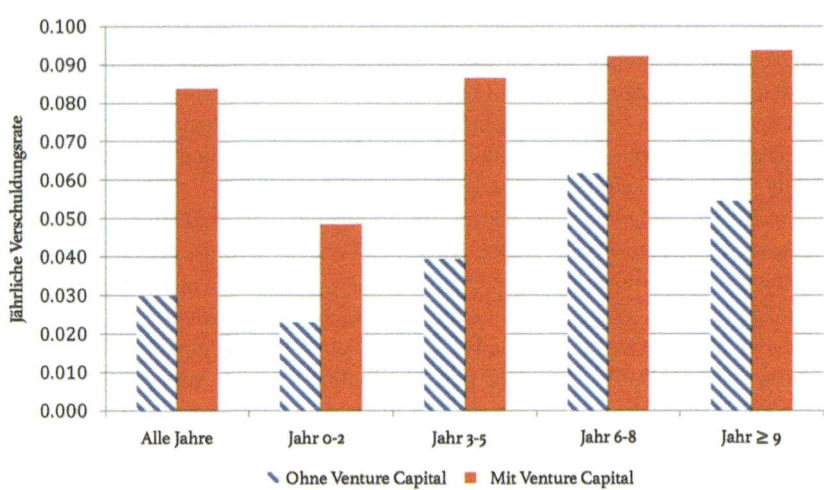

Abb. 1 Jährliche Verschuldungsrate von Start-ups und Wagniskapital. (Quelle: Hochberg et al. 2018)

wagnisfinanziert ist. Im Durchschnitt nimmt die Verschuldungsrate dadurch von drei auf 8,4 % zu. Höhere Verschuldungsraten bestehen während mindestens neun Jahren nach dem Engagement eines Wagniskapitalgebers. Wenn jener zur Spitzengruppe der renommiertesten Investoren zählt, liegt die durchschnittliche Verschuldungsrate gar bei 9,1 %.

> Start-ups mit Venture Capital können leichter Fremdkapital aufnehmen. Haben die Wagniskapitalgeber eine besonders gute Reputation, ist die Verschuldungsrate sogar dreimal so hoch.

Die Studie macht deutlich, dass der Zugang von Jungunternehmen zu Risikokrediten entscheidend davon abhängt, wie leicht Sicherheiten wie Patente verwertbar sind, und ob ein Wagniskapitalgeber beteiligt ist oder nicht. Wenn wenig Wagniskapital zur Verfügung steht, kann dies die Finanzierung von Start-ups in zweifacher Weise erschweren. Zum einen fällt Venture Capital als Finanzierungsquelle weg und zum anderen sind auch externe Kreditgeber oft nicht mehr bereit, das hohe Risiko einzugehen.

Seriengründer: Erfolg macht erfolgreich

Korbinian Wester

Relevanz

Innovative Unternehmensgründungen erneuern die Wirtschaft. Aber vielen Gründern mangelt es an Kapital, an unternehmerischem Knowhow und an Erfahrung. Das Risiko ist gross, nicht alle Start-ups haben das gleiche Potenzial, und nicht jede Gründung lohnt für die Gesellschaft. Um die neuen Start-ups mit den besten Aussichten herauszufiltern und auf Erfolg zu trimmen, braucht es leistungsfähige Wagniskapitalgeber. Sie geben Kapital erst nach sorgfältiger Auswahl und leisten Beratung und Überwachung. Aber das Neue ist auf dem Markt noch nicht getestet. Das Potenzial der Start-ups ist schwer einzuschätzen. Da zählt die Erfahrung in der Vergangenheit. Einem Seriengründer, der bereits einmal Erfolg hatte und Erfahrung sammeln konnte, dem vertraut man eher. Auch ein Wagnisfinanzier, der auf einen erfolgreichen Leistungsausweis zurückblicken kann, geniesst bei den Gründern und ihren Kunden, Zulieferern und Banken mehr Vertrauen. Erfolg macht erfolgreich.

Quelle

Gompers, Paul, Anna Kovner, Josh Lerner und David Scharfstein (2010), Performance Persistence in Entrepreneurship, Journal of Financial Economics 96, 18–32.

K. Wester (✉)
Universität St.Gallen, St.Gallen, Schweiz
E-Mail: korbinian.wester@student.unisg.ch

© Der/die Autor(en) 2021
C. Keuschnigg und M. Kogler (Hrsg.), *Die Wirtschaft im Wandel*,
https://doi.org/10.1007/978-3-658-31735-5_11

Start-ups bringen die Wirtschaft in Schwung. Sie schaffen zusätzliche Arbeitsplätze und bringen Innovationen und neue Produkte hervor. So steigern sie den Wohlstand und vergrössern die Auswahlmöglichkeiten der Konsumenten. Gerade bei grossen wirtschaftlichen Umbrüchen wie z. B. im Zeitalter der Digitalisierung sind Innovationen notwendig, damit eine Volkswirtschaft erfolgreich bleibt. Welche Start-ups sind besonders erfolgreich?

Die Gründung und Finanzierung eines neuen Unternehmens ist mit erheblichen Risiken behaftet. Viele Start-Ups erweisen sich als nicht überlebensfähig und verschwinden nach kurzer Zeit wieder. Welche Neugründungen haben die grössten Erfolgschancen und sollen Kapital erhalten? In einer 2010 veröffentlichten Arbeit gehen Paul Gompers, Anna Kovner, Josh Lerner und David Scharfstein dieser Frage nach. Sie stellen die unternehmerische Erfahrung des Gründers in den Mittelpunkt ihrer Analyse. Manche Unternehmer werden zu Seriengründern, indem sie nach Gründung eines Start-ups ein weiteres Projekt beginnen. Dies kann unabhängig davon geschehen, ob die erste Gründung erfolgreich war oder nicht. Die Forscher untersuchen, ob solche Seriengründer erfolgreicher sind als jene Unternehmer, die zum ersten Mal ein Start-up gründen.

Die Wissenschaftler untersuchen Neugründungen in den USA zwischen 1986 und 2000, welche mit Risikokapital finanziert wurden. Ihr Datensatz enthält Informationen zu 3796 Unternehmen mit 8753 Gründern. Der Unternehmenserfolg wird daran gemessen, ob ein Start-Up bis Dezember 2007 an die Börse gegangen ist bzw. die notwendigen Unterlagen bis zu diesem Zeitpunkt eingereicht hat. Zudem zeigen die Daten, ob es sich bei einem Unternehmen um eine Seriengründung handelt, das heisst, ob mindestens einer der Gründer schon vorher über Erfahrung mit einer risikokapitalfinanzierten Gründung verfügte.

Die Anzahl der Unternehmer ist von 1980 bis 1994 langsam aber stetig angewachsen. Danach stieg sie rapide an, wobei sich die Zahl zwischen 1994 und 1995 fast verdoppelte. Die Wissenschaftler sehen darin die Auswirkungen des Internet-Booms. Insgesamt hat sich zwischen 1980 und 1990 die Zahl der Gründer, die Risikokapital erhalten haben, von 11 auf 1661 vervielfacht. Auch der Anteil von Seriengründern hat über die Jahre leicht zugenommen. Waren es im Jahr 1985 nur 7,1 %, so hatten im Jahr 1999 bereits 9,5 % aller Gründer Erfahrung aus vorangegangenen Projekten.

Die Anzahl der erfassten Gründer hat sich zwischen 1980 und 1990 mehr als verhundertfacht. Dabei stieg der Anteil von Seriengründern von 7.1 Prozent auf 9.5 Prozent an.

Die Erfolgschancen von Unternehmensgründungen streuen stark. Im Durchschnitt schafften 25,7 % aller Gründungen den Börsengang. Seriengründer waren dabei besonders erfolgreich. Ihre Erfolgswahrscheinlichkeit lag bei 36,7 % für ihr erstes Start-up und bei 29,1 % für nachfolgende Gründungen. Die ökonometrischen Schätzungen, die auch eine Reihe anderer Einflussgrössen berücksichtigen, zeigen ähnliche Ergebnisse. Start-Ups von Seriengründern haben eine um vier Prozentpunkte höhere Erfolgswahrscheinlichkeit als jene von Erstgründern, welche ihr Unternehmen in 20,9 % der Fälle an die Börse bringen. Die höhere Erfolgswahrscheinlichkeit im Durchschnitt ist hauptsächlich auf jene Serienunternehmer zurückzuführen, die bereits früher mit ihrem Start-up Erfolg hatten. Bei ihnen liegt die Erfolgswahrscheinlichkeit einer weiteren Neugründung bei 30,3 %. Dagegen haben Seriengründer, die in der Vergangenheit scheiterten, nur eine 21,8 %ige Chance. Erstgründern gelingt es nur zu 20,9 %, ein Unternehmen erfolgreich aufzubauen.

> Seriengründer haben eine um 4 Prozentpunkte höhere Erfolgswahrscheinlichkeit als der Durchschnitt der Gründungen. Seriengründer, die mit einem Unternehmen bereits Erfolg hatten, führen spätere Gründungen zu 30.3 Prozent zu erneutem Erfolg. Jenen, die bereits einmal scheiterten, gelingt dies nur zu 21.8 Prozent.

Die empirische Evidenz zeigt eine Beständigkeit bei erfolgreichen Unternehmensgründungen auf. Als Ursache dafür sehen die Wissenschaftler zwei Faktoren. Erfolg spiegelt zum einen die unternehmerischen Fähigkeiten wider. Diese umfassen sowohl die Managementqualitäten als auch das richtige Gespür, ein bestimmtes Produkt zur richtigen Zeit auf den Markt zu bringen. So waren beispielsweise 52 % der Computerunternehmen, die 1983 gegründet wurden, erfolgreich. Zwei Jahre später war der Zeitpunkt bereits nicht mehr so günstig. Nur 18 % der im Jahre 1985 gegründeten Computerunternehmen hatten Erfolg. Die unternehmerischen Fähigkeiten und das Gespür für den Markteintritt im richtigen Zeitfenster sind entscheidend für die Erfolgschancen eines Start-Ups.

Früherer Erfolg erhöht zudem das Vertrauen potenzieller Investoren, Zulieferer und Kunden. Da es für diese oft schwierig ist, die tatsächlichen Fähigkeiten eines Gründers einzuschätzen, vertrauen sie auf die unternehmerische Erfahrung, wie sie anhand vergangener Erfolge nachgewiesen ist. Seriengründern gelingt es daher eher, zusätzliche Ressourcen für ihr Start-Up aufzutreiben, was ihre Erfolgschancen neuerlich steigert. Während nur 46 % der Erstgründungen in einem frühen Stadium Risikokapital aufnehmen können, sind es bei späteren Gründungen 62 % der Unternehmen. Zudem erhalten Erstgründer die erste Finanzierung erst nach 37 Monaten, während erfahrene Gründer diese bereits nach 20 Monaten erhalten.

> Erstgründer haben es schwerer, Risikokapital aufzutreiben. Sie warten fast doppelt so lange auf eine Risikokapitalfinanzierung wie Seriengründer.

Eine vertrauensbildende Wirkung geht auch von der Erfahrung des Risikokapitalgebers aus, welcher das Unternehmen (mit-)finanziert. Zulieferer, weitere Investoren und Kunden vertrauen stärker auf das Urteil eines erfahrenen Risikokapitalgebers und sind dann eher bereit, ein Unternehmen zu unterstützen. Zählt der Risikokapitalgeber zu den 25 % der erfahrensten Investoren, so ist die Erfolgswahrscheinlichkeit eines von ihm mitfinanzierten neuen Unternehmens mit 21,7 % um ca. 5 Prozentpunkte höher als bei anderen Gründungen, deren Risikokapitalgeber zu den 25 % der unerfahrensten Investoren gehört. Diese höhere Erfolgswahrscheinlichkeit kommt vor allem zwei Gruppen zu Gute, nämlich Erstgründern und solchen Seriengründern, die bisher nicht erfolgreich waren. Erstgründer mit einer Finanzierung von erfahrenen Risikokapitalgebern sind zu 20,9 % erfolgreich, während jene mit unerfahrenen Finanziers nur eine Chance von 14,3 % haben, erfolgreich zu sein. Bei Seriengründern, bereits einmal scheiterten, ist der Unterschied mit 25,9 gegenüber 17,7 % sogar noch grösser.

> Wird ein Unternehmen von einem erfahrenen Risikokapitalgeber finanziert, so ist das Unternehmen in 21.7 Prozent der Fälle erfolgreich. Bei Finanzierung durch einen unerfahrenen Risikokapitalgeber nur in 16.5 Prozent der Fälle.

Schliesslich schätzen die Forscher, wie sich die „market timing" Fähigkeiten eines Unternehmers, also das Gespür für den Markteintritt zur richtigen Zeit, auf die Erfolgschancen des Start-ups auswirken. Dazu messen sie den Erfolg der gesamten Branche. Hat ein Gründer sein erstes Unternehmen in einem für die Branche sehr guten Jahr gegründet, verfügt er demnach über gute „market timing" Fähigkeiten. In diesem Fall beträgt seine Erfolgswahrscheinlichkeit bei der zweiten Gründung 30,5 %. Ein Unternehmer, der seine erste Gründung in einem branchenweit eher erfolglosen Jahr auf den Weg brachte, ist hingegen nur mit einer Wahrscheinlichkeit von 23,7 % erfolgreich. Abb. 1 fasst die Erfolgschancen von Neugründungen unter den verschiedenen Voraussetzungen zusammen.

Die Studie zeigt, dass es eine gewisse Beständigkeit in der erfolgreichen Gründung von Unternehmen gibt. Nicht nur unternehmerische Fähigkeiten, sondern auch der Erfolg in der Vergangenheit zählen. Erfolgreiche Gründer haben bessere Chancen, später ein neues Start-Up zu gründen. Das liegt zum einen daran, dass sie im Durchschnitt bessere Managementqualitäten, aber auch ein besseres Gespür für den Markteintritt zum richtigen Zeitpunkt mitbringen. Zum anderen liegt es auch daran, dass sie durch ihre Erfahrung und ihren bereits einmal bewiesenen Erfolg besseren Zugang zu Finanzierung haben und auf mehr Vertrauen bei Kunden und Zulieferern stossen.

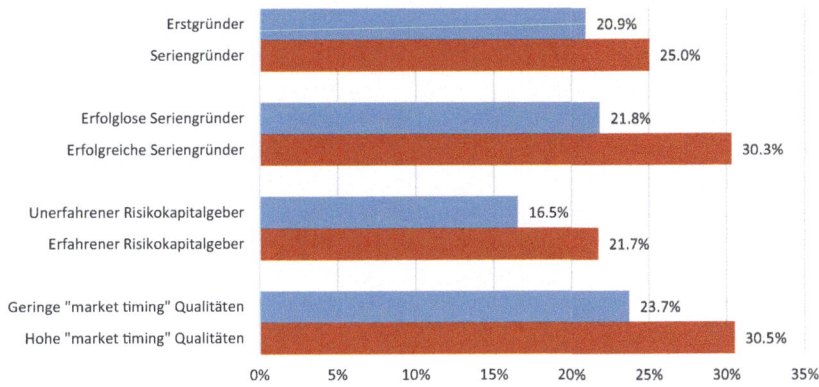

Abb. 1 Geschätzte Erfolgswahrscheinlichkeiten für Neugründungen. (Quelle: Selbst erstellte Grafik aus Zahlen von Gompers et al. 2010)

Wagniskapital: Mit Erfahrung zum Erfolg

Margaret Green

Relevanz

Wagniskapital finanziert die innovativsten Unternehmen mit dem grössten Risiko und trimmt diese mit Beratung und Kontrolle auf Erfolg. So beschleunigt die Wagnisfinanzierung die Erneuerung der Wirtschaft. Damit die positiven Wirkungen zustande kommen, braucht es Reputation und einen Erfolgsausweis, damit sich die besten Start-ups anstellen und die Wagniskapitalgesellschaften sich leichter refinanzieren können. Was könnte mehr Reputation bringen als Erfolg? Auch die Wagnisfinanziers werden aus Erfahrung klug. Eine erfolgreiche Investition ist der beste Beweis für die eigene Leistungsfähigkeit. Gerade für junge Wagniskapitalfonds ist es wichtig, mit einer Investition zur richtigen Zeit am richtigen Ort einen ersten Erfolg zu landen, der das nachfolgende Geschäft erleichtert.

Quelle

Nanda, Ramana, Sampsa Samila und Olav Sorenson (2020), The Persistent Effect of Initial Success: Evidence from Venture Capital, Journal of Financial Economics, erscheint demnächst.

Risikokapitalgeber finanzieren Innovation und Wachstum in der Wirtschaft. Junge und innovative Startups sind mangels Erfahrung und wegen fehlender Sicherheiten für klassische Finanzierungsformen wie Bankkredite oftmals zu riskant. Sie sind

M. Green (✉)
Universität St.Gallen, St.Gallen, Schweiz
E-Mail: margaret.green@student.unisg.ch

daher auf Wagniskapitalgeber angewiesen, die Beteiligungskapital geben, Risiko übernehmen und ihre Unternehmen bei Innovation und Wachstum unterstützen. Je erfolgreicher ein Start-up ist, desto rentabler ist die Investition der Finanziers. Bei Erfolg steigt der Risikokapitalgeber durch Verkauf seiner Anteile an andere Investoren und im besten Fall durch einen Börsengang aus dem Unternehmen aus. Ihr Kapital und ihre Expertise wird bei den nächsten Startups benötigt. Der Börsengang ist den besten Jungunternehmen vorbehalten. Die Wagniskapitalgeber erzielen bei einem Börsengang in den USA durchschnittlich 400 % Bruttorendite, bei Verkäufen an andere Investoren liegt diese noch bei rund 143 %. Bei Misserfolg müssen sie allerdings ihre Investition meist ganz abschreiben.

Macht Erfolg erfolgreich? Wenn ein Wagniskapitalgeber einmal einen grossen Erfolg landet, kann man auch bei der nächsten Investition mit Erfolg rechnen. Die langanhaltende Erfolgsbeständigkeit ist eine Besonderheit des Wagniskapitals. Woher kommt ein anhaltender Erfolg bei riskanten Unternehmensinvestitionen? Die Wissenschaftler Ramana Nanda, Sampsa Samila und Olav Sorenson von den Universitäten Harvard, Yale, und IESE (Barcelona) gehen dieser Frage nach. Sie untersuchen, inwiefern der erste Erfolg eines Risikokapitalgebers den Erfolg ihrer weiteren Investitionen vorprogrammiert.

Dazu analysieren die Forscher Investitionen von 895 US-amerikanischen Wagniskapitalgebern zwischen 1961 und 2008. Eine Investition gilt dann als erfolgreich, wenn es bis 2016 zu einem Börsengang oder einem Verkauf des Jungunternehmens kam. Da Wagnisfinanziers typischerweise mit mehreren Finanzierungsrunden in dasselbe Unternehmen investieren, beschränken sich die Autoren auf die Erstinvestition in ein Unternehmen. Der Datensatz umfasst mehr als 46'000 Investitionen.

Rund 51 % der Unternehmen, die durch Wagniskapital finanziert wurden, gingen an die Börse oder wurden an andere Investoren verkauft. Die Wahrscheinlichkeit eines Börsengangs betrug rund 20 %. Mit dem Ausstieg durch Verkauf ihrer Anteile können die Finanziers den Ertrag auf ihre riskante Investition realisieren.

> Im Schnitt ist jedes zweite wagnisfinanzierte Unternehmen erfolgreich und findet einen Käufer. Rund jedes Fünfte schafft den Börsengang.

Bei der hohen Erfolgsquote von 51 % ist allerdings zu beachten, dass die Studie kleine Wagniskapitalgeber, die weniger als elf Unternehmen finanzieren und meist geringere Erfolgschancen haben, nicht berücksichtigt.

Wie wichtig ist der erzielte Erfolg für die künftigen Geschäfte? Über alle Risikokapitalgeber hinweg zeigt die empirische Evidenz ein hohes Maß an Erfolgsbeständigkeit. Schafft es ein Risikokapitalgeber, ein weiteres von zehn finanzierten Unternehmen an die Börse bringen, erhöht sich die Wahrscheinlichkeit für einen Börsengang bei allen nachfolgenden Investitionen um acht Prozent. Für das nächstbeste Erfolgsszenario, einem direkten Verkauf an andere Investoren, schätzen die Forscher, dass bei zehn finanzierten Unternehmen ein zusätzlicher Verkauf die Erfolgswahrscheinlichkeit für die nachfolgenden Investitionen um vier Prozent steigert.

Mit einem zusätzlichen Börsengang unter den ersten zehn Investitionen kann ein Wagniskapitalfonds die Wahrscheinlichkeit für weitere Börsengänge unter allen seinen nachfolgenden Investitionen um 8 Prozent steigern.

Könnte der Erfolg nicht auch von anderen Einflussfaktoren als dem eigenen Erfolgsausweis abhängen? Um dafür zu kontrollieren, berücksichtigen die Forscher in ihren Schätzungen Faktoren wie Investitionsjahr, Bundesstaat, Branche und Investitionsphase. Damit können sie ausschliessen, dass ihre Ergebnisse von anderen Faktoren abhängen. Beispielsweise könnten erfolgreiche Wagniskapitalgeber überproportional in besonders stark wachsenden Branchen investieren, wo der Unternehmenserfolg quasi ein 'Selbstläufer' ist. Selbst unter Berücksichtigung dieser Faktoren besteht weiterhin ein starker Zusammenhang zwischen dem Anteil der Börsengänge oder der erfolgreichen Verkäufe der ersten zehn Investitionen und dem Erfolg bei den nachfolgenden Investitionen. Allerdings halbiert sich der zuvor geschätzte achtprozentige Anstieg der Wahrscheinlichkeit für einen Börsengang auf vier Prozent.

Wie lange hält eine positive Wirkung des Anfangserfolgs an? Der Effekt wird mit der Zeit immer schwächer. Mehr Erfolg bei den ersten zehn Investitionen wirkt von der elften bis zur sechzigsten nachfolgenden Investition nach. Tatsächlich nähern sich die Erfolgswahrscheinlichkeiten bei steigender Investitionsanzahl den durchschnittlichen Erfolgsraten an.

Lernen durch Erfahrung spielt für jeden Wagniskapitalgeber eine grosse Rolle. Anfänglicher Erfolg wird jedoch im Laufe der Zeit unwichtiger. Aber erst nach 60 weiteren Investitionen ist er nicht mehr relevant.

Die Bedeutung des Anfangserfolgs ist also besonders für kleine Wagniskapitalgesellschaften wichtig, die erst wenige Investitionen getätigt haben. Die grossen Gesellschaften mit einer Vielzahl getätigter Investitionen haben offensichtlich schon ‚ausgelernt' und können nicht mehr viel an Erfahrung dazugewinnen. Mit zunehmender Anzahl von Investitionen sollte sich also die Erfolgsquote dem Branchendurchschnitt annähern. Abb. 1 illustriert diesen Zusammenhang. Jeder Punkt repräsentiert dabei die gesamte Erfolgshistorie eines Risikokapitalgebers, also die Anzahl der getätigten Investitionen und der Anteil der Börsengänge. Im

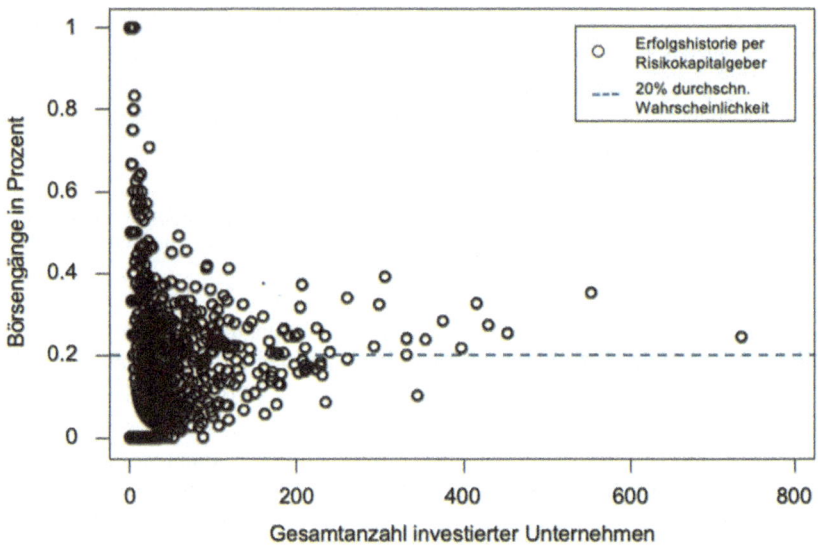

Abb. 1 Erfahrung und Performance von Risikokapitalgebern. (Quelle: Nanda u. a., 2020, Fig. 1)

Durchschnitt gelangen etwa 20 % der wagnisfinanzierten Unternehmen an die Börse. Tatsächlich schwankt die Erfolgsquote der grossen Fonds mit mehr als 200 Investitionen nur wenig um diesen Durchschnittswert. Bei kleinen Wagnisgesellschaften mit weniger als 200 Investitionen streut die Erfolgsquote dagegen sehr viel stärker. Die empirischen Ergebnisse zeigen, dass in dieser Gruppe die Bedeutung des Anfangserfolgs sehr gross ist und die Erfolgsquoten der Gesellschaften stark streuen.

Worauf ist der unterschiedliche Erfolg zurückzuführen? Wagniskapitalgeber könnten sich beispielsweise in ihren Fähigkeiten unterscheiden, Startups mit hohen Erfolgsaussichten zu entdecken, diese gut zu überwachen und die Gründungsteams mit strategischer Beratung im Hinblick auf höhere Wertsteigerung zu unterstützen. Weiter könnten besonders renommierte Wagnisfinanziers bevorzugten Zugang zu den besten Neugründungen mit dem grössten Wachstumspotenzial haben, was ihre Investitionen besonders rentabel macht.

> Der anfängliche Erfolg einer Wagniskapitalgesellschaft hängt fast ausschliesslich von der Investition zur richtigen Zeit am richtigen Ort ab.

Wären einige Risikokapitalgeber schlichtweg besser darin, vielversprechende Unternehmen auszuwählen oder sie zum Erfolg zu führen, sollten sie unabhängig von der vergangenen Erfolgsgeschichte höhere Erfolgsraten erzielen als ihre

Konkurrenten, die in ähnliche Branchen investieren. Die Schätzungen zeigen jedoch, dass dies nicht der Fall ist. Ein Risikokapitalgeber, der seine ersten zehn Investitionen in jenen Marktsegmenten tätigte, die besonders hohe Chancen auf einen Börsengang versprachen, weist eine um vier Prozent höhere Chance auf einen Börsengang bei seinen nachfolgenden Investitionen auf. Andere Einflussfaktoren finden die Forscher nicht. Diese Erkenntnisse widersprechen der Ansicht, dass manche Risikokapitalgeber von Natur aus besser geeignet wären, bestimmte Jungunternehmen auszuwählen und ihren Erfolg besser zu fördern. Vielmehr scheint der Erfolg von der Investition zur richtigen Zeit am richtigen Ort abzuhängen.

> Der anfängliche Erfolg der Wagniskapitalgeber hat nachhaltige Wirkung. Ein bevorzugter Zugang zu Deals in der Anfangsphase kann danach zwischen 57 und 74 Prozent der längerfristigen Erfolgsbeständigkeit erklären.

Anfangserfolg verschafft Wagniskapitalgebern Zugang zu besseren Investitionsmöglichkeiten in späteren Finanzierungsrunden und zu größeren Konsortien, welche bessere Erfolgsaussichten aufweisen. Typischerweise investiert weniger als einer von acht Risikokapitalgebern allein in ein Start-up. Jeder weitere Erfolg in den ersten Investitionsprojekten steigert die spätere Erfolgswahrscheinlichkeit um sieben bis acht Prozent. Anfänglich erfolgreiche Wagnisfinanziers ziehen grössere Investitionssummen in späteren Finanzierungsrunden an und spielen eine zentralere Rolle im Investment-Netzwerk. Anfänglicher Erfolg macht sie bei Partnern beliebt für gemeinsame Investitionen. Die Zahl der Ko-Investoren in darauffolgenden Investitionsrunden steigt.

Besserer Zugang zu besonders attraktiven Transaktionen könnte erklären, weshalb anfänglicher Erfolg über längere Zeiträume bestehen bleibt. Sowohl Startups als auch andere Investoren bevorzugen erfolgreiche Wagniskapitalgeber. Dieser Umstand vermag auch zu erklären, weshalb die Erfolgsbeständigkeit besonders für Wagniskapital charakteristisch ist und bei anderen Gesellschaften wie Investment- und Hedgefonds kaum auftritt. Reputation spielt in der Wagnisfinanzierung eine große Rolle. Unternehmen und Investoren versprechen sich von einer Zusammenarbeit mit einem besonders renommierten Wagnisfinanzier grösseren Erfolg und akzeptieren niedrigere Preise.

Zusammenfassend zeigt diese Studie, dass sich besonders bei kleineren Wagniskapitalgebern ein anfänglicher Erfolg über längere Zeit fortsetzt. Die ersten Investitionen zur richtigen Zeit am richtigen Ort erhöhen die längerfristigen Erfolgsaussichten. Diese Erfolgsbeständigkeit scheint weniger an unterschiedlichen Fähigkeiten zu liegen, sondern vielmehr am bevorzugten Zugang zu vielversprechenden Unternehmen mit besonders hohem Potenzial.

Die Tücken der Dividendenbesteuerung

Laurenz Grabher

Relevanz

Ausgeschüttete Gewinne sollen nicht stärker belastet sein als andere Einkommen. Deshalb soll eine Dividendensteuer geringer bleiben, um die Vorbelastung mit Gewinn- bzw. Körperschaftssteuer zu berücksichtigen und Doppelbelastung zu vermeiden. Eine zu hohe Dividendensteuer ist volkswirtschaftlich schädlich. Sie bremst die Investitionen der jungen Wachstumsunternehmen, die sich kaum selbst finanzieren können und auf Risikokapital von aussen angewiesen sind. Die reifen Unternehmen mit hohen Gewinnen können der Steuer leicht ausweichen, indem sie ihre Gewinne nicht ausschütten, sondern zur Selbstfinanzierung einbehalten. Die Steuer bremst zwar kaum ihre Investitionen. Sie sperrt aber die Gewinne bei den reifen Unternehmen ein, anstatt Ausschüttungen zu ermöglichen, damit die Investoren das Kapital neu in andere Unternehmen mit höheren Renditen und besseren Wachstumsaussichten investieren können. Sie diskriminiert die jungen Wachstumsunternehmen zugunsten ihrer etablierten Konkurrenten und behindert den produktivitätssteigernden Neueinsatz des Kapitals.

Quelle

Becker, Bo, Marcus Jacob und Martin Jacob (2013), Payout Taxes and the Allocation of Investment, Journal of Financial Economics 107, 1–24.

L. Grabher (✉)
Universität St.Gallen, St.Gallen, Schweiz
E-Mail: laurenz.grabher@student.unisg.ch

© Der/die Autor(en) 2021

C. Keuschnigg und M. Kogler (Hrsg.), *Die Wirtschaft im Wandel*,
https://doi.org/10.1007/978-3-658-31735-5_13

In zahlreichen Ländern wie z. B. Schweiz, Österreich, Deutschland und USA werden Dividenden, Ausschüttungen und Rückkäufe von Aktien im Rahmen der Einkommensteuer belastet. Um die vorherige Belastung durch Gewinn- bzw. Körperschaftssteuer zu berücksichtigen und eine mögliche Doppelbelastung zu entschärfen, wenden die meisten Staaten separate, reduzierte Sätze an. Solange die Doppelbelastung nicht vollständig beseitigt ist, erhöhen Dividenden-steuern die Finanzierungskosten und bremsen Investitionen. Dividendensteuern benachteiligen vor allem jene Unternehmen, welche ihre Investitionen nicht mit eigenen Gewinnen selbst finanzieren können und daher Risikokapital von aussen brauchen. Oft sind es gerade die jungen und rasch wachsenden Unternehmen. Während die Kosten der Kapitalaufnahme nicht steuermindernd sind, belastet die Steuer zukünftige, ausgeschüttete Erträge. Das hemmt ihre Investitionen. Grosse und gewinnstarke Unternehmen können dagegen ihre Investitionen selbst finanzieren und haben wenig Probleme. Die Dividendensteuer besteuert zwar ebenfalls zukünftige ausgeschüttete Erträge, aber die Verringerung der Ausschüttungen zwecks Selbstfinanzierung spart Dividendensteuer. Bei ihnen hat die Dividendensteuer keine negative Auswirkung auf die Investition, aber sie verringert die Ausschüttungen. Die Steuer sperrt daher Kapital in grossen, profitablen Unternehmen ein. Dieser „lock-in" Effekt verzerrt die produktivi-tätssteigernde Zuteilung von Kapital. Er begünstigt die etablierten Branchen und benachteiligt vorwiegend junge und rasch wachsende Unternehmen, die zur Finanzierung ihrer Investitionen auf den Kapitalmarkt angewiesen sind.

> Höhere Dividendensteuern hemmen vorwiegend Investitionen von jungen und rasch wachsenden Unternehmen, die Risikokapital brauchen. Sie sperren Gewinne bei reifen Unternehmen ein, die ihre Investitionen selbst finanzieren und durch Ver-ringerung der Ausschüttungen Dividendensteuer sparen können.

Bo Becker, Marcus Jacob und Martin Jacob untersuchen diesen Zusammenhang genauer. Das Ziel ihrer Arbeit ist es, den Effekt von Dividendensteuern auf Unter-nehmensinvestitionen zu quantifizieren. Solche Steuern verteuern die Finanzierung mit neuem Eigenkapital und treiben einen Keil zwischen die Kosten von Innen- und Aussenfinanzierung. Demnach hat die Dividendenbesteuerung unterschiedliche Effekte auf die Investitionen abhängig vom Eigenfinanzierungsgrad: Jene Unter-nehmen, die stark auf externe Finanzierung angewiesen sind, haben dadurch höhere Kapitalkosten. Unternehmen, welche ihre Investitionen mit eigenen Ressourcen (z. B. aus dem Cash-Flow) finanzieren können und kaum neues Eigenkapital auf-nehmen müssen, reagieren hingegen weniger stark auf Steueränderungen.

In ihrer empirischen Analyse verwenden die Autoren einen Datensatz mit Informationen zu Dividendenzahlungen und Investitionen von über 7'600

Unternehmen aus 25 Ländern zwischen 1990 und 2009. In diesem Zeitraum fanden insgesamt 15 substanzielle Steuerreformen sowie 67 Änderungen bei der Besteuerung von Kapitalgewinnen und Dividendenausschüttungen statt. Sie beschränken sich dabei auf Reformen, welche den Steuersatz um jeweils mindestens drei Prozentpunkte veränderten.

Die Forscher vergleichen die Investitionsraten (das heisst, den Anteil der Neu-investitionen an den gesamten Vermögenswerten) bei Unternehmen mit hohen und niedrigem Cash-Flow als Mass für den Eigenfinanzierungsgrad. Wenn sie über viel Cash-Flow verfügen, können sie ihre Investitionen überwiegend selbst finanzieren, während die anderen mit wenig Cash-Flow auf die Finanzierung mit neuem Eigenkapital angewiesen sind. Abb. 1 illustriert den Zusammenhang. Die beiden Linien zeigen jeweils den Unterschied in den Investitionsraten von Unternehmen mit hohem Selbstfinanzierungsgrad relativ zur anderen Gruppe mit geringer Selbstfinanzierung. Ist die Selbstfinanzierung gering, reduziert eine höhere Dividendensteuer die Investitionen, während Unternehmen mit hoher Selbstfinanzierung kaum betroffen sind. Daher nimmt der Unterschied im Investitionsverhalten zwischen den beiden Gruppen zu, wie der Anstieg der dunklen Linie zeigt. Bei einer Senkung von Dividendensteuern investieren

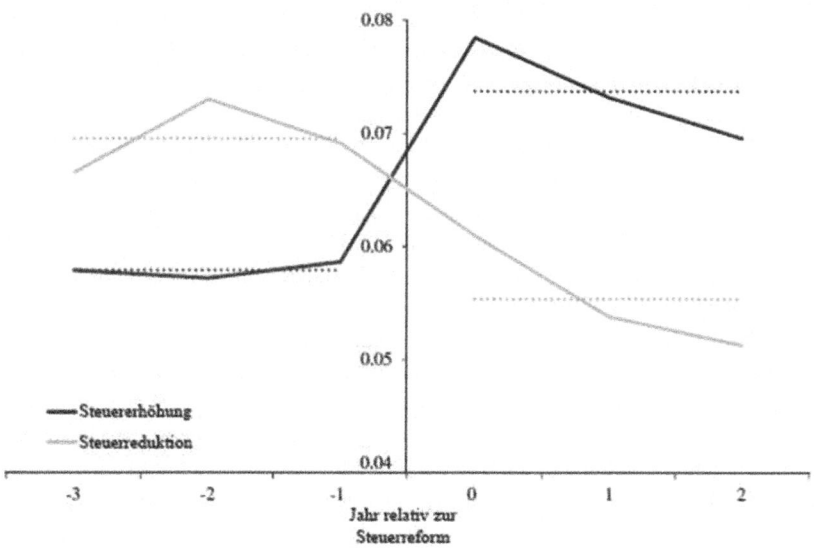

Abb. 1 Effekt einer Steuerreform auf die Differenz in der Investitionstätigkeit von Unternehmen mit einem hohen bzw. niedrigen Eigenfinanzierungsgrad. (Quelle Becker u. a., 2013, Abb. 4)

Unternehmen mit geringer Selbstfinanzierung mehr, sodass das Verhältnis der Investitionsraten abnimmt, wie die helle Linie zeigt.

Die empirischen Schätzungen machen deutlich, dass Unternehmen mit begrenzter Eigenfinanzierung stärker auf Dividendensteuern reagieren als jene mit hohem Eigenfinanzierungsgrad. Eine Steuersenkung verringert die Unterschiede: Eine durchschnittliche Steuersenkung beträgt 9.8 Prozentpunkte. Sie reduziert die Investitionsunterschiede von 7.3 auf 5.5 %. Dies entspricht einem Rückgang um rund 31 %. Werden die Steuersätze auf Dividendenausschüttungen hingegen erhöht, nehmen die Unterschiede zu: Eine durchschnittliche Steuererhöhung von 8.4 % vergrössert den Unterschied in der Investitionstätigkeit um 42 %, das heisst, von 5.3 % auf 7.6 %.

Im Durchschnitt verringert eine Steuersenkung die Investitionsunterschiede zwischen Unternehmen mit hoher und niedriger Eigenfinanzierung um 31 Prozent, wogegen eine Steuererhöhung diesen Unterschied um 42 Prozent vergrössert.

Insgesamt tragen hohe Steuern auf Dividenden und Aktienrückkäufe dazu bei, dass Investitionen immer stärker von Unternehmen mit hohem Eigenfinanzierungsgrad getätigt werden. Steigt beispielsweise der Steuersatz von 15 % (25. Perzentil) auf 32.2 % (75. Perzentil), so hat der Cash-Flow eines Unternehmens einen um ein Drittel stärkeren Effekt auf dessen Investitionen. Die Forscher kommen zu ähnlichen Ergebnissen, wenn sie die Eigenfinanzierungskraft eines Unternehmens anhand anderer Grössen wie z. B. des Bruttoeinkommens oder der liquiden Mittel messen.

Zwar wirken sich hohe Dividendensteuern nur wenig auf die Investitionen von gewinnstarken Unternehmen aus. Sie sind nicht auf neues Eigenkapital von aussen angewiesen, sondern finanzieren ihre Investitionen selber, indem sie Gewinne einbehalten und nicht ausschütten. Weil die Steuer die Ausschüttungen mindert, entfaltet sie jedoch einen anderen negativen Effekt, nämlich den sogenannten „lock-in" Effekt: Hohe Dividendensteuern sperren Kapital quasi in selbstfinanzierten Unternehmen ein, anstatt Ausschüttungen zu ermöglichen, damit die Investoren neu entscheiden können, wo sie das Kapital mit der höchsten Rendite einsetzen können. Damit behindert die Steuer die Umlenkung von Kapital und Investitionen von den reifen zu den jungen und rasch wachsenden Unternehmen. Sie begünstigt vor allem etablierte Unternehmen und Branchen auf Kosten expandierender Firmen mit hohem Bedarf an neuem Risikokapital. Die Umlenkung von Kapital von reifen zu rasch wachsenden Unternehmen ist jedoch eine wichtige Quelle für Produktivitätssteigerungen in der Volkswirtschaft.

Eine zentrale Ursache dafür, dass Dividendensteuern die Investitionen von Unternehmen mit niedrigem Selbstfinanzierungsgrad überproportional verringern, sind ansteigende Kapitalkosten. Diese beeinflussen allerdings nicht nur die Investitionen eines Unternehmens, sondern schlagen sich auch auf dessen externes Eigenkapital nieder. Die empirischen Ergebnisse zeigen, dass hohe Dividendensteuern das Volumen von neu aufgenommenem Eigenkapital tatsächlich signifikant verringern.

Steigt die Steuer auf Dividendenausschüttungen um 10 Prozentpunkte, nimmt ein Unternehmen durchschnittlich um 9 Prozent weniger neues Eigenkapital auf.

Zusammengefasst zeigt das Forscherteam um Bo Becker, dass Steuern auf Dividendenausschüttungen die Investitionen stark beeinflussen. Höhere Steuern sperren zudem Kapital in etablierten Unternehmen mit hohen Gewinnen ein, während sie die Investitionen jener Unternehmen wie z. B. Start-Ups, welche stark wachsen und auf externe Finanzierung angewiesen sind, erheblich verteuern. So behindert die Dividendensteuer auch einen produktivitätssteigernden Neueinsatz des Kapitals zwischen Unternehmen mit hohen und geringen Wachstumsmöglichkeiten.

Nur gute Schuldner profitieren von niedrigen Zinsen

Benedikt Lennartz

Relevanz

Damit die Geldpolitik mit niedrigen Zinsen eine Rezession bekämpfen kann, braucht es finanziellen Spielraum bei den Schuldnern. Nur wer beim Kauf einer Immobilie einen hohen Anteil mit Eigenmitteln finanziert, kann die Gunst niedriger Zinsen nützen. Nur gute Schuldner können den Hypothekarkredit weiter aufstocken und Eigenmittel für den Konsum mobilisieren. So können Zinssenkungen die Nachfrage stabilisieren und die Rezession lindern. Wer von vornherein überschuldet ist, hat in der Rezession keinen Spielraum mehr, um mit neuen Krediten den Konsum zu steigern. Systematische Überschuldung nimmt den Zinssenkungen ihre Wirkung und lähmt die Geldpolitik.

Quelle

Martin Beraja, Andreas Fuster, Erik Hurst und Joseph Vavra (2019), Regional Heterogeneity and the Refinancing Channel of Monetary Policy, Quarterly Journal of Economics, 109–183.

Kann eine klug eingesetzte Geldpolitik genügen, schwere Wirtschaftskrisen zu vermeiden? Die Erfahrung im Jahr 2001 nach dem Platzen der Dotcom-Blase scheint die Wirksamkeit der Geldpolitik zu bestätigen. Die amerikanische Notenbank hatte ihren Leitzins um 5 % abgesenkt und konnte damit die Wirtschaft erfolg-

B. Lennartz (✉)
Universität St.Gallen, St.Gallen, Schweiz
E-Mail: benedikt.lennartz@unisg.ch

C. Keuschnigg und M. Kogler (Hrsg.), *Die Wirtschaft im Wandel,*
https://doi.org/10.1007/978-3-658-31735-5_14

reich stützen. In der Finanzkrise ab 2008 senkte sie erneut die Zinsen in ähnlichem Masse. Zusätzliche kaufte sie Anleihen in grossem Umfang auf (Quantitative Easing), um die langfristigen Zinsen zu verringern. Doch diesmal reichte das Eingreifen nicht aus, um eine tiefe Rezession zu vermeiden. Waren also die Zinssenkungen während der Finanzkrise weniger effektiv als sieben Jahre zuvor? Eine neue Studie der Ökonomen Martin Beraja, Andreas Fuster, Erik Hurst und Joseph Vavra legt diesen Schluss nahe. Die Forscher analysieren einen neuen Wirkungskanal expansiver Geldpolitik. Demnach stützen Zinssenkungen den privaten Konsum auch dadurch, dass Haushalte ihre Immobilienkredite günstiger refinanzieren, was vor allem in den USA weit verbreitet ist. Durch Refinanzierung können verschuldete Haushalte ihre bestehenden Hypotheken mit billigeren Krediten ersetzen und so von einer sinkenden Zinsbelastung profitieren. Wenn die Hauspreise steigen, können sie zudem die Immobilie stärker belasten. Mit steigenden Immobilienwerten können sie höhere Sicherheiten bieten und die Kredite aufstocken. So können sie einen Teil der Eigenmittel, die sie ursprünglich zum Kauf beigesteuert haben, entnehmen und für den Konsum verwenden. Die Wissenschaftler argumentieren, dass dieser Wirkungskanal im Jahr 2001 gut funktionierte, da die Hauspreise überall in den USA gleichmässig stiegen.

Im Jahr 2008 präsentierte sich die Krise jedoch in ganz anderer Art. Die Hauspreise fielen überall und besonders stark in jenen Regionen, die auch den grössten Anstieg der Arbeitslosigkeit zu verkraften hatten. Viele Haushalte waren stark verschuldet und ihr Vermögen, also ihr Haus, hatte stark an Wert verloren. Angesichts schwindender Sicherheiten und hoher Verschuldung konnten die betroffenen Haushalte ihre Kredite nicht mehr weiter aufstocken und hatten keinen Spielraum mehr, um einen Teil der Eigenmittel für Konsumzwecke zu entnehmen. Somit war der zuvor beschriebene Wirkungskanal der Geldpolitik im Jahr 2008 weniger effektiv als sieben Jahre zuvor.

Um diese Argumentation empirisch zu belegen, betrachten die Wissenschaftler zunächst die lokalen Refinanzierungsaktivitäten amerikanischer Haushalte. Die deskriptive Evidenz zeigt, dass kurz nach der Verkündung des ersten geldpolitischen Lockerungsprogramms (QE1) Ende 2008 wesentlich mehr Hypotheken refinanziert wurden. Gleichzeitig sanken die Zinsen langfristiger Kredite. Wo es möglich war, nutzten die Haushalte die günstigeren Kreditbedingungen, um von niedrigeren Zinsen zu profitieren.

Die Forscher zeigen aber, dass es grosse regionale Unterschiede im Verhältnis zwischen dem Kredit zum Wert der Immobilie, also der Beleihungsquote gab. In Philadelphia und Seattle zum Beispiel betrug die Hypothekenschuld eines durchschnittlich verschuldeten Haushalts ca. 70–75 % des Immobilienwerts. In einigen Regionen waren die Immobilienpreise hingegen so stark gesunken, dass sich ein grosser Teil der Hauseigentümer in finanziellen Schwierigkeiten befand. So waren z. B. in Las Vegas 70 % der Haushalte stark überschuldet mit Hypothekarschulden, die rund 17 % über dem Immobilienwert lagen.

In Regionen wie Philadelphia und Seattle betrugen die Hypothekarschulden der Haushalte durchschnittlich 70–75% des Immobilienwertes. In Las Vegas hingegen war bei 70% der verschuldeten Haushalte die Hypothekarschuld höher als der Wert der Immobilie.

Welchen Einfluss haben diese Verhältnisse auf die Refinanzierungsaktivitäten der Haushalte? Die Forscher teilen hierfür die Regionen nach ihren mittleren Beleihungsquoten in vier Gruppen rein. Dann vergleichen sie die Refinanzierungsaktivitäten der beiden extremen Viertel, das heisst, derjenigen Regionen mit den höchsten und niedrigsten Beleihungsquoten. In beiden Gruppen stieg die Refinanzierungsrate kurz nach der geldpolitischen Lockerung an. In den Regionen mit den geringsten Beleihungsquoten nahm sie besonders deutlich zu. In dem Viertel der Regionen jedoch, in denen die Haushalte im Durchschnitt besonders hoch verschuldet waren, stieg die Refinanzierungsquote deutlich schwächer an. Die Haushalte mussten sich auf eine günstigere Refinanzierung ihrer Hypotheken beschränkten, ohne die Hypothekarkredite aufzustocken und dadurch mehr Geld für Konsum zu mobilisieren.

Nur wer beim Kauf einer Immobilie einen hohen Anteil von Eigenmitteln einsetzt, hat bei sinkenden Immobilienpreisen noch Spielraum, den Hypothekarkredit aufzustocken, um von niedrigen Zinsen zu profitieren. Wenn dagegen die Belehnungsquote schon von vornherein sehr hoch ist, gibt es angesichts der Überschuldung keinen Spielraum mehr. Die Autoren können genau zeigen, in welchem Umfang Haushalte die niedrigen Zinsen nutzen konnten, um mehr Geld für Konsumausgaben zu mobilisieren. Wie zuvor lässt sich beobachten, dass die Haushalte in den Regionen mit der niedrigsten Verschuldung deutlich mehr Eigenmittel durch Refinanzierung herausnehmen konnten als die Haushalte in den Regionen mit der höchsten Verschuldung. Ende 2009 hatten die Haushalte in den Regionen mit geringen Beleihungsquoten rund 8 Mrd. $ mehr an Eigenmittel aus der Refinanzierung ihrer Hypothekarschulden bezogen als die Haushalte in stark verschuldeten Regionen.

> In gering verschuldeten Regionen hatten Haushalte um 8 Mrd. Dollar mehr Eigenmittel bezogen als in hoch verschuldeten Regionen.

Um zu zeigen, inwieweit die Refinanzierung und Aufstockung von Hypothekarschulden bei niedrigen Zinsen die Konsumausgaben steigerten, vergleichen die Wissenschaftler die Verkaufszahlen von Neuwagen zwischen den stark und schwach verschuldeten Regionen. Autokäufe schwanken üblicherweise stärker als allgemeine Konsumausgaben und nehmen daher bei einem Anstieg der verfügbaren Einkommen besonders stark zu. Tatsächlich stiegen die Autokäufe besonders in den weniger verschuldeten Regionen. Die Ergebnisse deuten also daraufhin, dass die Lockerung der Geldpolitik den Konsum gerade in jenen Regionen anregte, wo die Arbeitslosigkeit niedriger war und die Immobilienpreise vergleichsweise weniger stark gefallen waren. In den Gegenden, welche besonders stark von steigender Arbeitslosigkeit und fallenden Immobilienpreisen betroffen waren und die Überschuldung zunahm, nahmen die Autokäufe hingegen deutlich schwächer zu.

Die Wissenschaftler können nun den Vergleich zur Dotcom-Krise zu Beginn der 2000-er Jahre ziehen. Zunächst dokumentieren sie die empirischen Fakten zum makroökonomischen Umfeld. Während der Rezession 2001 stiegen die Hauspreise im Durchschnitt, wogegen sie 2008 fielen. Zudem waren die regionalen Unterschiede 2008 deutlich höher. Der Zusammenhang von Immobilienpreisen und Arbeitslosigkeit in den verschiedenen Regionen war 2008 sehr viel stärker ausgeprägt als 2001. Mit diesen Erkenntnissen deckt sich, dass die Refinanzierungsquoten im Jahr 2001 ein anderes regionales Muster zeigten als sieben Jahre später. Damals waren es Haushalte in den Regionen mit der höchsten Arbeitslosigkeit, die am häufigsten refinanzierten. Sie brauchten am dringendsten mehr verfügbares Einkommen und konnten von den niedrigen Zinsen profitieren, weil sie dank steigender Immobilienpreise mehr Sicherheiten bieten und ihre Hypothekarkredite aufstocken konnten. Somit wirkte 2001 der geldpolitische Impuls gerade dort, wo er besonders notwendig war. Nach Abb. 1 waren es die Regionen mit der höchsten Arbeitslosigkeit, in denen die Haushalte deutlich öfter refinanzierten, während es in der Krise 2007–2009 mit fallenden Immobilienpreisen gerade umgekehrt war.

Um die gesamtwirtschaftlichen Effekte expansiver Geldpolitik während beider Rezessionen zu vergleichen, entwickeln die Forscher ein quantitatives Modell und passen es an die makroökonomischen Gegebenheiten vor der Finanzkrise an. Dann simulieren sie, wie sich Zinssenkungen auf Kreditrefinanzierungen und Konsum auswirken. Im Einklang mit der empirischen Evidenz steigen die Refinanzierungsraten und der gesamtwirtschaftliche Konsum besonders in den Regionen mit niedriger Verschuldung. Weil dort die Arbeitslosigkeit geringer und die Haushalte wohlhabender sind, akzentuiert der geldpolitische Impuls tendenziell auch die Ungleichheit des Konsums. Nun passen die Forscher das Modell an die ökonomischen Gegebenheiten des Jahres 2001 an und simulieren dieselbe Zinssenkung wie zuvor. Der Konsumanstieg ist nun knapp doppelt so

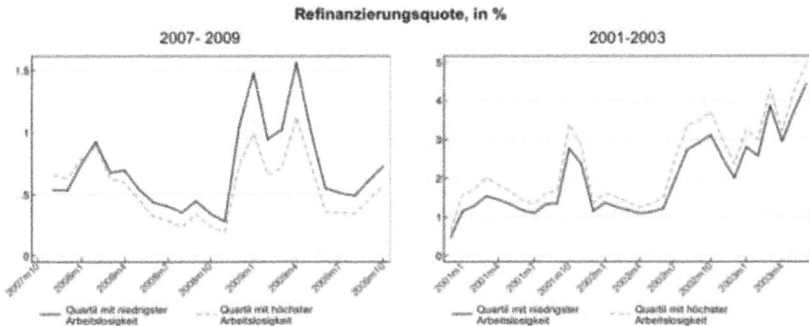

Abb. 1 Refinanzierungsquoten und regionale Arbeitslosigkeit während der Finanzkrise und der Dotcom-Krise

gross wie zuvor. Dies bedeutet, dass die Geldpolitik während der Finanzkrise einen viel stärkeren Effekt gehabt hätte, wenn die Verschuldung der Haushalte ähnlich niedrig gewesen wäre wie 2001. Die Autoren führen im Wesentlichen zwei Gründe an. Zunächst waren 2008 deutlich mehr Haushalte überschuldet. Somit war es ihnen nicht möglich, ihre Schulden weiter zu erhöhen, um von den niedrigen Zinsen zu profitieren. Zusätzlich hatten 2001 diejenigen Haushalte, die nicht überschuldet waren, deutlich niedrigere Kredite. Sie hatten daher mehr Spielraum, bei der Refinanzierung die Hypothekarkredite aufzustocken und mehr Eigenmittel für den Konsum verfügbar zu machen.

Es stellt sich die Frage, welche wirtschaftspolitischen Massnahmen die Geldpolitik wieder effektiver machen könnten. Die Wissenschaftler betrachten in ihrem Modell einen Schuldenschnitt für überschuldete Haushalte. Eine ähnliche Massnahme hatten USA mit dem „Home Affordable Modification Program" 2009 umgesetzt. Im Modell erhöht ein partieller Schuldenschnitt den Konsum. Es zeigt sich also, dass Zinssenkungen alleine noch nicht ausreichen, um bei starker Überschuldung eine Rezession zu verhindern. Es braucht zusätzliche, gezielte Massnahmen, um die Wirksamkeit der Geldpolitik zu unterstützen.

Wachstum durch Strukturwandel: Globale Wertschöpfung

Ansteckung in der Wertschöpfungskette

Johannes Matt

Relevanz

Ob Sturm, Feuer, Streik, Managementversagen oder Handelskonflikte, die Risiken der Unternehmen sind zahlreich. Gefahr droht auch, wenn es den Lieferanten und Kunden schlecht geht. Fällt ein schwer ersetzbarer Lieferant aus, oder geht einem wichtigen Kunden das Geld aus, dann herrscht Krise. Je stärker die Arbeitsteilung und Spezialisierung in der Produktion ist, desto mehr sind die Unternehmen in einem Netzwerk von Lieferbeziehungen eng verflochten und voneinander abhängig. Umso verhängnisvoller kann sich ein Unterbruch in der Produktionskette auswirken. Die Ansteckung in der Wertschöpfungskette kann ganze Branchen erfassen und Konjunkturabschwünge verschärfen. Um die Krisenrobustheit zu stärken, können die Unternehmen z. B. mit Lagerhaltung, Diversifizierung der Lieferanten und ausreichenden Kapitalreserven vorsorgen.

Quelle

Barrot, J.-N. und Sauvagnat, J. (2016), Input Specificity and the Propagation of Idiosyncratic Shocks in Production Networks, Quarterly Journal of Economics 131, 1543–1592.

Unternehmen sind durch eine Vielzahl von Lieferbeziehungen eng miteinander verflochten. Dadurch kann sich die finanzielle Schieflage eines Lieferanten schnell zu einem Geschäftsrisiko für seine Kunden und sogar für eine ganze

J. Matt (✉)
Universität St.Gallen, St.Gallen, Schweiz
E-Mail: J.I.Matt@lse.ac.uk

© Der/die Autor(en) 2021
C. Keuschnigg und M. Kogler (Hrsg.), *Die Wirtschaft im Wandel*,
https://doi.org/10.1007/978-3-658-31735-5_15

Branche entwickeln. Die Schocks und ihre Auswirkungen können so stark sein, dass sie ganze Industriesektoren beinträchtigen und damit die Konjunktureinbrüche verschärfen. Die ökonomische Forschung hat sich bisher vor allem mit der Verflechtung zwischen speziellen Branchen und ihrem Einfluss auf die Gesamtwirtschaft beschäftigt. Wie die komplexen Wertschöpfungsketten von den Verflechtungen zwischen einzelnen Firmen abhängen, ist noch kaum bekannt. Das analysieren die Ökonomen Jean-Noël Barrot (MIT) und Julien Sauvagnat (Bocconi). Sie untersuchen, wie sich Schocks wie z. B. Produktionsausfälle bei einem einzelnen Unternehmen auf andere Unternehmen in der Wertschöpfungskette, die nicht direkt davon betroffen sind, ausweiten.

Jedes Unternehmen ist Teil eines mehr oder weniger komplexen Netzwerkes von Lieferanten, Sublieferanten und Kunden. Unternehmen beliefern sich gegenseitig und vertreiben ihre Produkte auf einem gemeinsamen Markt. Wenn eines dieser Unternehmen seine Produktion unterbrechen muss oder es aus anderen Gründen zu Lieferengpässen kommt, müssen seine Kunden darauf reagieren. Diese Reaktion wird von zwei Faktoren bestimmt.

Einerseits können Unternehmen einen Großteil solcher Schocks durch eigene Vorkehrungen und Anpassungen in ihrer Produktion ausgleichen. Die Aufteilung der Einkäufe auf verschiedene Lieferanten sowie die Lagerhaltung sind Beispiele dafür. Selbst bei einer starken Unterbrechung und bei Lieferengpässen und Preissteigerungen sind viele Unternehmen flexibel genug, ihre Produktion anzupassen oder auf andere Lieferanten auszuweichen. Andererseits können langfristige Lieferverträge, die Exklusivität eines Lieferanten oder Patente solche Anpassungen erschweren. In diesem Fall breiten sich Schocks in einem speziellen Unternehmen schneller und stärker im Produktionsnetzwerk aus und können sich gegenseitig aufschaukeln. Gerät ein Unternehmen in Schwierigkeiten, dann bekommen das seine Kunden und Lieferanten stark zu spüren. Je größer das betroffene Unternehmen, je rigider die Produktion, oder je verzweigter das Netzwerk zu anderen Firmen ist, desto stärker breitet sich ein Schock aus, und desto größer fallen die Auswirkungen auf die Gesamtwirtschaft aus.

Ein Beispiel für ein Firmennetzwerk ist in Abb. 1 zu sehen. Es zeigt die Entwicklung von Beziehungen zwischen Lieferanten und Kunden im Zeitraum von 1995 bis 2000. Verbindungen, die zu Beginn und am Ende der Periode bestanden, sind dunkel hinterlegt. Alle anderen Beziehungen sind entweder vor dem Jahr 2000 abgebrochen oder erst nach 1995 aufgenommen worden. Die Distanz zwischen zwei Punkten zeigt die geographische Entfernung der Unternehmen zueinander, die Dicke die Stärke der Beziehung.

Die Abbildung illustriert die Komplexität eines Lieferanten- und Kundennetzwerks und weist auf die Folgen eines Schocks hin. Dabei haben nicht alle Unternehmen die gleiche Bedeutung in der Wertschöpfungskette. Ein Aus-

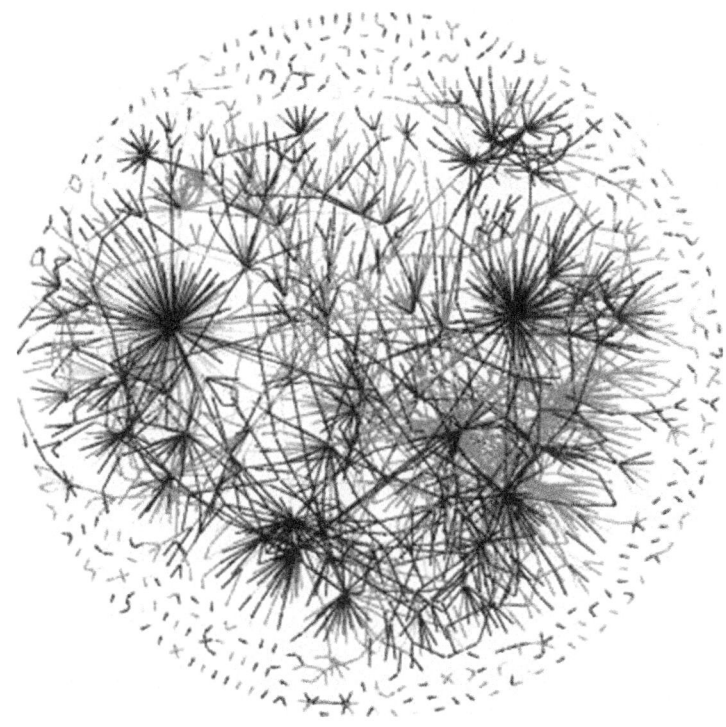

Abb. 1 Exemplarisches Firmennetzwerk aus Kunden und Lieferanten, 1995–2000. (Quelle: Barrot und Sauvagnat 2016)

fall der Produktion an einem der Knotenpunkte, also bei einem stark vernetzten Leitbetrieb, beeinträchtigt eine große Zahl von Unternehmen im Netzwerk. In der Abbildung lässt sich zudem erkennen, dass Verbindungen zu geographisch nahegelegenen Unternehmen bevorzugt werden. Ein Produktionsschock wirkt sich daher typischerweise vor allem auf die Kunden und Zulieferer in der nahen Umgebung schwerwiegend aus.

Die Ökonomen haben es nicht immer einfach, solche Wirkungsketten festzumachen und empirisch eindeutig zu identifizieren. Eine Vielzahl von Einflussfaktoren macht es oft nahezu unmöglich, den direkten Effekt bei einem einzelnen Unternehmen zu isolieren. Ereignisse, die ein Unternehmen ganz allein betreffen, sind selten und schwierig auszumachen. Barrot und Sauvagnat wenden daher einen speziellen Trick an. Sie untersuchen für die USA zwischen 1978 und 2013, wie sich lokal begrenzte Naturkatastrophen wie z. B. Feuer, Sturm, Überflutung

oder starker Schneefall auf die betroffenen Unternehmen mit ihren vor- und nachgelagerten Partnern auswirken. Dann messen sie den Unterschied zum Geschäfts-
gang bei vergleichbaren Firmen, die nicht direkt unter der Katastrophe leiden, aber
durch ihr Netzwerk mit den betroffenen Unternehmen verflochten sind. Je stärker
der Schock und je bedeutsamer die Rolle eines Unternehmens im Netzwerk ist,
desto stärker sollten die Auswirkungen eines solchen Schocks für andere Unternehmen zu spüren sein.

> Bei einem lokal begrenzten Schock wie z.B. einer Naturkatastrophe geht das
> Umsatzwachstum des betroffenen Unternehmens um durchschnittlich 5 Prozent-
> punkte und bei den Kunden um 2–3 Prozentpunkte zurück.

Zuerst schätzen die Forscher, dass das Umsatzwachstum eines Unternehmens, das
von einer Naturkatastrophe getroffen wird, um durchschnittlich 5 Prozentpunkte
zurückgeht. Dies sollte einen direkten Einfluss auf den Umsatz der Kunden
haben. Tatsächlich schätzen Barrot und Sauvagnat, dass ein solcher Schock den
Umsatz der Kunden um 2 bis 3 Prozentpunkte reduziert. Dies entspricht einem
Rückgang von 25 % im Vergleich zur durchschnittlichen Wachstumsrate über drei
Quartale.

Zusätzlich zu den Auswirkungen auf das Umsatzwachstum untersuchen die
Wissenschaftler die Entwicklung der Eigenkapitalwerte von börsennotierten
Unternehmen. Abb. 2 verfolgt die Entwicklung der Börsenwerte gemessen am

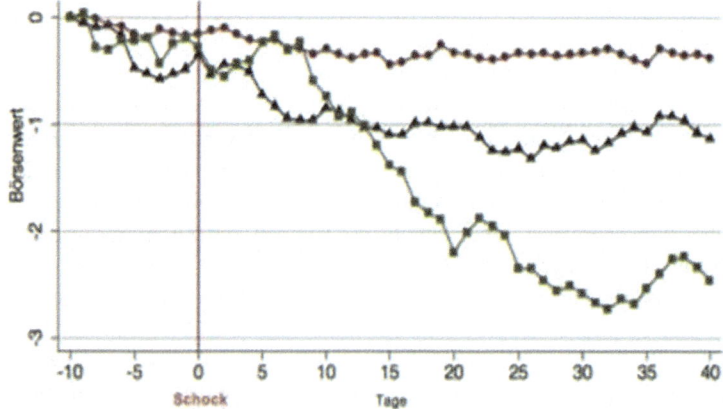

Abb. 2: Unternehmenswert eines betroffenen Lieferanten und seiner Kunden nach einem
Schock. (Quelle: Barrot und Sauvagnat 2016, S. 1578)

Aktienkurs eines direkt betroffenen Lieferanten (untere, grüne Linie) und seiner typischen Kunden (mittlere, blaue Linie) sowie eines nicht-betroffenen vergleichbaren Mittbewerbers (obere, rote Linie) und verdeutlicht, wie sich die Börsenwerte nach einem Schock auseinanderentwickeln.

Die vertikale Linie bezeichnet den Zeitpunkt der Naturkatastrophe und die vertikale Achse den Verlust im Aktienwert in Prozent. Im ersten Monat nach dem Schock reduziert sich der Börsenwert des betroffenen Lieferanten um durchschnittlich 3 %, während sich jener des Kunden um bis zu 1 % verringert, also um ein Drittel davon.

> Nach einem Produktionsstopp fällt der Börsenwert eines betroffenen Unternehmens um durchschnittlich 3 Prozent. Das führt in einem Firmennetzwerk zu einem Wertverlust bei den Kunden von bis zu 1 Prozent des Börsenwerts.

Zudem breitet sich ein Schock auch horizontal auf andere Unternehmen aus, die zwar selbst nicht direkt betroffen sind, aber Kunden beliefern, die auch bei den direkt betroffenen Lieferanten einkaufen. Auch solche anderen, nicht direkt betroffenen Firmen stecken sich an, indem sie auf dem Umweg über ihre Kunden ein um bis zu vier Prozentpunkte geringeres Umsatzwachstum hinnehmen müssen. Die Krise eines Unternehmens breitet sich also nicht nur vertikal entlang einer Wertschöpfungskette aus, sondern auch horizontal zwischen Lieferanten auf derselben Verarbeitungsstufe. So kann sich ein ganzes Netzwerk oder eine ganze Branche anstecken.

Die Schätzungen von Barrot und Sauvagnat beschränken sich zwar nur auf die Effekte von Naturkatastrophen. Mit ihrem Ansatz können sie aber Schocks identifizieren, die zunächst nur auf einzelne Unternehmen beschränkt sind, und können so die Fortpflanzungseffekte separat herausfiltern. Wie die Wissenschaftler betonen, lassen sich ihre Ergebnisse mit großer Wahrscheinlichkeit auch auf andere Unterbrechungen der Wertschöpfungskette z. B. infolge von Streiks, Management-Wechsel oder Handelskonflikte verallgemeinern. Es kommt nicht auf die Ursache des Produktionsausfalls an, sondern auf die Bedeutung der Güter und Dienstleistungen, welche ein Kunde von seinen Lieferanten bezieht. Je schwieriger es für einen Kunden ist, einen ausfallenden Lieferanten zu ersetzen, desto stärker wird er von einem Unterbruch in der vorausgehenden Verarbeitungsstufe betroffen sein. Dies betrifft insbesondere Branchen, die einer starken Regulierung unterliegen, und in welchen Patente von wenigen Anbietern gehalten werden. Dies kann die Ansteckungseffekte von unternehmensspezifischen Schocks signifikant erhöhen.

Brexit: Unsicherheit ist Gift für die Wirtschaft

Till Nikolaus Folger

Relevanz
Kommt es zu einem harten Brexit? Müssen sich die Unternehmen auf neue Zölle, kostspielige Zollformalitäten, Zeitverzögerungen an der Grenze, teure Unterbrüche in der Wertschöpfungskette, erhöhten Kapitalbedarf für die Lagerhaltung, unterschiedliche Produktstandards, abweichende Rechtsvorschriften, und weiter zunehmende Kosten einstellen? Zahlen sich für viele kleinere Unternehmen die Geschäfte mit der EU überhaupt noch aus? Oder gibt es am Ende doch noch ein kooperatives Ergebnis mit beidseitigem Marktzugang zu einem gemeinsamen, einheitlichen Binnenmarkt? Sie wissen es nicht, müssen für alle Eventualitäten planen, und schieben ihre Entscheidungen hinaus. Unsicherheit ist Gift für die Wirtschaft. Bevor überhaupt eine Entscheidung gefallen ist, bremst die Brexit-Unsicherheit die britischen Unternehmen und beeinträchtigt Investitionen und Produktivitätswachstum.

Quelle
Bloom, Nicholas, Philip Bunn, Scarlet Chen, Paul Mizen, Pawel Smietanka, and Gregory Thwaites (2019), The Impact of Brexit on UK Firms, NBER WP 26.218.

Kaum ein Thema hat die europäische Debatte in Politik und Wirtschaft in den letzten Jahren so geprägt wie die Entscheidung der Briten vom Juni 2016, die EU zu verlassen. Während viele Ereignisse in den vergangenen Jahrzehnten zeit-

T. N. Folger (✉)
Universität St.Gallen, St.Gallen, Schweiz
E-Mail: till.folger2@student.unisg.ch

weise für Unsicherheit in der Volkswirtschaft gesorgt haben – man denke an die Golfkriege, die Terroranschläge vom 11. September 2001 oder den Kollaps von Lehman Brothers – war in den meisten Fällen ebenjene Unsicherheit mit dem Aufkommen neuer Informationen schnell wieder verflogen. Anders verhält es sich beim Brexit. Mehr als drei Jahre nach dem Referendum bleibt die Zukunft des Vereinigten Königreichs und seiner Beziehung zur EU weiter völlig unklar. Für die Unternehmen sind eine Reihe relevanter Fragestellungen bisher ungeklärt: Wie sieht der Zugang zum EU-Binnenmarkt aus? Wie viele ausländische Fachkräfte können weiterhin angeworben werden? Wie werden britische Produktvorschriften genau aussehen? Genauso wenig wie die zukünftige Position des Vereinigten Königreichs ist der Übergang dahin bisher definiert.

Vor allem im Land selbst wird weiterhin erbittert diskutiert. Ökonomen versuchen durch Analysen und Prognosen, Orientierung über die Zukunft zu geben. Dabei werden aber oft die bereits jetzt sichtbaren wirtschaftlichen Auswirkungen des Brexits seit dem Referendum übersehen. Während die künftigen wirtschaftlichen Rahmenbedingungen der britischen Wirtschaft höchst ungewiss bleiben, kann man bereits jetzt die Auswirkungen der anhaltenden Unsicherheit in den bestehenden Daten feststellen.

Wie sich die Ungewissheit wirtschaftlich ausgewirkt hat, haben sechs Volkswirte um Nicholas Bloom von der amerikanischen Universität Stanford in einer im September erschienen Forschungsarbeit untersucht. Indem sie nicht über verschiedene Zukunftsszenarien spekulieren, sondern die tatsächlich sichtbaren Effekte der Unsicherheit der letzten drei Jahre untersuchen, rücken sie die Debatte um den Brexit in ein neues Licht.

Als Basis ihrer Arbeit diente den Forschern das „Decision Maker Panel" (DMP), mit welchem sie seit August 2016 monatlich Daten tausender Unternehmen erheben. Von allen 42'000 britischen Unternehmen mit mindestens zehn Mitarbeitern haben sie eine zufällige Auswahl von Unternehmen eingeladen, an einer Online-Befragung teilzunehmen. Insgesamt haben 5'900 Unternehmen in den drei untersuchten Jahren mindestens eine Frage zum Thema Brexit im DMP beantwortet. Mit total rund 3.7 Mio. Beschäftigten repräsentieren diese etwa 14 % der britischen Arbeitsplätze im Privatsektor. Die Fragen wurden meist durch die Spitzenmanager der jeweiligen Unternehmen beantwortet: Bei 70 % war dies der Finanzvorstand, bei 15 % sogar der Vorstandsvorsitzende.

Eine Schlüsselfrage des DMP-Panels lautet: „Wie sehr hat das Ergebnis des EU-Referendums den Grad an Unsicherheit in Ihrem Unternehmen beeinflusst?" Aus den vier Antwortmöglichkeiten leiteten die Autoren den Brexit-Unsicherheits-Index (BUI) ab. Dieser zeigt den Anteil jener Unternehmen, welche den Brexit als den wichtigsten oder einen der drei wichtigsten Unsicherheitsfaktoren bezeichnen. Betrachteten unmittelbar nach dem Referendum noch

Abb. 1 Der Brexit-Unsicherheits-Index. (Quelle: Bloom u. a. 2019, Abb.1)

weniger als 40 % den Brexit als einen der wichtigsten Unsicherheitsfaktoren an, waren es zweieinhalb Jahre später im Juli 2019 deutlich über die Hälfte. Abb. 1 zeigt, dass die Unsicherheit weiter anhält und jüngst stark zugenommen hat.

Viele verschiedene Faktoren zeichneten für die Unsicherheit durch den Brexit verantwortlich. Die Unternehmen nannten hierbei vor allem Einflüsse auf Arbeitsmarkt, Regulierung, Produktnachfrage, Zölle und Lieferketten. Während der BUI seit dem Referendum gestiegen ist, gilt dies nicht für andere Indikatoren, die üblicherweise zur Messung von Unsicherheit zu Rate gezogen werden. So schlug zwar der britische Aktienmarkt als direkte Reaktion auf das Votum deutlich nach unten aus, normalisierte sich jedoch innerhalb weniger Wochen wieder. Nicholas Bloom und seine Kollegen liefern somit erstmals ein Mass, welches die Unsicherheit im britischen Geschäftsumfeld langfristig erfassen kann.

Der Brexit-Unsicherheits-Index BUI zeigt, dass die Unsicherheit auch drei Jahre nach dem Referendum anhält und aktuell stark zugenommen hat. Mittlerweile betrachten mehr Unternehmen den Brexit als einen der drei grössten Unsicherheitsfaktoren als noch 2016.

Im zweiten Teil der Studie gingen die Forscher der Frage nach, wie die Unsicherheit über den Brexit das Verhalten der betroffenen Unternehmen und damit Investitionen und Produktivität beeinflusst. Ihre Analyse ergab, dass Unternehmen mit engeren Verbindungen zur EU etwa durch grössere Exporte in den

Rest der EU oder einen höheren Anteil von Arbeitnehmern aus anderen EU-Mit-
gliedsstaaten die Unsicherheit aufgrund des Brexits signifikant höher einschätzen.
Die empirischen Schätzungen zeigen, dass das Investitionswachstum eines
Unternehmens seit dem Referendum um 2.8 Prozentpunkte geringer ausfiel, wenn
es die Unsicherheit durch den Brexit um einen Punkt auf der vierteiligen Skala
höher einschätzte. Auf Basis dieser Ergebnisse kamen die Autoren zum Schluss,
dass die gesamten Investitionen über drei Jahre rund 11 % niedriger waren als
sie es ohne den Brexit und die dadurch entstandene Unsicherheit gewesen wären.
Entgegen der Erwartung eines abrupten Investitionsstopps nach dem Referendum
und einer darauffolgenden Erholung kam es tatsächlich zu einem schleichenden,
aber anhaltenden Rückgang über den Gesamtzeitraum.

Durch den Brexit haben die britischen Unternehmen ihre Investitionen seit 2016
um total 11 Prozent zurückgefahren. Der stetige Rückgang unterstreicht die tief-
greifende Verunsicherung der britischen Wirtschaft.

Ausserdem zeigt das Forscherteam, dass der Brexit merkliche Produktivitätseinbussen verursacht. Eine Hauptursache liegt darin, dass die Planungen für den
Brexit wertvolle Ressourcen im Unternehmen in Anspruch nehmen. So gaben
beispielsweise rund 70 % der befragten Unternehmen an, dass ihre Manager
mehrere Stunden wöchentlich mit entsprechenden Planungen befasst waren.
Finanziell beliefen sich die Aufwendungen hierfür im Schnitt auf 0.4 % des
jeweiligen Umsatzes.
Das jährliche Produktivitätswachstum in einem Unternehmen fiel um bis zu
1.5 Prozentpunkte niedriger aus, wenn dieses die Brexit-Unsicherheit um einen
Punkt auf der vierteiligen Skala – also um ein Viertel – höher einschätzte. Daraus
berechnen die Forscher, dass das Produktivitätswachstum über die drei Jahre
um zwischen 1.8 und 4.5 Prozentpunkte geringer war als es ohne Brexit der Fall
gewesen wäre.
Zudem betrifft der Brexit produktive und wenig produktive Unternehmen
in unterschiedlicher Weise: Gerade besonders produktive Unternehmen waren
etwa durch Handel stark mit dem EU-Binnenmarkt verflochten und leiden stark
unter der derzeitigen Unsicherheit. Die Folge ist eine Umverteilung wirtschaftlicher Aktivität von produktiven, international aufgestellten Unternehmen zu
weniger produktiven, lokalen Firmen, was das Produktivitätswachstum weiter
verlangsamt. Insgesamt schätzen die Forscher die gesamten Produktivitätseinbussen seit 2016 unter Berücksichtigung dieses Effekts auf zwischen 2 und
5 Prozentpunkte.

Aufgrund der Unsicherheit ist seit dem Referendum die Produktivität im Vereinigten Königreich um insgesamt 2 bis 5 Prozentpunkte zurückgegangen. Ein Teil dieses Rückgangs ist auf den hohen Aufwand des Managements für Zukunftsplanung zurückzuführen.

Wie der Brexit letzten Endes ausgehen wird, bleibt weiter unklar. Damit bleiben die Konsequenzen für die britische Volkswirtschaft und ihre Beschäftigten ebenfalls unklar. Dank Bloom und seinem Forscherteam wissen wir allerdings, dass die anhaltende Unsicherheit der letzten drei Jahre bereits jetzt für signifikant geringere Investitionen und merkliche Produktivitätseinbussen gesorgt hat.

Wie verschleiert China den Protektionismus?

Piotr Lukaszuk

Relevanz

Wenn Freihandel und Wettbewerb zusammenspielen, können sich die Länder am ehesten auf das spezialisieren, was sie am besten können. Alle gewinnen. Doch die protektionistische Verlockung ist groß, die eigene Wirtschaft auf Kosten anderer zu schützen. Dem soll die WTO einen Riegel vorschieben, indem sie Importzölle und andere Handelsbeschränkungen weltweit abbaut. Doch der Einfallsreichtum der Protektionisten kennt keine Grenzen. Sie weichen unter anderem auf Exportbeschränkungen aus. Kann es protektionistisch sein, den Export einzelner Branchen zu behindern und damit den Markt anderen Ländern zu überlassen? Der Schachzug besteht darin, mit Export- und Absatzbeschränkungen den Preis in dieser Branche zu drücken und damit die heimischen Vorleistungen für die eigentlich strategisch wichtigen Branchen zu verbilligen! Auch damit kann man den Schlüsselbranchen auf dem Weltmarkt einen unfairen Wettbewerbsvorteil verschaffen. Diese gelenkte Industriepolitik ist protektionistisch und weltweit im Vormarsch, in China und in anderen Ländern.

Quelle

Jason Garred (2018), The Persistence of Trade Policy in China after WTO Accession, Journal of International Economics 114, S. 130–142.

P. Lukaszuk (✉)
Universität St.Gallen, St.Gallen, Schweiz
E-Mail: piotr.lukaszuk@student.unisg.ch

In den letzten Jahrzehnten konnte die Welthandelspolitik Einfuhrzölle systematisch und weltweit abbauen. Gemäß der Weltbank sank der durchschnittliche Einfuhrzoll von rund 8.6 % 1994 auf 2.6 % 2017. Hinzu kommen über 300 Freihandelsverträge, welche mittlerweile mehr als die Hälfte des Welthandels umfassen. Gleichzeitig weisen immer mehr Studien darauf hin, dass der Protektionismus wieder zunimmt und neue Handelsschranken entstehen – und dies schon lange vor Donald Trump. Wie passt das zusammen?

Nachdem die traditionellen Instrumente wie Einfuhrzölle zunehmend verpönt sind, haben sich die protektionistischen Tendenzen systematisch hin zu nicht-tarifären Barrieren wie Steuern, Subventionen oder Exportbeschränkungen verlagert. Letztere sind oft schwieriger festzumachen und gelten daher als „verschleierter Protektionismus". Gemäß dem Global Trade Alert, der weltweit größten Datenbank zu Protektionismus, haben sich die nicht-tarifären Handelsbarrieren zwischen 2009 und 2017 fast verdoppelt.

Der durchschnittliche Einfuhrzoll ist von rund 8.6 Prozent 1994 auf 2.6 Prozent 2017 gefallen. Dagegen haben sich die nicht-tarifären Handelsbarrieren von 2009 bis 2017 fast verdoppelt.

Die Studie von Jason Garred von der Universität Ottawa untersucht am Beispiel Chinas den Wandel von Einfuhrzöllen zu nicht-tarifären Barrieren und ihre protektionistischen Auswirkungen. Der Forscher hat nicht bloß die üblichen Handelszölle auf Importe und Exporte einbezogen, sondern weitere Beschränkungen wie Exportlizenzen und -verbote und Mehrwertsteuerrabatte für Exporte erfasst. Letztere spielen in Chinas Handelspolitik eine sehr wichtige Rolle. Während die meisten Länder ihre Exporte von der Mehrwertsteuer befreien, versteuert China grundsätzlich alle Exporte mit einem Steuersatz von 17 %. Seit 2004 wird aber die Ausfuhr mancher Produkte teilweise oder gänzlich von der Mehrwertsteuer befreit, um bestimmte Branchen zu fördern. Der kanadische Wissenschaftler kombiniert in seinem Aufsatz diese unterschiedlichen Exportbeschränkungen und berechnet damit ein Maß der effektiven Ausfuhrzölle für jedes Produkt.

Nach dem Beitritt zur Welthandelsorganisation (WTO) im Jahr 2001 passte China seine Schutzpolitik systematisch an, indem es Einfuhrzölle durch Ausfuhrhindernisse ersetzte. Die Ergebnisse wecken große Zweifel, dass die WTO-Mitgliedschaft tatsächlich Chinas Handelspolitik liberalisieren konnte. Abb. 1 zeigt, dass China nach 1997 nicht nur seine Einfuhrzölle stark senkte, sondern auch die Unterschiede der Zölle für verschiedene Produktkategorien halbierte. Dadurch werden heute die meisten Importe mit einem ähnlich hohen Zoll belastet. Bei den effektiven Ausfuhrzöllen zeigt sich jedoch gerade das Gegenteil: manche Produkte weisen nach 2006 starke Exportbeschränkungen auf, andere hingegen nicht.

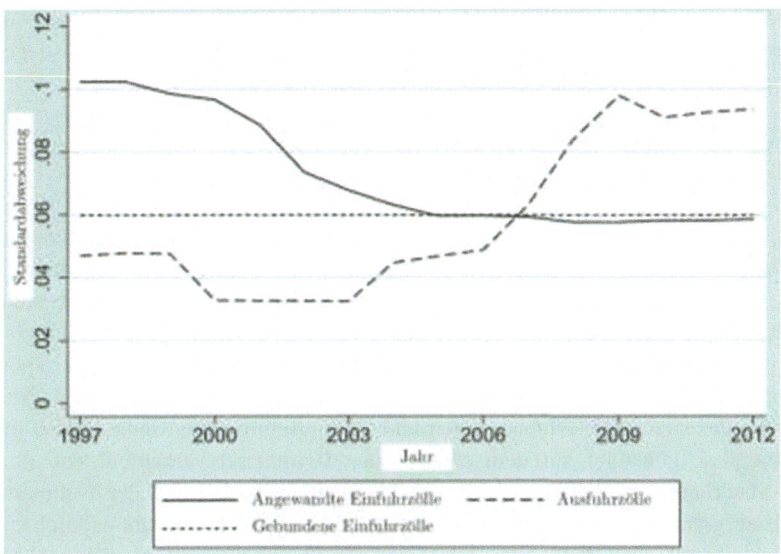

Abb. 1 Importzölle und Ausfuhrbeschränkungen in China (alle Produktkategorien ohne Agrarprodukte). (Quelle: Garred 2018)

China betreibt eine gelenkte Industriepolitik und entscheidet vorab auf höchster politischer Ebene, welche Branchen strategisch gefördert werden sollen. China schützt also nicht alle Branchen in gleicher Weise vor ausländischem Wettbewerb, sondern behandelt einzelne Produkte und Sektoren sehr unterschiedlich. Mit Importzöllen und anderen Barrieren kann es den Marktzugang für ausländische Güter behindern, während Exportbeschränkungen gezielt den Weltmarktzugang einzelner, lokal produzierter Güter erschweren. Um diese Strategie nachzuweisen, sind zwei Fragen zu beantworten: Erstens, inwieweit werden Einfuhrzölle durch Ausfuhrhürden ersetzt? Zweitens, welche Unterschiede gibt es bei Exportbeschränkungen zwischen verschiedenen Sektoren der chinesischen Wirtschaft?

Man kann eine Branche fördern, indem man sie entweder vor Importen schützt oder von Exportbeschränkungen ausnimmt. Mit dem WTO-Beitritt 2001 musste China Einfuhrzölle und nicht-tarifäre Handelsbeschränkungen abbauen. Jason Garred untersucht nun, ob Produkte, welche vorher mit hohen Einfuhrzöllen vor ausländischer Konkurrenz stark geschützt wurden, auch nach dem Beitritt eine weitere Bevorzugung erhielten, z. B. mit einer Ausnahme von einer allgemeinen

Erhöhung von Ausfuhrzöllen. Seine Schätzungen zeigen, dass die effektiven Ausfuhrzölle zwischen 2002 und 2012 tatsächlich signifikant schwächer anstiegen, wenn in dieser Branche der Einfuhrzoll vor dem WTO-Betritt hoch war.

War der Einfuhrzoll eines Produkts vor dem WTO-Beitritt um 1 Prozentpunkt höher, fiel der Anstieg der Ausfuhrzölle um 0.5 Prozentpunkte geringer aus.

Eine strategisch wichtige Branche kann man auch fördern, indem man ihre Vorleistungen z. B. für die benötigten Rohmaterialien verbilligt. Ein Weg dazu ist, die Branchen in der vorgelagerten Wertschöpfungskette mit hohen Ausfuhrzöllen zu belegen. Die empirische Analyse zeigt, dass China neue Ausfuhrzölle vor allem auf Rohmaterialien und Halbfertigprodukte erhöhte. Die hohen Exportkosten beschränken den Auslandsabsatz der Branche und drücken den Preis. Die Produzenten von Rohmaterialien und Halbfertigprodukten müssen also ihre Erzeugnisse günstiger auf dem chinesischen Heimmarkt verkaufen. Vor allem bei Materialien, wo China signifikante Marktanteile besitzt und der Weltmarktpreis aufgrund des geringeren chinesischen Angebots steigt, entsteht dadurch eine Preislücke zwischen dem chinesischen und dem Weltmarktpreis. Damit erhält die nachgelagerte Schlüsselbranche in China gleich einen doppelten Wettbewerbsvorteil. Nicht nur kann sie im Inland billigere Vorleistungen beziehen. Gleichzeitig verteuern sich dieselben Vorleistungen für die ausländischen Konkurrenten.

Um diese Zusammenhänge empirisch zu belegen, vergleicht Jason Garred zunächst die Einfuhrzölle auf Fertigprodukte im Jahr 1999 mit den effektiven Ausfuhrzöllen auf Rohmaterialien nach dem WTO-Beitritt 2001, welche für die Herstellung genau jener Fertigprodukte notwendig sind. Seine Schätzungen zeigen, dass die Absenkung der Einführzölle Eins-zu-Eins mit einem Anstieg der effektiven Ausfuhrzölle einherging. Weiter zeigt er, wie der Einsatz von Ausfuhrzöllen die chinesischen Exporte beeinflusste. Steigt der effektive Ausfuhrzoll auf Rohmaterialien um 1 Prozentpunkt, gehen die Exporte dieser Branche um rund 5.1 % zurück. Das löst einen Preisverfall im Inland aus, welcher den nachgelagerten Verarbeitungsstufen zugutekommt. Die Verbilligung der Vorleistungen steigert die Exporte der Fertigprodukte um bis zu 7 %.

Ein Anstieg der Ausfuhrzölle auf Rohmaterialien um 1 Prozentpunkt senkt die Exporte dieser Branche um 5.1 Prozent. Der ausgelöste Preisverfall verbilligt die Vorleistungen für die nachgelagerte Produktion und steigert die Exporte von Endprodukten um bis zu 7 Prozent.

Die chinesische Regierung lässt sich weniger von Partikularinteressen beeinflussen, sondern betreibt offensichtlich eine zentral gelenkte Industriepolitik. China identifiziert strategisch wichtige Schlüsselindustrien, die sie mit verschiedenen Instrumenten gezielt subventioniert. China fördert diese Branchen, indem die Regierung ausländische Direktinvestitionen hemmt und gleichzeitig die Branche von Exportzöllen entlastet. Zusätzlich verbilligt sie die Vorleistungen der heimischen Produzenten, indem sie höhere Exportzölle auf den vorgelagerten Stufen erhebt. Indem diese Exportzölle tendenziell die Weltmarkpreise für die Rohmaterialien steigen lassen, benachteiligen sie zudem die ausländischen Konkurrenten. In anderen Branchen, die keine strategische Bevorzugung genießen, lässt China ausländische Direktinvestitionen zu und verzichtet auf den Einsatz von diskriminierenden Exportzöllen.

Diese Erkenntnisse werfen die Frage auf, ob die Politik, Einfuhrzölle durch Ausfuhrzölle zu ersetzen, nicht gegen WTO Regeln verstößt. Die Vereinigten Staaten riefen deshalb die WTO an, welche 2013 entschied, dass China Exportrabatte für bestimmte Produkte zurückziehen muss. Dieser Fall macht die Beschränkungen eines multilateralen Rahmens wie der WTO deutlich, welcher die Schutzpolitik ihrer Mitglieder einschränken soll. Auch andere WTO-Mitgliedstaaten wie Brasilien oder Indonesien setzen gezielte Ausfuhrzölle ein, um aktive Industriepolitik zu betreiben.

Die Gefahr solcher schutzpolitischen Maßnahmen, welche innerhalb der WTO-Gespräche nicht vollständig verboten werden können, liegt in der Ausbreitung. Wenn ein Land den Anfang macht, überlegen sich auch andere Länder, ähnliche Maßnahmen einzuführen, um gleiche Wettbewerbsbedingungen für ihre eigenen Firmen zu erhalten. Auch innerhalb der Europäischen Union werden die Stimmen für eine eigene Industriepolitik lauter, um mit den chinesischen und amerikanischen Unternehmen im Wettbewerb bestehen zu können. Am Ende verlieren alle. Alle müssen teure Subventionen finanzieren, aber kein Land erzielt einen Wettbewerbsvorteil, wenn die anderen nachziehen. Ein multilaterales Vorgehen im Rahmen der WTO wäre besser.

Wirtschaftlicher Wandel und gesellschaftliche Teilhabe: Ein handlungsfähiger Staat

Kann Demokratie das Wachstum fördern?

Till Nikolaus Folger

Relevanz

Der Staat sind wir. Mit Demokratie lenken wir die Politik zu unserem Vorteil. Breiter Zugang zu Bildung steigert nicht nur die Produktivität, sondern fördert auch die demokratische Teilhabe und Kontrolle. Wirtschaftliche Reformen werden wahrscheinlicher, die den Nutzen für eine große Mehrheit anstatt des Vorteiles einer privilegierten Minderheit fördern. Doch die Demokratie ist nicht perfekt. Weltanschauliche Differenzen können den Konsens erschweren und wichtige Entscheidungen verhindern. Braucht es den aufgeklärten Autokraten, um nachhaltigen Wohlstand zu schaffen? Oder ist die Demokratie der verlässlichere Weg zu inklusivem Wachstum?

Quelle

Acemoglu Acemoglu, Daron, Suresh Naidu, Pascual Restrepo, James A. Robinson (2019), Democracy Does Cause Growth, Journal of Political Economy 127, 47–100.

Winston Churchill meinte einst, die Demokratie sei „die schlechteste aller Regierungsformen – abgesehen von all den anderen Formen, die von Zeit zu Zeit ausprobiert worden sind". Ist die Demokratie tatsächlich das politische Regime, das den Menschen den grössten Wohlstand beschert? China wird vielfach als undemokratisch gerügt, konnte jedoch über die letzten Jahrzehnte eine nie zuvor gesehene Wachstumsgeschichte schreiben. Auch die zunehmenden

T. N. Folger (✉)
Universität St.Gallen, St.Gallen, Schweiz
E-Mail: till.folger2@student.unisg.ch

populistischen, antidemokratischen Tendenzen in Europa und den USA werfen die Frage auf, ob Demokratie wirklich den besten Weg zu mehr Wachstum weist. Die Ökonomen Daron Acemoglu, Suresh Naidu, Pascual Restrepo und James A. Robinson von den Universitäten MIT, Columbia und Harvard untersuchen daher, ob die Demokratisierung einem Land tatsächlich mehr Wohlstand beschert. Der aktuelle Forschungsstand ist eher pessimistisch. Die Wissenschaftler meinen jedoch, dass die existierende Forschung zum Thema methodische Unzulänglichkeiten aufweist, z. B. im richtigen Messen der Demokratieniveaus.

Eine einfache Korrelation zwischen Demokratieniveau und Wachstum ist schnell berechnet. Die Forscher zeigen jedoch, dass der Effekt tatsächlich von der Demokratisierung ausgeht und das Wachstum ursächlich bedingt. Das Problem ist, dass auch historische und kulturelle Unterschiede sowohl das politische Regime als auch das Wachstum beeinflussen und somit den ursächlichen Einfluss verwaschen können. Oft lösen Krisen mit einem starken Rückgang des Pro-Kopf-Einkommens eine Demokratisierung aus, die dann wieder auf die Einkommensentwicklung zurückwirkt. Der Zusammenhang ist beidseitig und geht nicht nur in eine Richtung.

Für ihre Studie betrachten die Wissenschaftler 175 Länder über einen Zeitraum von 1960 bis 2010. Dabei unterscheiden sie zwischen „demokratischen" und „nicht-demokratischen" System. Die Daten zeigen eine deutliche Ausbreitung der Demokratie.

Das Demokratieniveau auf der Welt hat eindeutig zugenommen. Wurden 1960 31.5 Prozent der Länder als demokratisch eingestuft, waren es 2010 mit 64.1 Prozent mehr als doppelt so viele.

Die Forscher betrachten nicht nur permanente, sondern auch temporäre Systemwechsel. So hielt z. B. Argentinien 1973 erstmals seit zehn Jahren demokratische Wahlen ab. Nach einem Putsch nur drei Jahre später sollte es jedoch bis 1983 dauern, ehe Argentinien endgültig zur Demokratie wurde. In der Analyse gilt folglich nicht nur der Zeitraum ab 1983 als demokratisch, sondern auch jener zwischen 1973 und 1976.

Ein erster Blick auf die Daten verrät, dass Demokratien im Durchschnitt ein vierfach höheres Pro-Kopf-Einkommen haben und ihre Einwohner besser ausgebildet sind. Allerdings reicht eine solche Korrelation zwischen Demokratie und Einkommen nicht aus, um die Demokratisierung klar auf das Wachstum zurückzuführen. Das Forscherteam bedient sich insgesamt dreier ökonometrischer Analysen, um den Effekt der Demokratisierung auf den Wohlstand festzumachen. Alle drei Ansätze führen zu ähnlichen Erkenntnissen: Im Durchschnitt steigert Demokratisierung das Pro-Kopf-Einkommen, während eine Abkehr von der Demokratie einen Einkommensrückgang verursacht.

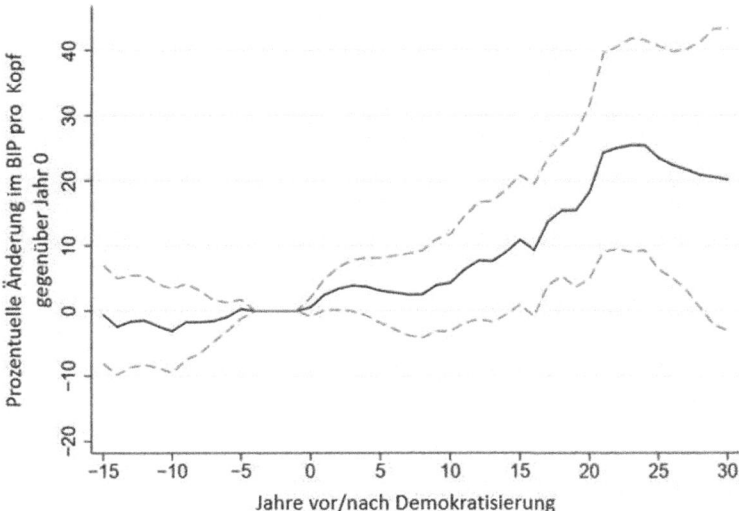

Abb. 1 Demokratisierung und Wohlstand. (Quelle: Acemoglu u. a. 2019)

Abb. 1 stellt die Einkommensentwicklung vor und nach dem Jahr Null, dem Zeitpunkt der Demokratisierung, dar. Die durchgezogene Linie zeigt die prozentuale Veränderung des Pro-Kopf-Einkommens im Vergleich zum Jahr der Demokratisierung und die gestrichelten Linien geben den Bereich an, in dem sich 95 % der tatsächlichen Beobachtungen befinden. Während die Wissenschaftler vor dem Systemwechsel kaum Wachstum feststellen, schätzen sie das Pro-Kopf-Einkommen nach 20 bis 25 Jahren um etwa 24 % höher als im Fall ohne Demokratisierung.

Demokratisierung verspricht langfristige Wohlstandsgewinne. Nach 20–25 Jahren erhöht sie das Pro-Kopf-Einkommen um rund ein Viertel.

Ein oft beobachtetes Phänomen im Demokratisierungsprozess sind regionalen Wellen, in denen dieser auftritt. Man denke an den Arabischen Frühling ab 2010 oder den Zerfall der Sowjetunion und ihrer Satellitenstaaten zu Beginn der 90er-Jahre. In den Daten zeigen sich solche „Ansteckungseffekte" sehr deutlich. Sobald sich das erste Land in einer Region demokratisiert, dauert es meist nur wenige Jahre, bis der Anteil demokratischer Länder in der gesamten Region zum weltweiten Durchschnitt aufschliesst. Auch unter Berücksichtigung solcher regionalen Einflüsse auf die Wahrscheinlichkeit der Demokratisierung eines Landes schätzen die Forscher, dass Demokratie das Pro-Kopf-Einkommen langfristig um rund 26 % steigert.

Welche spezifischen Mechanismen bestimmen, wie Demokratie das Wohlstandsniveau erhöht? Die empirischen Ergebnisse deuten darauf hin, dass die Demokratisierung eine Vielzahl von Faktoren fördert, welche Wachstum und Lebensstandard nachhaltig erhöhen. Wirtschaftliche Reformen werden wahrscheinlicher, die den Nutzen für eine grosse Mehrheit anstatt des Vorteiles einer privilegierten Minderheit fördern. Die Qualität des Bildungssystems verbessert sich, was den Anteil gut ausgebildeter Bürger steigert. Da die Forscher jedoch nicht gänzlich klären können, ob jene Kanäle tatsächlich Folgen des veränderten politischen Systems oder des erhöhten Wohlstands sind, bleiben diese Erkenntnisse etwas weniger eindeutig als die im Hauptteil der Analyse.

Demokratisierung steigert den Wohlstand sowohl in Ländern mit hohem, als auch in Ländern mit niedrigem Anfangseinkommen. Allerdings ist der Effekt auf das Wirtschaftswachstum stärker ausgeprägt, wenn ein grosser Teil der Bevölkerung weiterführende Schulen besucht hat.

Ein minimaler wirtschaftlicher Entwicklungsstand und eine gut ausgebildete Bevölkerung gelten als Voraussetzung für eine funktionierende Demokratie. Eine weit verbreitete Ansicht ist daher, dass Demokratisierung in schwach entwickelten Volkswirtschaften sogar nachteilig sein kann. Acemoglu und seine Kollegen finden jedoch keine Anhaltspunkte dafür, dass die Wohlstandseffekte der Demokratisierung systematisch vom Anfangsniveau des Einkommens abhängen. Allerdings verspricht die Demokratisierung stärkere Wohlstandsgewinne in Ländern mit einem hohen Bildungsstand.

Die Erkenntnisse dieser Arbeit zeigen, dass Demokratie nicht nur gesellschaftliche, sondern auch wirtschaftliche Vorteile mit sich bringt. Damit relativiert sie manche Zweifel an dieser Regierungsform. Trotz neuer und wichtiger Ergebnisse bleibt aber noch Raum für weitere Forschung. Demokratie kann mehr oder weniger weit gehen. Anstatt nur Demokratie und Nicht-Demokratie zu unterscheiden, könnte die Forschung z. B. auch den Einfluss eines unterschiedlichen Demokratisierungsgrades in verschiedenen politischen Systemen untersuchen.

Ein korrektes Verhältnis zum Staat

Elisabeth Essbaumer

Relevanz

Ein korrektes Verhältnis zum Staat zeichnet sich durch Gemeinsinn, Ehrlichkeit und gegenseitiges Vertrauen aus. Zivile Tugenden begünstigen nicht nur eine hohe Steuermoral, sondern ermöglichen auch bessere Politiklösungen anderswo. Die Arbeitslosenversicherung wird sehr teuer, wenn ein wachsender Teil der Arbeitslosen lieber großzügiges Arbeitslosengeld empfängt anstatt sich für die Beschäftigung zu rüsten und die Mühen der Jobsuche einzugehen. Dann muss der Staat eher auf rigorosen Kündigungsschutz setzen, um vor dem Arbeitslosenrisiko zu schützen und die Kosten der Versicherung zu begrenzen. Das würde aber die existierende Beschäftigung zementieren und verhindern, dass Arbeit von wenig produktiven Jobs zu den aufstrebenden Branchen fließt, wo das Wachstum und die zukunftsträchtige Beschäftigung stattfinden. Es lohnt sich also, die zivilen Tugenden der Bürger zu pflegen, damit der Staat auf die Arbeitslosensicherung anstatt den Kündigungsschutz setzen und die soziale Sicherheit wachstumsverträglicher gestalten kann.

Quelle

Algan and Cahuc (2009), Civic Virtue and Labor Market Institutions, American Economic Journal: Macroeconomics, 111–145.

E. Essbaumer (✉)
Universität St.Gallen, St.Gallen, Schweiz
E-Mail: elisabeth.essbaumer@unisg.ch

© Der/die Autor(en) 2021
C. Keuschnigg und M. Kogler (Hrsg.), *Die Wirtschaft im Wandel*,
https://doi.org/10.1007/978-3-658-31735-5_19

Ein Staat entspricht dem Wesen seiner Bürger, kommentiert Platon in der *Politeia*, einem seiner Hauptwerke über die Staatstheorie. Der Begriff „Bürgerliche Tugend" meint hier weniger die persönliche Sittsamkeit, als vielmehr das Verantwortungsbewusstsein des Einzelnen für die Gemeinschaft und die Bereitschaft, sich für das Allgemeinwohl einzusetzen. Dafür interessieren sich auch heute, mehr als 2000 Jahre später, die beiden Ökonomen Yann Algan und Pierre Cahuc. Sie untersuchen für den Zeitraum zwischen 1980 und 2000, inwiefern sich ein hoher Gemeinsinn auf die Art der Institutionen zum Schutz vor Arbeitslosigkeit in verschiedenen OECD Staaten und einigen postkommunistischen Ländern ausgewirkt hat. Wie kann ein hoher Gemeinsinn darauf Einfluss haben, ob die Länder eher auf die Arbeitslosenversicherung oder einen rigorosen Kündigungsschütz setzen? Die Forscher erheben den Grad an Gemeinsinn aus einer Befragung über die Einstellung gegenüber einem möglichen Ausnutzen des Sozialstaates. Sie messen damit, in wieweit eine ungerechtfertigte Inanspruchnahme von Sozialleistungen eher als Kavaliersdelikt oder als Betrug empfunden wird.

Die grundsätzliche Idee ist, dass es für den Staat umso teurer ist, ein Arbeitslosengeld zu zahlen, je weniger Hemmungen seine Bürger besitzen, ihn auszunutzen. In diesem Fall ist es für den Staat einfacher und kostengünstiger, den Kündigungsschutz auszubauen, um auf diesem Weg die Arbeitnehmer vor der Arbeitslosigkeit zu schützen. Das wäre für den Strukturwandel und für die Umlenkung der Arbeit auf die Wachstumsbranchen negativ. Die Autoren decken einen wesentlichen Zusammenhang auf: Scheuen sich Bürger, den Sozialstaat zu betrügen, dann können die Staaten relativ großzügige Arbeitslosenleistungen ausrichten. Ist der Gemeinsinn nur wenig ausgeprägt, setzen die Staaten eher auf Kündigungsschutz, um den Arbeitgebern Entlassungen zu erschweren und so die Kosten der Arbeitslosenversicherung zu begrenzen. Die empirische Analyse zeigt deutliche Unterschiede zwischen den nordisch-skandinavischen Ländern mit einem besser ausgeprägten Gemeinsinn auf der einen Seite und den kontinental- und südeuropäischen Staaten auf der anderen Seite.

> Es ist für den Staat umso teurer, ein Arbeitslosengeld zu zahlen, je eher seine Bürger bereit sind, ihn finanziell auszunutzen.

Die Forscher belegen diesen Zusammenhang mit empirischer Evidenz. Dafür untersuchen sie Daten des World Value Survey (WVS), einer Befragung mit drei Erhebungswellen in den Jahren 1980, 1990 und 2000. Algan und Cahuc werten die Antworten von 76 221 Personen aus 20 OECD Staaten sowie aus den drei postkommunistischen Staaten Ungarn, Tschechien und Polen auf folgende Frage aus: „Denken Sie, dass es gerechtfertigt ist, staatliche Leistungen in Anspruch zu nehmen, auf die man keinen Anspruch hat?" Die größte Ablehnung kommt aus Dänemark. Dort antworten durchschnittlich 88 % der Befragten, ein solcher Anspruch sei nie gerechtfertigt. Dahinter folgen weitere nordische Staaten wie Norwegen, Schweden und die Niederlande mit Werten um die 80 %. Auf der anderen Seite stehen kontinentaleuropäische und mediterrane Staaten, wo durchschnittlich nur etwa 65 % der Teilnehmer die Frage mit „nie" beantworten. Bei den 2 491 Befragten aus der Schweiz liegt der Wert bei knapp unter 70 % etwas darüber. Den geringsten Anteil an Teilnehmern, die einen nicht gerechtfertigten Anspruch vollständig ablehnen, weist Griechenland mit etwas über 20 % auf.

> Nur etwa 20 % der griechischen Befragten sprechen sich gegen das mögliche Hintergehen des Sozialstaates aus. In Dänemark sind es 88 %.

Es ist natürlich davon auszugehen, dass neben der Herkunft auch andere Faktoren sich auf die Einstellung einer Person gegenüber dem Sozialstaat auswirken. Deswegen untersuchen die Forscher auch den Einfluss von sozioökonomischen Aspekten, wie beispielsweise das Geschlecht der Befragten, deren Bildungsstand, oder auch die Einkommensklasse. So erhöht beispielsweise ein zusätzliches Jahr an Bildung die Wahrscheinlichkeit, einen Sozialstaatsbetrug abzulehnen, um 1 %. Protestantisch zu sein erhöht die Wahrscheinlichkeit um durchschnittlich 3 % im Vergleich zu nicht religiösen Personen. Die Einflussstärke solcher persönlichen Faktoren ist jedoch deutlich geringer als der Einfluss des Herkunftslandes.

Da Dänemark den höchsten Wert an Gemeinsinn erreicht, gemessen an der Häufigkeit der Ablehnung von Sozialbetrug, wird das Land als Referenzpunkt angesehen. In die nachfolgende Analyse geht daher nicht der absolute Wert des Anteils der Antworten ein, sondern nur der Unterschied zwischen Befragten aus anderen Ländern zu denen aus Dänemark. Zum Beispiel ist in Spanien die Wahrscheinlichkeit einer Ablehnung bzw. der Anteil der Antworten, dass man den Bezug von unrechtmäßigen Leistungen ablehnt, um 32 % niedriger als in Dänemark. In Italien ist die Wahrscheinlichkeit um 25 % geringer. Diese Werte sind in Abb. 1 auf der horizontalen Achse abgetragen. Dänemark als Referenzpunkt weist einen Wert von null auf. Die Ergebnisse der Umfrage werden mit einem Indikator für die Ausgestaltung der Arbeitsmarktinstitutionen verglichen. Dieser ist auf der vertikalen Achse abgebildet und zeigt die Zahlungen pro Arbeitslosen im Verhältnis zu einem OECD Indikator für den Beschäftigungsschutz. Ein vergleichsweiser hoher Wert auf dieser Achse sagt aus, dass der Staat einen Schwerpunkt auf Geldzahlungen legt. Bei einem niedrigeren Wert ist der Kündigungsschutz verhältnismäßig stärker ausgebaut.

> In Spanien ist die Wahrscheinlichkeit anzugeben, dass man den Bezug von unrechtmäßigen Leistungen ablehnt, im Durchschnitt um 32 % niedriger als in Dänemark.

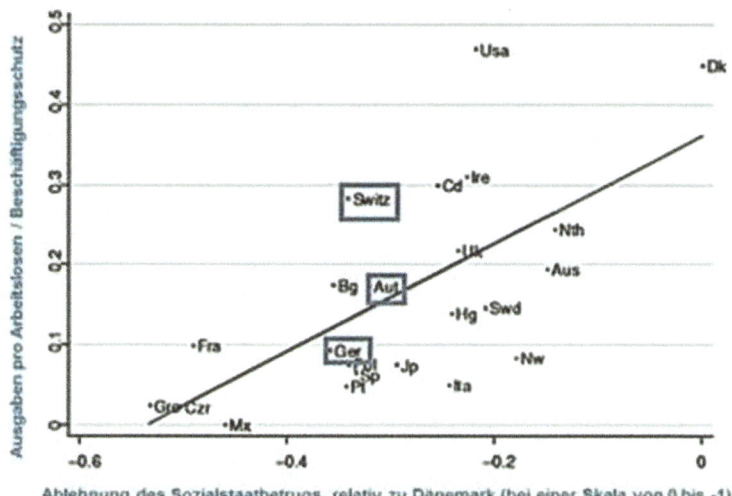

Abb. 1 Korrelation zwischen dem Grad an Gemeinsinn und den Arbeitsmarkt-institutionen. (Quelle: Algan und Cahuc 2009, S. 124)

Es ist zu sehen, dass sich in nordischen Staaten, deren Bürger ein stärkeres Bewusstsein für die Ehrlichkeit gegenüber dem Sozialstaat besitzen, auch ein stärker an Zahlungen orientiertes System etabliert hat. Dementsprechend befinden sich diese Staaten in der Abbildung eher auf der oberen, rechten Seite. Österreich, Deutschland und die Schweiz unterscheiden sich bezüglich der Einstellung nicht allzu sehr, jedoch gibt es beträchtliche Unterschiede in der Ausgestaltung der Arbeitsmarktinstitutionen im Hinblick auf das Verhältnis zwischen Geldleistungen und Kündigungsschutz. Es wird hier mit Durchschnittswerten über alle Erhebungsjahre gerechnet, aber das sich ergebende Muster ist auch im Zeitverlauf konsistent: Änderungen bei der Ausgestaltung des Arbeitslosenschutzes zwischen 1980 und 2000 können zu 78 % mit Änderungen bei der Einstellung der Befragten, also dem Gemeinsinn, assoziiert werden.

Zur Kontrolle werten die Ökonomen noch eine weitere Frage aus: „Würden Sie im Allgemeinen sagen, dass den meisten Menschen vertraut werden kann, oder sollte man eher vorsichtig im Umgang mit Anderen sein?" Damit wird berücksichtigt, dass die Bereitschaft der Bürger, staatliche Sozialversicherungen zu unterstützen, auch davon abhängt, wieviel Vertrauen sie ihren Mitbürgern entgegenbringen. Die Gruppierung nach Ländern spiegelt die vorherigen Ergebnisse:

Befragte aus den nordisch-skandinavischen Staaten zeigen sich eher vertrauensvoll, während man in kontinentaleuropäischen Ländern und in den Mittelmeerstaaten skeptischer gegenüber seinen Landsleuten ist und bei diesen eine eher höhere Bereitschaft zum Sozialbetrug vermutet.

Die Ergebnisse zeigen eher einen statistischen Zusammenhang als einen wirklichen kausalen Effekt. Zur Überprüfung ihrer These nutzen die Forscher einen besonderen Umstand. Sie können zeigen, dass Amerikaner mit fremden ethnischen Wurzeln vorwiegend die Einstellung ihres Herkunftslandes mitnehmen, auch wenn sie innerhalb der USA geboren wurden. Handelt es sich zum Beispiel bei den Vorfahren eines amerikanischen Befragten um Mexikaner, so ist die Wahrscheinlichkeit, einen Sozialstaatsbetrug inakzeptabel zu finden, um 29 % niedriger als bei einem Landsmann mit dänischen Vorfahren. Bei griechischer Abstammung ist die Wahrscheinlichkeit um 21 % geringer.

Hätten Franzosen, Italiener und Griechen zwischen 1980 und 2000 die gleiche Zivilmoral und damit die gleiche Einstellung gegenüber dem Sozialstaat geerbt wie die Dänen, so hätten laut Studie die Arbeitslosenzahlungen in Frankreich um 8.6 % höher, in Italien um 9.8 % und im Fall von Griechenland sogar um 13.6 % höher ausfallen können, und entsprechend weniger hätten diese Länder auf den Kündigungsschutz setzen müssen. Es sei jedoch angemerkt, dass die Studie schon im Jahr 2009 erschien, also bevor die Weltwirtschaftskrise eine Staatenkrise hervorrief und zu massiven Einschnitten in die Arbeitslosenversicherungen der betroffenen Länder zwang.

Hätten Franzosen, Italiener und Griechen die gleiche Einstellung gegenüber dem Sozialstaat geerbt wie die Dänen, so hätten die Zahlungen an Arbeitslose in Frankreich um 8.6 %, in Italien um 9.8 % und in Griechenland sogar um 13.6 % höher ausfallen können.

Die Studie zeigt, dass der Einfluss kultureller Werte auf die Ausgestaltung des Wohlfahrtsstaates nicht unterschätzt werden darf. Zivile Tugenden und ein hoher Gemeinsinn in der Bevölkerung erleichtern ein korrektes Verhältnis zum Staat und ermöglichen bessere Politiklösungen, nicht nur für die Ausgestaltung des Sozialstaates, sondern auch für die Finanzierung anderer Aufgaben z. B. Dank hoher Steuermoral.

Wie Investoren mit hohen Staatsschulden umgehen

Julian Johs

Relevanz

Die Tragbarkeit der Staatsverschuldung ist begrenzt. Sind die Schulden hoch, ist nichts so wichtig wie die Glaubwürdigkeit der Finanzpolitik. Selbst überschuldete Länder können das Vertrauen der Investoren gewinnen, wenn sie eine Wende einleiten. Selbst bei hoher Verschuldung sind sinkende Schuldenquoten ein starkes Signal, dass die Finanzen unter Kontrolle sind und die Staaten ihre Schulden vollständig bedienen wollen. Die Wahrscheinlichkeit für einen erwarteten Zahlungsausfall sinkt, und damit die Risikoprämien. Fallende Zinsen erleichtern zudem eine nachhaltige Konsolidierung. Wenn jedoch beim selben hohen Schuldenstand die Verschuldung weiter zunimmt, ist das Vertrauen der Investoren schnell verloren.

Quelle

Bassanetti, Antonio, Carlo Cottarelli und Andrea F. Presbitero (2019), Lost and Found: Market Access and Public Debt Dynamics, Oxford Economic Papers 71, 445–471.

Fast alle Staaten haben Schulden. Viele haben große Probleme damit. Während und nach der Wirtschaftskrise sind die Schuldenstände, gemessen am BIP, stark angestiegen. Wenn die Investoren Zweifel an der Tragbarkeit der Staatsschulden bekommen, steigen die Risikoprämien rasant an. Die steigenden Zinsen

J. Johs (✉)
WPZ Research, Wien, Österreich
E-Mail: julian.johs@wpz-research.com

© Der/die Autor(en) 2021
C. Keuschnigg und M. Kogler (Hrsg.), *Die Wirtschaft im Wandel*,
https://doi.org/10.1007/978-3-658-31735-5_20

123

können das Budget vollends in Schieflage bringen. Es droht ein Finanzierungs-stopp. Einige hochverschuldete europäische Länder wie z. B. Griechenland und Irland haben den Zugang zum Kapitalmarkt ganz verloren. Wie können hoch verschuldete Staaten, die von einer Krise gebeutelt werden, den Zugang zum Kapitalmarkt erhalten oder wiederherzustellen? Worauf kommt es an?

Um das herauszufinden, untersuchen die italienischen Forscher Antonio Bassanetti, Carlo Cottarelli und Andrea Presbitero eine Vielzahl von Fällen mit akuten Schuldenproblemen von Staaten. Ein Schuldenproblem umfasst alle Formen von Zahlungsschwierigkeiten wie Verzüge bei Zins- und Tilgungs-zahlungen, Umschuldungen und Stundungen. In ihrer Untersuchung verwenden sie zwei Datensätze des Internationalen Währungsfonds für Industrie- als auch Schwellenländer. Diese Daten beziehen sich auf die Jahre 1970 bis 2014 und enthalten Schuldenstände, Budgetdefizite und Wachstumsraten sowie weitere Informationen. Die empirische Untersuchung beschränkt sich allerdings nur auf die Daten der Schwellenländer.

Der zweite Datensatz enthält Daten zum Verlust des Kapitalmarktzugangs. Sie beziehen sich auf jene Fälle, in denen die betroffenen Staaten plötzlich deutlich weniger Anleihen begeben oder Kredite aufnehmen können, oder Restrukturierungen bzw. teilweise Nichtzahlung von Schulden ankündigen müssen. Die Daten erfassen von 1990 bis 2013 über 44 Länder und enthalten ca. 50 Episoden, in denen Staaten keinen Marktzugang mehr hatten.

Ein Großteil der bisherigen Literatur erklärt das Entstehen von Schuldennot-fällen hauptsächlich durch hohe Schuldenquoten. Die Autoren vermuten aber, dass die Investoren nicht nur auf den aktuellen Schuldenstand, sondern auch auf die Entwicklung in den vorangehenden Jahren schauen. Deutlich steigende Schuldenquoten könnten potenzielle Geldgeber als Hinweis verstehen, dass die betreffenden Staaten ihre Finanzen nicht mehr unter Kontrolle haben. Sinkende Schuldenquoten schaffen dagegen Vertrauen, dass sich die Staaten zu einem konsequenten Schuldenabbau verpflichtet haben und bereit sind, ihre Schulden vollständig zu bedienen.

> Stark steigende Schuldenquoten interpretieren die Investoren tendenziell als fiskalischen Kontrollverlust. Sinkende Schuldenquoten schaffen hingegen Vertrauen, dass der Staat seine Schulden vollständig bedienen wird.

Die Forscher stellen fest, dass Schuldenprobleme in den 80er und frühen 90er Jahren besonders häufig waren. Danach ging die Zahl der Staaten mit Problemen zurück. Sie zählen 115 Episoden mit akuten Schuldenproblemen. In mehr als 90 % der Fälle lagen hohe Auslandsschulden vor. In vier Fünftel der Notfälle gingen zwei Jahre mit steigender Schuldenquote voraus.

Die Forscher gehen also davon aus, dass beim selben Schuldenstand die Wahrscheinlichkeit für den Eintritt eines Problemszenarios deutlich höher ausfällt, wenn zuvor die Schuldenentwicklung stark zunehmend war. Tatsächlich ergeben ihre Schätzungen: Eine Steigerung der Schuldenquote um zehn Prozentpunkte in den zwei vorangehenden Jahren ist verbunden mit einer um 1.3 Prozentpunkte höheren Wahrscheinlichkeit für ein Schuldenproblem. Dabei beträgt die durchschnittliche Wahrscheinlichkeit von akuten Schuldenproblemen 3.8 %.

> Eine Steigerung der Schuldenquote um zehn Prozentpunkte in den zwei vorangehenden Jahren ist verbunden mit einer um 1.3 Prozentpunkte höheren Wahrscheinlichkeit für ein Schuldenproblem.

Die Forscher bestätigen auch die bisherigen Erkenntnisse, wonach die absolute Höhe der Schuldenquote einen wichtigen Einfluss auf die Problemanfälligkeit hat: Eine um 10 Prozentpunkte höhere Schuldenquote hängt mit einer durchschnittlich um 0.3 Prozentpunkte höheren Problemwahrscheinlichkeit zusammen. Dabei fällt das Risiko umso höher aus, je höher die Schuldenquote bereits ist. Abb. 1 zeigt das Zusammenspiel von Höhe und Entwicklung der Schuldenquote. Die oberste Kurve zeigt, dass Staaten nach einem starken Anstieg der Schuldenquote eine wesentlich höhere Ausfallwahrscheinlichkeit aufweisen, während

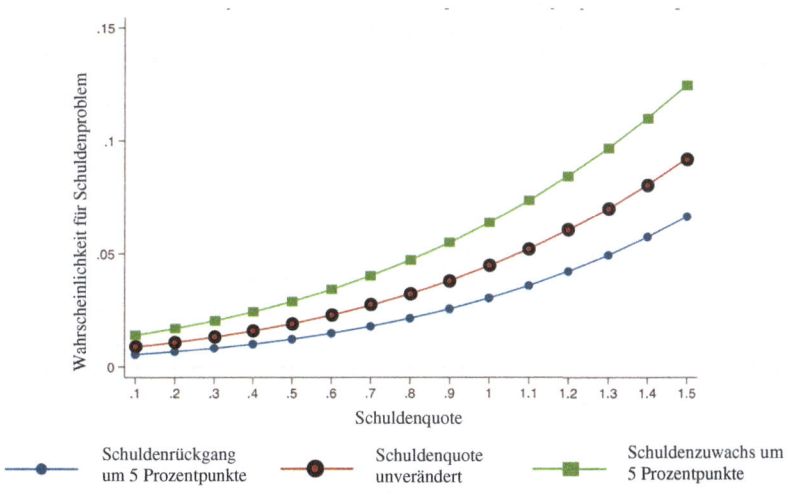

Abb. 1 Wahrscheinlichkeit für einen Zahlungsausfall auf Staatsschulden

Länder mit vorgängig fallenden Schuldenquoten (unterste Kurve) ein wesentlich geringeres Risiko aufweisen.

Wie steht es mit den Chancen, nach einer bereits eingetretenen Staatsinsolvenz wieder neues Vertrauen der Investoren und damit neuen Zugang zum Kapitalmarkt zu erlangen? Frühere Studien konzentrieren sich auch hier auf die Höhe der Schuldenquote. Die Wissenschaftler zeigen wiederum, dass nicht nur die Schuldenhöhe zählt. In der Hälfte der Fälle erhalten auch Länder mit sehr hohen Schuldenquoten wieder neuen Kapitalmarktzugang. Es ist also nicht zwingend nötig, dass Staaten ihre Schulden bereits reduziert haben müssen, bevor sie wieder am Markt teilnehmen können. Wiederum vermuten die italienischen Ökonomen, dass die Dynamik der Schulden eine wesentliche Rolle spielt. Selbst bei hohem Ausgangsniveau sendet eine sinkende Schuldenquote ein starkes Signal an den Markt, dass der Staat seine Finanzen unter Kontrolle gebracht und sich einer vollständigen Rückzahlung verpflichtet hat. Für die potenziellen Käufer von Staatsanleihen wirkt die Anlage daher sicherer. Steigt hingegen die Schuldenquote weiter an, ist das Vertrauen verloren. Die Investoren befürchten erst recht einen neuen Zahlungsausfall und verweigern neue Darlehen. Der Kapitalmarktzugang bleibt versperrt.

Die empirische Untersuchung bestätigt die Vermutung: Eine Senkung der Schuldenquote um zehn Prozentpunkte in den zwei vorangehenden Jahren ist verbunden mit einer durchschnittlich um 5.6 Prozentpunkte höheren Wahrscheinlichkeit, dass der Wiedereintritt in den Kapitalmarkt gelingt. Die durchschnittliche Wahrscheinlichkeit für neuen Kapitalmarktzugang beträgt 13.8 %. Die absolute Höhe der Schuldenquote selbst hängt nicht signifikant mit der Wahrscheinlichkeit für den Wiedereintritt zusammen.

Eine Senkung der Schuldenquote um zehn Prozentpunkte in den zwei vorangehenden Jahren geht einher mit einer um 5.6 Prozentpunkte höheren Wahrscheinlichkeit, dass der Wiedereintritt in den Kapitalmarkt gelingt.

Selbst ein hoher Schuldenstand muss nicht unbedingt eine Kapitalflucht auslösen. Sinkende Schuldenstände sind ein starkes Signal, dass die Staatsfinanzen unter Kontrolle sind. Indem überschuldete Staaten eine Wende einleiten, können sie das Vertrauen der Finanzmärkte wiederherstellen. Die Investoren revidieren die Ausfallswahrscheinlichkeit nach unten und fordern geringere Risikoprämien. Niedrige Zinsen erleichtern die allmähliche Konsolidierung des Staatshaushalts und reduzieren den Zwang zu abrupten Steuererhöhungen und Ausgabenkürzungen. So können die Staaten einer Negativspirale von zunehmenden Schulden, Vertrauensverlust, steigenden Zinsen und noch größerer Schieflage der Staatsfinanzen entkommen.

Kann Geldpolitik die Marktängste zerstreuen?

Arthur Corazza

Relevanz

Die Krise der Eurozone hat es gezeigt: Die Tragbarkeit der Staatsschulden ist begrenzt. Jedoch ist kaum etwas so unsicher wie die Erwartungen über die künftige Fiskalpolitik eines Landes und so schwierig wie die Einschätzung der staatlichen Kreditwürdigkeit. Die Risikoeinschätzungen der Marktteilnehmer schwanken zwischen Vertrauen, harten Daten und Angst. Geht das Vertrauen verloren und breiten sich Misstrauen und Angst aus, dann setzt eine unkoordinierte Kapitalflucht ein. Sie lässt die Zinsen schlagartig ansteigen, verschärft die Krise erst recht und kann im schlimmsten Fall eine Insolvenz herbeizwingen. Kann die Zentralbank mit ihrer Geldpolitik die Marktängste zerstreuen und eine prekäre Lage stabilisieren?

Quelle

Krishnamurthy, Arvind, Stefan Nagel und Annette Vissing-Jorgensen (2018), ECB Policies Involving Government Bond Purchases: Impact and Channels, Review of Finance 22, 1–44.

Auf dem Höhepunkt der Eurokrise sahen sich mehrere Staaten der Eurozone mit stark ansteigenden Zinsen auf ihre Staatsschulden konfrontiert. Der Vertrauensverlust in die Tragbarkeit der Schulden und die Flucht der Investoren wurden zum Sinnbild für die Zuspitzung der Krise. Zwischen Herbst 2011 und dem Frühjahr 2012 erreichten die Zinssätze auf Staatsanleihen von Italien und Spanien 6–7 %

A. Corazza (✉)
Wirtschaftsuniversität Wien, Wien, Österreich

© Der/die Autor(en) 2021
C. Keuschnigg und M. Kogler (Hrsg.), *Die Wirtschaft im Wandel*,
https://doi.org/10.1007/978-3-658-31735-5_21

und jene von Portugal und Irland 20 %. Die Zinsen auf griechische Schuldtitel vor dem Zahlungsausfall 2012 schnellten kurzzeitig auf über 200 % hoch. Zinssprünge wie diese reflektieren grundsätzlich eine plötzlich einsetzende Risikoscheu der Investoren bis hin zur Panik. Sie tragen wesentlich zur Verschärfung der Staatsschuldenkrise bei und können im Extremfall zur selbsterfüllenden Prophezeiung werden. Während der Krisenjahre kämpfte die Europäische Zentralbank (EZB) darum, das Vertrauen der Märkte wiederherzustellen und damit die Gemeinschaftswährung zu retten. Worauf war die Panik an den Finanzmärkten genau zurückzuführen? Wie sehr konnte die EZB mit Ankündigungen zu geldpolitischen Sondermaßnahmen die Wogen glätten und zur Senkung der Zinsen und damit zur Eindämmung der Eurokrise beitragen?

In der kritischen Phase der Eurokrise 2010–2012 lassen sich mehrere Zeitpunkte ausmachen, zu denen die EZB außergewöhnliche geldpolitische Maßnahmen ankündigte und damit Einfluss auf die Märkte nahm. Mit dem Start des Securities Market Programme (SMP, Programm für Wertpapierkäufe) am 10. Mai 2010 begann die EZB mit Ankäufen von Staatsobligationen Griechenlands, Irlands und Portugals auf dem Sekundärmarkt, die sie ab 07. August 2011 auf italienische und spanische Anleihen ausweitete. Als sie das Programm im September 2012 einstellte, belief sich der Marktwert der aufgekauften Staatsanleihen zum Jahresende auf 218 Mrd. € (davon Italien 47 %, Spanien 20 % und Griechenland 16 %). Die durchschnittliche Restlaufzeit betrug etwa 4 Jahre. Per 06. September 2012 ersetzte die EZB das SMP-Programm durch das Outright Monetary Transactions-Programm (OMT, geldpolitische Outright-Geschäfte). Bereits einige Wochen zuvor kündigte sie mit einer Pressemitteilung und der oft zitierten Aussage „whatever-it-takes" von EZB-Präsident Mario Draghi ihre Maßnahmen zur Beruhigung der Märkte an. Angesichts der Prominenz der Ankündigung ist es erstaunlich, dass die EZB tatsächlich noch keinen Euro für das OMT-Ankaufprogramm ausgeben musste. Sie sollte Anleihen erst nach Antrag und nur bei Erfüllung fiskalischer Auflagen erwerben. Weil das bis heute noch nicht eingetreten ist, bleiben die Medienankündigungen der einzige Einflussfaktor des Programmes.

> 2011–2012 erreichten die Zinsen von italienischen und spanischen Staatsanleihen 6–7 % und von portugiesischen und irischen 20 %. Bis Ende 2012 kaufte die EZB 218 Mrd. € an Staatsanleihen auf, davon entfielen auf Italien 47 %, Spanien 20 % und Griechenland 16 %.

Während die EZB das erste Ankaufprogramm noch betrieb, kündigte sie bereits parallel dazu im Dezember 2011 die Longer-Term Refinancing Operations (LTROs, längerfristige Refinanzierungsgeschäfte) an. Sie gewähren den Banken ohne Mengenbeschränkung (full allotment), aber nur bei Nachweis von Sicherheiten, Zugang zu Refinanzierungsgeschäften mit einer Laufzeit von bis zu 3 Jahren. Die Zentralbank vergab im Zuge der Offenmarktaktivitäten im Dezember 2011 und Februar 2012 finanzielle Mittel an den Bankensektor im Umfang von insgesamt 1'019 Mrd. €, das ist eine Nettoerhöhung von 521 Mrd. Obwohl die Liquiditätszuschüsse primär die Kreditvergabe an die Privatwirtschaft anstoßen sollten, floss anstatt dessen ein erheblicher Teil der Liquidität aus LTROs in den Erwerb von Staatsanleihen. Die Banken haben ihre Bestände an heimischen Staatsanleihen stark aufgestockt, in Italien um 86 Mrd. und in Spanien um 66 Mrd. €. Welche Auswirkungen hatten die EZB-Ankündigungen auf die Zinsen der Staatsanleihen?

Sichere Wertpapiere werfen nur einen niedrigen Zins ab. Wenn die Gläubiger mit einem Zahlungsausfall rechnen müssen, wollen sie sich das Risiko abgelten lassen und fordern höhere Zinsen. Je wahrscheinlicher ein teilweiser oder vollständiger Zahlungsausfall wird, desto höher muss auch die Risikoprämie sein. Die Zinsen steigen also mit zunehmendem Risiko an. Das gilt auch für Staatsanleihen von überschuldeten Ländern. In ihrem Artikel arbeiten Krishnamurthy, Nagel und Vissing-Jorgensen mehrere unterschiedliche Risiken von Staatsanleihen heraus und analysieren ihren Einfluss auf die Zinsen. Erstens spiegeln die Zinsen die Erwartungen über den künftigen Kurs der Geldpolitik wider. Eine expansive Geldpolitik lässt niedrige Zinsen erwarten. Wegen der einheitlichen Geldpolitik im Euroraum sollte dieses ‚geldpolitische Risiko' alle Mitgliedsstaaten ähnlich betreffen.

Andere Risiken unterscheiden sich je nach Land. Investoren müssen wie bei jeder Art von Kredit ein länderweise unterschiedliches Insolvenzrisiko berücksichtigen. Fiskalisch starke Staaten sind ein ‚sicherer Hafen' und zahlen äußerst niedrige Zinsen. Überschuldete Länder sind oft mit einem höheren Insolvenzrisiko behaftet und müssen höhere Zinsen zahlen. Außerdem spielte während der europäischen Staatsschuldenkrise die Angst der Investoren vor einem drohenden Ausstieg einzelner Länder aus der Währungsunion eine große Rolle. Wenn bestehende Schulden in eine neue nationale Währung, zum Beispiel die Lira, umgewandelt werden und die Währung nach dem Austritt stark abwertet, dann würden die Gläubiger einen hohen Abwertungsverlust hinnehmen müssen. Sie würden die ursprüngliche Euroschuld nur mehr teilweise zurückerhalten. Dieses ‚Redenominierungsrisiko' lässt die Zinsen stark steigen. Schließlich weisen Staatsschulden auch ein Liquiditätsrisiko auf. Wenn ein Markt illiquide wird, müssen Investoren damit rechnen, dass sie künftig keine Käufer finden und ihre Staatsanleihen nur mit hohen Abschlägen abstoßen können. Die Märkte für Staatsanleihen segmentieren sich. Mangels Handel kommt ein Ausgleich der Zinsen mittels Arbitrage nicht zustande. Auch für dieses Risiko fordern die Gläubiger Zinszuschläge.

Ziel der EZB-Maßnahmen war es, Marktängste über einen drohenden Ausstieg eines Staates aus dem Euroraum zu zerstreuen und durch die Bereitstellung
zusätzlicher Liquidität die Bildung separater Marktsegmente zu verhindern, damit
also das Liquiditätsrisiko abzubauen. War die EZB-Politik erfolgreich? Um diese
Frage zu untersuchen, zerlegen die Forscher die Zinsen italienischer, spanischer
und portugiesischer Staatsanleihen in ihre Risikokomponenten.

Mit höherem Ertragsrisiko steigen die Zinsen. Neben dem einheitlichen geldpolitischen Risiko spiegeln die Zinsen auf Staatsanleihen in der Eurozone ein
Insolvenzrisiko, ein Abwertungsrisiko bei einem möglichen Austritt aus der Eurozone und ein Liquiditätsrisiko wider.

Abb. 1 veranschaulicht die Entwicklung der Zinsspanne – die länderspezifische
Zinsrate – von italienischen Staatsanleihen mit ihren drei treibenden spezifischen
Risikofaktoren, nämlich dem staatlichen Zahlungsausfall, Italiens Austritt aus
dem Euro (Redenominierung), und dem Einfluss von Marktfriktionen (Illiquidität, Segmentierung). Die gesamte Zinsspanne der Staatsanleihen schwankte
im Beobachtungszeitraum zwischen 1 bis 6 % und erreichte Ende 2011 ihren
Höchststand. Nach den Schätzungen der Wissenschaftler war in Italien die

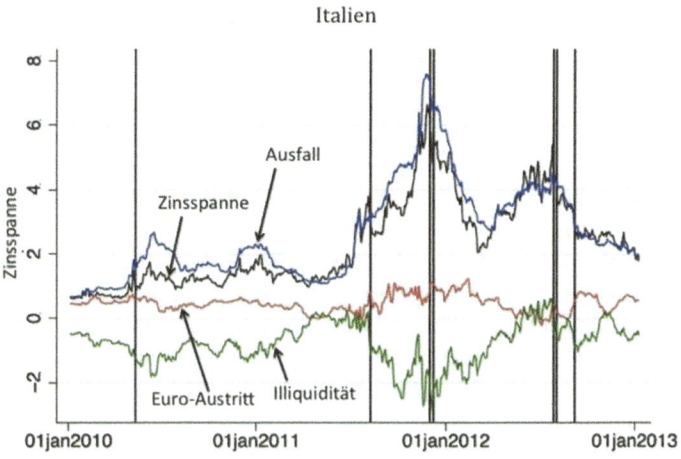

Abb. 1: Die Zinsspanne italienischer Staatsanleihen mit ihren drei Komponenten und die
Zeitpunkte der EZB-Ankündigungen (vertikale Markierungen). (Quelle: Krishnamurthy
et al. 2018, Figure 3C)

Angst vor einem staatlichen Zahlungsausfall der treibende Faktor hinter dem sprunghaften Anstieg der Zinsen im Herbst 2011. Die drohende Umwandlung der Schulden in eine neue Lira (Redenominierung) war im damaligen Zeitraum dagegen relativ unerheblich, so auch die Marktfriktionen. Das spanische Pendant fluktuierte um 1–5 %, das portugiesische zwischen 3 und 17 %, wobei die Forscher ähnliche Trends und Anteile der Zinskomponenten feststellen.

Die empirische Evidenz zeigt, dass die EZB mit ihren angekündigten und tatsächlichen Ankäufen vor allem die Zinsen auf Anleihen mittlerer Laufzeit kurzfristig senken konnte. Bei italienischen Staatsanleihen mit 2–5-jähriger Laufzeit lösten Ankündigungen zu den Maßnahmen SMP und OMT jeweils eine Verringerung der Zinsen um 150–200 Basispunkte (BP, 100 BP sind 1 Prozentpunkt) in den unmittelbar darauffolgenden Handelstagen aus. Für spanische Wertpapiere betrug die Reduktion pro Programm rund 190–250 BP und für portugiesische Schuldtitel bis zu 460–550 BP. Nachrichten zum Refinanzierungsprogramm LTRO konnten hingegen keine weitere signifikante Senkung der Zinssätze bewirken.

> Ankündigungen der EZB zu den Ankaufprogrammen lösten in den darauffolgenden Tagen Zinssenkungen von bis zu 200 Basispunkten für italienische, 250 BP für spanische und 550 BP für portugiesische Staatsanleihen aus.

Beruhigend wirkten die Nachrichten in erster Linie, indem sie die Ängste vor einem staatlichen Zahlungsausfall und vor dem Liquiditätsrisiko mit einer Segmentierung der Finanzmärkte abschwächten. Die drei EZB-Programme scheinen unerhebliche Auswirkungen auf das gemeinsame, geldpolitische Zinsrisiko zu haben. In Italien hatten Ankündigungen zu den Ankaufprogrammen SMP und OMT signifikante Reduktionen der Ausfallskomponente um 31–117 BP und der Marktsegmentierung (Liquiditätsrisiko) um 79–133 BP zur Folge. Im damaligen Zeitraum spielte die Angst vor Italiens Ausstieg aus dem Euro kaum eine Rolle, sodass auch die Ankündigungen der EZB sich kaum auf diesen Teil des Zinsrisikos auswirkten.

Auch in Spanien reduzierten die Ankündigungen die Befürchtungen der Investoren bezüglich eines Zahlungsausfalls und senkten diese Zinskomponente um 44–96 BP. Zudem verringerten die Maßnahmen die Marktsegmentierung und senkten den Zuschlag für das Liquiditätsrisiko um 73–87 BP. Auch das geringere wahrgenommene Risiko eines Euro-Ausstiegs trug mit 20–56 BP zur Zinssenkung bei. In Portugal drückten Ankündigungen zu den Ankaufprogrammen die Zinszuschläge für das Insolvenzrisiko um 116–128 BP, für das Liquiditätsrisiko aufgrund von Marktsegmentierung um 167 BP und für das Abwertungsrisiko bei einem Euroausstieg um 118 BP. LTRO-Ankündigungen bewirkten dagegen in

Portugal keine Zinssenkung und reduzierten in Italien lediglich das Ausfallrisiko geringfügig. Im Gegensatz dazu beförderte das LTRO-Programm in Spanien mit 69–83 BP eine nennenswerte Reduktion der Marktsegmentierungskomponente. Zusammenfassend wird klar, dass die EZB-Kommunikation zu den Ankaufprogrammen SMP und OMT die Zinsen auf Staatsanleihen effektiv senken konnte, vorwiegend über geringere wahrgenommene Ausfallsrisiken der Krisenstaaten und über die Korrektur von Marktsegmentierung und Illiquidität. Mit teilweise erheblichen Unterschieden machten im Durchschnitt der untersuchten Länder geringere Risiken eines Zahlungsausfalls 37 %, einer Marktsegmentierung und Illiquidität 50 %, und eines Austritts mit Abwertungsverlusten (Redenominierung) 13 % der Zinssenkung aus. Ankündigungen zum Refinanzierungsprogramm LTRO – die Maßnahme mit dem im Endeffekt größten Volumen – hatten dagegen nur auf spanische Staatsanleihen relevante Auswirkungen.

> Die EZB Politik konnte die Risikoeinschätzungen und damit die Zinsen auf Staatsschulden senken. Die geringeren Risiken eines Zahlungsausfalls, einer Marktsegmentierung und Illiquidität, und eines Euro-Austritts machten im Durchschnitt *37, 50 und 13 % der Zinssenkung aus.*

Abschließend untersuchen die Autoren die Nebeneffekte der EZB-Ankündigungen auf die Bewertungen und Finanzierungsbedingungen von Unternehmen im Euroraum. Während die beiden Ankaufprogramme SMP und OMT in 9 von 11 untersuchten Euro-Mitgliedsstaaten unmittelbare Kurssteigerungen an den Aktienmärkten um 4 % bzw. 14 % auslösten, scheint das LTRO-Programm auf die Aktienindizes keinen signifikanten Einfluss genommen zu haben. Ähnliches schließen die Autoren über die Kurssteigerungen bei Aktien des Finanzsektors (SMP + 9 %, OMT + 19 %) und Aktientitel der Realwirtschaft (SMP + 3 %, OMT + 12 %). Die höchsten Wertzuwächse von 18–21 % verzeichneten dabei Aktien von Finanzinstitutionen aus den Euro-Krisenstaaten infolge der OMT-Ankündigungen im Sommer 2012. Der Gesamteffekt auf die Zinsen von Unternehmensanleihen der hier untersuchten Länder blieb vergleichsweise gering. Nur die Nachrichten zum OMT-Programm verbesserten die Finanzierungskonditionen von italienischen (-40 BP) und spanischen Unternehmen (−91 BP). Die Autoren beschreiben somit einen geschätzten Wertzuwachs der Euro-Finanzmärkteum 955 Mrd. € und um 275 Mrd. € ansteigende Marktwerte der Staatsschulden von sich in der Krisen befindlichen Euroländer als Resultat von SMP und OMT der Europäischen Zentralbank.

Schuldenerlass oder Schuldenerleichterung?

Eric Offner

Relevanz

Es gibt tausend gute Gründe, wichtige Staatsausgaben mit neuen Schulden zu finanzieren, wenn die Steuern nicht reichen. Reserven aufzubauen und sich auf nachhaltige Finanzpolitik zu verpflichten fällt der Politik dagegen schwer. Ist der Staatshaushalt außer Kontrolle geraten, müssen die Gläubiger entscheiden. Sie können mit einem deutlichen Schuldenschnitt ein Ende mit Schrecken setzen und die Überschuldung kräftig korrigieren, damit wenigsten die restliche Staatsschuld sicher zurückkommt. Wer vorher die Kreditwürdigkeit nicht sorgfältig prüft, muss es eben später nachholen und die Schulden auf ein Niveau reduzieren, das tragbar bleibt. Oder sie einigen sich auf Schuldenerleichterungen und eine Streckung der Rückzahlung, und riskieren damit eine verschleppte Insolvenz anstatt nachhaltiger Gesundung. Ein Schuldenschnitt bietet eher Gewähr, zu neuem Wachstum zurückzufinden und die Tragbarkeit der Staatsschulden wiederherzustellen.

Quelle

Reinhart, C. M., und C. Trebesch (2016), Sovereign Debt Relief and its Aftermath, Journal of the European Economic Association 14(1), 215–51.

E. Offner (✉)
Universität St.Gallen, St.Gallen, Schweiz
E-Mail: eric.athaydeoffner@student.unisg.ch

137

Soll hochverschuldeten Staaten ein ein Schuldenerlass gewährt werden? Die Frage ist nicht neu und nach wie vor höchst aktuell. Der Internationale Währungsfonds forderte nachdrücklich einen Schuldenerlass für Griechenland. Der frühere US-Finanzminister Larry Summers schlug einen Schuldenerlass für die kriegszerrüttete Ukraine vor. Dennoch ist über die wirtschaftlichen Folgen eines Schuldenerlasses überraschend wenig bekannt.

Die ökonomische Theorie liefert widersprüchliche Argumente. Einerseits können sowohl Gläubiger als auch Schuldner von einem Teilerlass profitieren, da ein überhöhter Schuldenstand und die Aussicht auf hohe zukünftige Schuldentilgungen inländische Investitionen hemmt. Deshalb sollte nach einem Schuldenerlass das Wachstum zunehmen, was die Rückzahlung der verbleibenden Schulden wahrscheinlicher macht. Andererseits beschädigt ein Zahlungsausfall Reputation und Vertrauen und kann Sanktionen auslösen. Auch mag der Anreiz für mutige Wirtschaftsreformen erlahmen.

Carmen M. Reinhart von der Universität Harvard und Christoph Trebesch von der Universität München gehen der Frage nach, wie sich ein Schuldenerlass auf die wirtschaftliche Entwicklung des betroffenen Landes auswirkt. Sie betrachten zwei unterschiedliche Episoden während des 20. Jahrhunderts.

Zuerst konzentrieren sich die Autoren auf die Zwischenkriegszeit. Sie untersuchen die Verschuldung von 18 entwickelten, überwiegend europäischen Staaten gegenüber den USA und dem Vereinigten Königreich. Die Situation erinnert an die Länder in der Peripherie der Eurozone, wo mittlerweile ebenfalls ein Grossteil der Schulden in den Händen staatlicher Gläubiger liegt. Die Verschuldung der untersuchten Länder bestand nur zum Teil aus Kriegsschulden. Viele Kredite wurden erst nach 1918 aufgenommen etwa für den Wiederaufbau. Die Forscher untersuchen nun zwei Ereignisse, welche alle Schuldner gleichzeitig betrafen: Im Jahr 1931 erliessen die USA mit dem Hoover-Moratorium Zins- und Tilgungszahlungen aller interalliierten Kriegsschulden sowie der deutschen Reparationszahlungen vorübergehend für ein Jahr. Im Sommer 1934 stellten dann 18 der 19 Kreditnehmer die Rückzahlung ihrer Kriegsschulden an die USA und das Vereinigte Königreich trotz Protesten dauerhaft ein.

Zudem analysieren die Forscher die Schuldenerlässe und Umstrukturierungen von 30 Schwellenländern gegenüber privaten Gläubigern (z. B. ausländische Banken) zwischen 1978 und 2010. In den 80er und 90er Jahren koordinierten die Finanzminister der USA, James Baker und Nicolas Brady, zwei Entschuldungsinitiativen, die von den USA und dem IWF unterstützt wurden. Der Baker-Plan 1986 zielte darauf ab, freiwillige Kapitalzuflüsse und Strukturreformen in den Krisenländern zu fördern. Neben zinsvergünstigten Darlehen gehörten dazu eine Reihe von Umschuldungsvereinbarungen, welche die Laufzeit der Schulden um bis zu 15 Jahre verlängerten. Dagegen sah die Brady Initiative 1990 einen Schuldenerlass und damit eine unmittelbare Reduktion der Verschuldung vor.

Insgesamt wurden 46 Episoden von Schuldenerlässen zusammengefasst, welche die Verschuldung teils erheblich verringerten: Im Durchschnitt betrugen sie zwischen 16 bis 21 % des BIP bzw. zwischen 36 und 43 % der Auslandsverschuldung.

Der durchschnittliche Schuldenerlass betrug in der Zwischenkriegszeit 20.6 Prozent des BIP und bei Schwellenländern (1978–2010) 15.7 Prozent des BIP.

Die Forscher schätzen, wie sich die vier Schuldenerlässe (1931, 1934, 1986, 1990) auf die wirtschaftliche Entwicklung der betroffenen Staaten auswirkten. Dazu betrachten sie das reale Pro-Kopf Einkommen, ein Mass für die Kreditwürdigkeit (Länderkredit-Rating), sowie Schuldenstand und Schuldendienst. Sie vergleichen den Verlauf jener Grössen zwischen Staaten, die von Entschuldungsmassnahmen profitierten, mit jenen, die davon nicht betroffen waren, während jeweils fünf Jahren vor und nach dem Schuldenerlass.

Die Schätzungen für die Zwischenkriegszeit zeigen erhebliche Unterschiede. Das Hoover Moratorium 1931 sah lediglich eine Schuldenerleichterung vor und wirkte sich kaum signifikant auf die wirtschaftliche Entwicklung der betroffenen Staaten aus. Nach dem Schuldenerlass in Folge der Zahlungsausfälle von 18 Staaten im Sommer 1934 stieg hingegen das reale Wirtschaftswachstum um 4.7 Prozentpunkte pro Jahr. Nach fünf Jahren war das BIP dadurch um rund 20 % höher. Schuldendienst und Verschuldungsquote gingen tendenziell zurück, während sich die Kreditwürdigkeit gegenüber der Vergleichsgruppe verbesserte. Insgesamt deuten die Ergebnisse darauf hin, dass nur eine Schuldentilgung wie 1934 Wachstum und Nachhaltigkeit der verbleibenden Staatsschulden verbessern konnte. Ein vorübergehendes Moratorium, wodurch die Schuldenlast langfristig bestehen blieb, veränderte hingegen die wirtschaftliche Situation kaum.

Nach dem Zahlungsausfall 1934 mit anschliessendem Schuldenerlass nahm das reale Pro-Kopf-Wachstum in den betroffenen 18 Staaten um 4.7 Prozentpunkte pro Jahr zu.

Bei den Schwellenländern erkennen die Forscher ähnliche Trends, wie Abb. 1 illustriert. Sie zeigt die durchschnittliche Entwicklung des realen BIP von Staaten, die Hilfe erhalten haben, und von einer Vergleichsgruppe vor und nach den jeweiligen Initiativen. Das linke Diagramm deutet darauf hin, dass die Schuldenerleichterungen des Baker Plans 1986 das Wachstum in den teils hoch verschuldeten Krisenländern nicht erhöhen konnten. Die Staatsschuldenquote nahm sogar weiter zu, obwohl sich die Bonität verbesserte und der Schuldendienst zurückging. Zwar führte der Baker Plan zu einer Entlastung des Budgets,

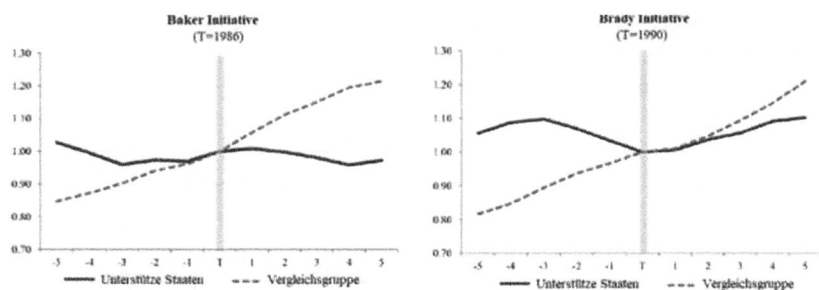

Abb. 1 Entwicklung des realen Pro-Kopfeinkommens jeweils 5 Jahre vor nach einer Schuldenerleichterung. (Quelle: Reinhart und Trebesch 2016, Abb. 9)

brachte aber kaum darüber hinausführende Verbesserungen mit sich. Dagegen macht das rechte Diagramm die Wirksamkeit der Brady Initiative 1990 deutlich, welche mit einem Schuldenerlass in den folgenden fünf Jahren mit einer um drei Prozentpunkte höheren Wachstumsrate einherging. Die Kreditwürdigkeit gemessen am Länderkredit-Rating verbesserte sich um 21 % nach zwei bzw. 40 % nach fünf Jahren.

Die Brady-Initiative 1990 sah Schuldenerlässe vor und steigerte in den betroffenen Staaten die reale Wachstumsrate um 3 Prozentpunkte pro Jahr. Die Kreditwürdigkeit verbesserte sich nach fünf Jahren um 40 Prozent.

Eine reine Umschuldung und Streckung der Zinslasten tragen wenig zur wirtschaftlichen Erholung überschuldeter Länder bei. Das Wachstum nimmt meist erst nach einem grossen Schuldenerlass wieder zu, wie z. B. in Folge der Brady-Initiative. Jedoch legen diese Ergebnisse keinesfalls den Schluss nahe, dass die Folgen anderer Formen von Schulderleichterungen quantitativ unwirksam gewesen wären. Fiskalische Einschnitte, Strukturreformen, finanzielle Repression und Inflation fanden in den betrachteten Fällen häufig gleichzeitig statt und haben oft wesentlich zur Beseitigung eines hohen Schuldenüberhangs beigetragen.

Wirtschaftlicher Wandel und gesellschaftliche Teilhabe: Ungleichheit und soziale Mobilität

Die Superstars der Firmen und die Lohnquote

Adrian Jäggi

Relevanz

Die Superstars unter den Firmen dominieren die Wirtschaft. Sie sind überaus innovativ, besetzen als Erste den Markt und erzielen überdurchschnittlich hohe Gewinnspannen. Mit viel Knowhow und einer hoch qualifizierten, aber sehr kleinen Belegschaft dominieren sie die Branchen und erzielen den Löwenanteil der Wertschöpfung. Die gesamtwirtschaftliche Lohnquote fällt, wenn sich die Wertschöpfung von den übrigen Unternehmen mit höherer Lohnquote zu den Superstars mit geringem Lohnanteil verschiebt. Gerade in den innovativsten Branchen sind die Konzentrationstendenzen und der Rückgang der Lohnquote am stärksten. Die Wettbewerbspolitik ist neu gefordert, um den richtigen Ertrag der Innovation zu sichern, aber übermässige Gewinne durch Ausnutzung von Marktmacht zulasten der Konsumenten zu verhindern und den Zutritt neuer Anbieter zu erleichtern.

Quelle

David Autor, David Dorn, Lawrence F. Katz, Christina Patterson und John Van Reenen (2017), The Fall of the Labor Share and the Rise of Superstar Firms, NBER Working Paper No. 23396.

A. Jäggi (✉)
Universität St.Gallen, St.Gallen, Schweiz
E-Mail: adrian.jaeggi@unisg.ch

© Der/die Autor(en) 2021
C. Keuschnigg und M. Kogler (Hrsg.), *Die Wirtschaft im Wandel*,
https://doi.org/10.1007/978-3-658-31735-5_23

Der Anteil des Faktors Arbeit am Bruttoinlandprodukt, die Lohnquote, war lange Zeit erstaunlich konstant. In den Industriestaaten erhielten die Arbeitnehmer typischerweise zwischen 60 und 70 % des erwirtschafteten Gesamteinkommens. Diese empirische Beobachtung galt denn auch lange als harte Konstante der Makroökonomie. Jedoch scheint diese Regelmässigkeit seit den 1980er Jahren nicht mehr zu halten. Vor allem in den USA ist ein Rückgang der Lohnquote gut dokumentiert. Dessen mögliche Ursachen prägen die laufenden Debatten. David Autor vom MIT und seine Koautoren (David Dorn, Lawrence F. Katz, Christina Patterson und John Van Reenen) sind in ihrer Studie den Gründen auf der Spur. Sie sehen die Ursache im Aufstieg von hoch produktiven „Superstar"-Firmen.

Durch Globalisierung und neue Technologien können Konsumenten aus einer grösseren Zahl verschiedener Produkte auswählen und diese einfacher vergleichen. Deshalb reagieren sie stärker auf Preis- und Qualitätsunterschiede. Der Wettbewerb wird schärfer. Nur mehr die Besten setzen sich durch. Hoch produktive Unternehmen, die „Superstar"-Firmen, profitieren davon und können zusätzliche Marktanteile gewinnen. Dies führt zu stärker konzentrierten Märkten und verschiebt Produktion und Wertschöpfung hin zu den „Superstar"-Firmen. Die Sieger räumen den Löwenanteil ab. Ihre Lohnquote ist aber meist niedrig. Mit innovativen Technologien und grossem Qualitätsvorsprung können sie weit überdurchschnittliche Gewinnmargen durchsetzen. Zudem ist ein Teil der Arbeitskosten typischerweise fix und nimmt im Verhältnis zu den Erlösen mit zunehmender Unternehmensgrösse ab. Grosse und produktive Unternehmen sind deshalb überaus profitabel und haben vergleichsweise geringe Arbeitskosten und eine wesentlich niedrigere Lohnquote. Wenn diese dank Globalisierung und technologischem Wandel ihre Marktanteile stark ausweiten und zunehmend die gesamte Wertschöpfung dominieren, geht die Lohnquote in den betroffenen Branchen zurück.

Aus diesen Überlegungen lassen sich empirisch überprüfbare Hypothesen ableiten: Wenn der Wettbewerb auf den Produktmärkten schärfer wird, dann steigt erstens die Marktkonzentration. Zweitens fällt die Lohnquote in jenen Branchen am meisten, in welchen die Marktkonzentration am stärksten gestiegen ist. Drittens geschieht der Rückgang der Lohnquote aufgrund der Verschiebung von Absatz und Produktion von den übrigen Unternehmen mit höherer Lohnquote zu den Superstar-Firmen mit geringerer Lohnquote, und weniger durch eine gleichmässige Abnahme der Lohnquote in allen Firmen. Und viertens ist die Umlenkung der Wertschöpfung in jenen Branchen am grössten, in welchen die Marktkonzentration am stärksten zunimmt.

Hoch produktive „Superstar"-Firmen dominieren zunehmend die Märkte und die gesamte Wertschöpfung. Da sie typischerweise eine deutlich niedrigere Lohnquote als andere Unternehmen haben, sinkt die gesamtwirtschaftliche Lohnquote.

Im Gegensatz zu früheren Studien nutzen die Wissenschaftler einen Datensatz mit detaillierten Informationen zu einer Vielzahl von Firmen. So können sie schätzen, inwieweit der branchenweite Rückgang der Lohnquote auf die Verschiebung von Produktion und Erlösen zu Unternehmen mit geringer Lohnquote zurückzuführen ist, im Gegensatz zu Veränderungen der Lohnquote innerhalb jedes Unternehmens. Dazu verwenden die Forscher hauptsächlich Daten aus den USA im Zeitraum 1982 bis 2012 mit Informationen zu den sechs Sektoren Einzel- und Grosshandel, Industrie, Dienstleistungen, Finanzdienstleistungen, sowie Energie und Verkehr. Diese bilden gemeinsam ungefähr 80 % der privaten Angestellten ab und umfassen 676 Branchen. Der Datensatz wird um Informationen aus verschiedenen OECD-Staaten ergänzt, um die Relevanz der in den USA beobachteten Entwicklungen für weitere Länder zu überprüfen.

Seit den 1970er Jahren ist die Lohnquote auf gesamtwirtschaftlicher Ebene in fast allen beobachteten OECD-Staaten um rund 5 bis 10 Prozentpunkte zurückgegangen. Für die USA ermöglichen die Daten zudem Rückschlüsse auf die Entwicklung in den einzelnen Sektoren. Nur in der Finanzbranche stieg die Lohnquote, gemessen am Anteil der Löhne an den Umsätzen. Alle anderen Sektoren verzeichnen spätestens seit den 2000er Jahren einen Abwärtstrend. In der verarbeitenden Industrie ist der Trend besonders ausgeprägt, wie Abb. 1 anhand verschiedener Masse illustriert.

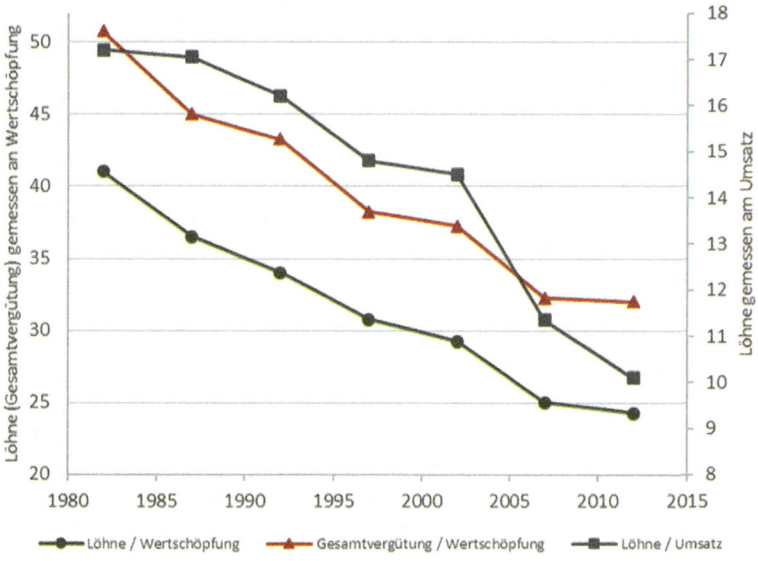

Abb. 1 Lohnquote in der verarbeitenden Industrie gemessen an Wertschöpfung (linke Achse) und Umsatz (rechte Achse). (Quelle: Autor u. a. 2017)

Zudem stellen die Autoren fest, dass sich die Marktanteile in vielen Branchen zunehmend auf vergleichsweise wenige, grosse Unternehmen konzentrieren. In der verarbeitenden Industrie ist die Marktkonzentration gemessen am Umsatz seit 1980 eindeutig gestiegen. Die vier grössten Firmen konnten ihren Anteil von 38 % auf fast 44 % steigern. Auch die zwanzig grössten Firmen haben ihren Anteil um zirka 5 Prozentpunkte auf 73 % ausgedehnt. Entscheidend ist, dass für die Konzentration anhand der Anzahl Mitarbeiter jedoch kein klarer Trend ersichtlich ist. Dies bedeutet, dass einige Unternehmen grosse Marktanteile gewinnen können, ohne dabei viele zusätzliche Arbeitskräfte anzustellen. Die übrigen fünf Sektoren zeigen einen ähnlichen oder teils sogar stärkeren Trend.

Um diese beiden Entwicklungen miteinander zu verbinden, schätzen die Forscher, wie sich eine Veränderung in der Marktkonzentration auf die Lohnquote in einer Branche auswirkt. Die Resultate sind eindeutig: Die Lohnquote fiel in jenen Branchen am stärksten, in welchen die Marktkonzentration (gemessen an Wertschöpfung oder Umsatz) am stärksten zugenommen hat. Sobald die Berechnung der Marktkonzentration auf die Anzahl der Angestellten anstatt den Umsatz abstellt, verschwindet der Effekt oder zeigt sogar in die entgegengesetzte Richtung. Diese Resultate für die verarbeitende Industrie gelten auch für die anderen fünf Sektoren. Dies zeigt, dass einige wenige Unternehmen mit einer eher kleinen Belegschaft hohe Umsätze und Marktanteile erzielen und die Branchen dominieren. Der Marktwert solcher „Superstar"-Firmen besteht meist aus geistigem Eigentum sowie wenigen hochqualifizierten Mitarbeitern. Google oder Facebook mögen als Beispiel dienen.

Um den Effekt zu quantifizieren, vergleichen die Forscher die tatsächliche Entwicklung der Lohnquote mit einem hypothetischen Verlauf, welchen sie unter der Annahme, dass die Marktkonzentration unverändert geblieben ist, schätzen. Aus diesen Berechnungen folgt, dass die steigende Marktkonzentration rund einen Drittel der Reduktion der Lohnquote in der Industrie seit 1997 erklärt. In den anderen Sektoren ist dieser Effekt sogar noch grösser.

> Die steigende Marktkonzentration ist für rund ein Drittel des Rückgangs der Lohnquote in der Industrie seit 1997 verantwortlich.

Damit ist der Zusammenhang zwischen dem Rückgang der Lohnquote und der zunehmenden Konzentration und Marktmacht hergestellt. Der genaue Mechanismus dahinter ist jedoch noch nicht klar. Die Autoren vermuten, dass hauptsächlich die Verschiebung von Wertschöpfung und Produktion hin zu den

„Superstar"-Firmen mit niedriger Lohnquote den Rückgang der durchschnittlichen Quote verursacht. Um diese Hypothese zu testen, zerlegen sie die Veränderung der Lohnquote in einer Branche in vier Bestandteile: Veränderung der Lohnquote innerhalb einer Firma (i), Veränderung durch Verschiebung zu anderen Firmen (ii), Veränderung durch verschwindende Unternehmen (iii), bzw. durch neu eintretende Firmen (iv). Die Forscher betrachten für die verarbeitende Industrie die Zeiträume 1982–1997 und 1997–2012, in welchen die Lohnquote um 10.35 respektive 6.15 Prozentpunkte zurückgegangen ist. In beiden Perioden sind hauptsächlich die Verschiebungen zwischen den Firmen für den Trend verantwortlich. Nach den Schätzungen sind 75 bis 80 % des beobachteten Rückgangs darauf zurückzuführen. Zwar verändert sich die Lohnquote auch innerhalb eines Unternehmens, das Ausmass ist jedoch deutlich kleiner im Vergleich zum Beitrag der Verschiebung zwischen den Firmen. Die beiden Komponenten für ausscheidende respektive neu eintretende Firmen tragen deutlich weniger zur Erklärung bei. Wird die Lohnquote anhand eines weiter gefassten Masses für die Vergütung der Arbeitnehmer gemessen, erklären die Umschichtungen zwischen den Unternehmen sogar 96 % des Rückgangs.

In Branchen mit zunehmender Marktkonzentration findet eine Umschichtung ökonomischer Aktivität hin zu Superstar-Firmen mit niedrigen Lohnquoten statt, welche zwischen 75 und 80 Prozent des Rückgangs der Lohnquote erklärt.

Abschliessend fragen die Autoren nach den Ursachen für die höhere Marktkonzentration. Sie verweisen auf die Rolle des technologischen Wandels und darauf, dass „Superstar"-Firmen typisch für High-Tech Industrien sind. Die innovativsten und schnellsten Unternehmen, die als Erste eine neue Innovation auf den Markt bringen, können überdurchschnittlich hohe Marktanteile besetzen und dominieren die Wertschöpfung der gesamten Branche. Tatsächlich stieg die Marktkonzentration in den F&E-intensivsten und innovativsten Branchen besonders deutlich an.

Zwar konzentriert sich die Studie auf die USA, wo die Datenlage am besten ist. Die Forscher präsentieren allerdings auch deskriptive Evidenz für weitere OECD-Staaten. Die dort beobachteten Entwicklungen sind ebenfalls konsistent mit ihrer Hypothese, dass der Aufstieg von „Superstar-Firmen" eine entscheidende Rolle für die fallende Lohnquote spielte.

Innovation, Ungleichheit und sozialer Aufstieg

Verena Maria Konzett

Relevanz

Innovation treibt das Wachstum, aber wenige erfolgreiche Unternehmer, Ingenieure und Forscher profitieren überdurchschnittlich stark. Gerade die erfolgreichsten Innovationen schaffen ungeahnte Vermögen und tragen zur Konzentration der Spitzeneinkommen bei. Gleichzeitig ist innovatives Unternehmertum eine grosse Chance für sozialen Aufstieg und verhindert eine Zementierung der Ungleichheit. Der Wettbewerb durch neue innovative Unternehmen fordert die etablierten Konzerne heraus und verhindert unverdiente Renteneinkommen. Innovative Unternehmensgründungen und die Beseitigung von Marktzutritts- und Wettbewerbsbarrieren fördern inklusives Wachstum, indem sie unproduktiven Vermögenskonzentrationen entgegenwirken.

Quelle

Aghion, Philippe, Ufuk Akcigit, Antonin Bergeaud, Richard Blundell und David Hemous (2019), Innovation and Top Income Inequality, Review of Economic Studies 86, 1–45.

Die Einkommensungleichheit hat während der letzten Jahrzehnte in den Industrieländern stark zugenommen. Doch bis heute konnte noch kein Konsens darüber erzielt werden, welche Faktoren hauptverantwortlich für diesen Anstieg sind. Ein Grund könnte in der immer wichtiger werdenden Rolle von Innovation in ent-

V. M. Konzett (✉)
Universität St.Gallen, St.Gallen, Schweiz
E-Mail: verena.konzett@student.unisg.ch

© Der/die Autor(en) 2021
C. Keuschnigg und M. Kogler (Hrsg.), *Die Wirtschaft im Wandel*,
https://doi.org/10.1007/978-3-658-31735-5_24

wickelten Volkswirtschaften liegen. Denn die Erträge von Innovationen sind stark konzentriert. Sie fallen zu einem grossen Teil wenigen Wissenschaftlern, Unternehmern oder Ingenieuren zu und steigern dadurch die Spitzeneinkommen überproportional. Das kann letztlich zu einer grösseren Einkommensungleichheit führen.

Ein Forscherteam um Philippe Aghion und Richard Blundell untersucht den Zusammenhang zwischen Innovation, Konzentration der Spitzeneinkommen und sozialer Mobilität in den USA. Die beschreibende Evidenz in Abb. 1 deutet auf einen positiven Zusammenhang zwischen der Innovationstätigkeit, gemessen an der Anzahl zitierter Patente, und dem Anteil der Spitzeneinkommen in den amerikanischen Bundesstaaten zwischen 1980 und 2005 hin. Zudem nahm die Ungleichheit besonders in jenen Berufen zu, die eng mit der Innovationstätigkeit zusammenhängen, wie Ingenieure, Unternehmer, Wissenschafter und Manager.

Die Wissenschafter entwickeln zuerst ein theoretisches Modell in der Tradition Joseph Schumpeters und seiner Idee der kreativen Zerstörung, um damit die wichtigsten Zusammenhänge zwischen Innovation, Ungleichheit und sozialer Mobilität zu erklären. Der Ansatz betont qualitätssteigernde Innovationen sowohl durch neu eintretende als auch durch bereits etablierte Unternehmen als zentralen Treiber wirtschaftlichen Wachstums. Daraus leiten sie drei Hypothesen ab, die sie empirisch überprüfen: Erstens erhöhen Innovationen die Spitzenein-

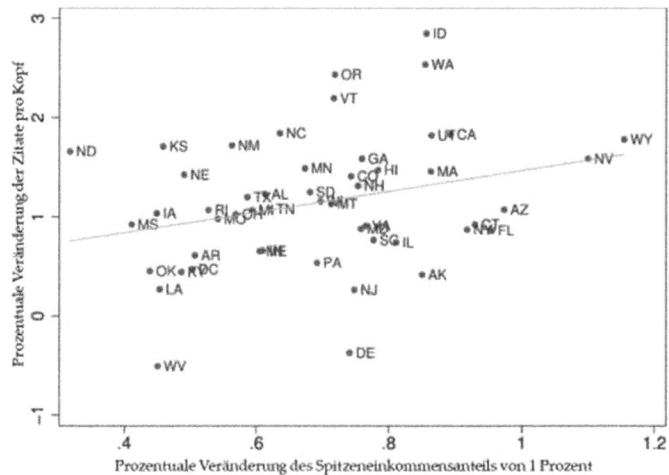

Abb. 1 Prozentuale Zunahme des Anteils der Top 1 % Einkommen in US-Bundesstaaten. (Quelle: Aghion u. a. 2019)

kommen überdurchschnittlich stark, wodurch die Einkommensungleichheit zunimmt. Zweitens verbessern Innovationen durch neu eintretende Unternehmen die soziale Mobilität, d. h. mehr Innovationen fördern den sozialen Aufstieg erfolgreicher Persönlichkeiten und greifen die Besitzstände der Etablierten an. Und drittens, eine Behinderung des Wettbewerbs durch Marktzutrittsbarrieren hemmt die soziale Mobilität und verringert damit auch den Einfluss von Innovationen durch neue Unternehmen auf die Ungleichheit.

Die Wissenschaftler überprüfen und quantifizieren diese Hypothesen mithilfe von Daten zur Einkommensverteilung und Innovationstätigkeit in den U.S. Bundesstaaten zwischen 1976 und 2009. Neben anderen Massen für Ungleichheit betrachten sie vorwiegend den Anteil der Top 1 % Verdiener am Gesamteinkommen des jeweiligen Bundesstaats. Die Anzahl von Patenten pro Kopf und Jahr misst den Umfang der Innovationstätigkeit. Dies ist lediglich ein grobes Mass, da es grosse Qualitätsunterschiede zwischen Patenten gibt. Daher berechnen sie Messgrössen für qualitätsangepasste Innovationen, indem sie beispielsweise jene Patente, die oft von anderen zitiert werden, stärker gewichten. Zudem berücksichtigen die Forscher weitere Faktoren, welche Innovationen und Spitzeneinkommen ebenfalls beeinflussen können, wie etwa die Beschäftigung im Finanzsektor, die Grösse des Staatssektors, die durchschnittlichen Einkommen oder die Steuerbelastung.

> Innovation und Einkommensanteil der Top 1 % Verdiener sind signifikant positiv korreliert. Der Zusammenhang zwischen Innovation und Einkommensverteilung über die gesamte Bevölkerung ist hingegen schwächer ausgeprägt.

Die empirischen Schätzungen deuten auf einen positiven Zusammenhang hin. Mehr Innovationen steigern den Einkommensanteil der Top 1 % der Spitzenverdiener unabhängig davon, wie genau Innovationen gemessen werden. Der Einfluss der qualitätsangepassten Patentzahl ist tendenziell grösser. Öfter zitierte Patente stellen eher jene echten Innovationen dar, welche besonders hohe Erträge abwerfen. Der Zusammenhang zwischen der Innovationsintensität und den umfassenderen Ungleichheitskennzahlen, wie z. B. dem oft verwendeten Gini-Koeffizienten, ist hingegen kaum signifikant oder sogar leicht negativ. Eine höhere Innovationsintensität verschärft die Ungleichheit vor allem dadurch, dass der Anteil der Top 1 % der Spitzeneinkommen überproportional stark steigt.

Zudem weisen die Forscher darauf hin, dass Innovationen sowohl durch neu eintretende als auch durch bereits etablierte Unternehmen positiv mit der Einkommensungleichheit zusammenhängen. Wenn jedoch die etablierten Unternehmen etwa durch Lobbying versuchen, den Zutritt neuer Konkurrenten zu erschweren, dann hat die Innovation durch neu eintretende Firmen eine schwächere Auswirkung auf die Einkommensungleichheit.

Im Durchschnitt aller Staaten und im Zeitraum zwischen 1980 und 2005 erklärt die Zunahme der Innovationen etwa 23 Prozent des Gesamtanstiegs im Einkommensanteil der Top 1 % Verdiener.

Die Forscher schätzen, dass ein Anstieg in der Anzahl der Patente pro Kopf um 1 % den Einkommensanteil der Top 1 % Verdiener um 0.22 % erhöht. Berücksichtigt man die Qualitätsunterschiede bei Patenten, ergibt sich ein ähnlicher Effekt. Zum Beispiel hat sich in Kalifornien zwischen 1980 und 2005 der Anteil der Spitzeneinkommen mehr als verdoppelt. Die empirischen Ergebnisse bedeuten, dass die Zunahme der Einkommenskonzentration zu etwa 29 % auf das Konto zunehmender Innovation geht. Im Durchschnitt aller Bundesstaaten erklären steigende Innovationen etwa 23 % des Anstiegs der Einkommensungleichheit. Dennoch unterschätzt die Analyse tendenziell die wahren Auswirkungen von Innovationen auf die Ungleichheit unter den Spitzeneinkommen. So können beispielsweise Erfinder in einen anderen Bundesstaat übersiedeln, wodurch die Innovationen dem einen, die Erträge daraus aber einem anderen Bundesstaat zugeordnet werden.

Innovation verbessert die Aufstiegschancen. Steigt die Anzahl der Patente um das 2.5-Fache, nimmt die Wahrscheinlichkeit, zu den 20 % der höchsten Einkommen aufzusteigen, um über 10 % zu.

Wie wirken sich Innovationen auf die soziale Mobilität und damit auf die Aufstiegschancen in der Gesellschaft aus? Dazu betrachten die Forscher die Wahrscheinlichkeit, im Alter von 30 Jahren ein Einkommen zu erzielen, das zu den höchsten 20 % zählt, wenn das Einkommen der Eltern zu den untersten 20 % zählte. Diese Aufstiegswahrscheinlichkeit beträgt durchschnittlich 9.6 %. Innovation kann die Aufstiegschancen signifikant verbessern. So steigt die Aufstiegswahrscheinlichkeit um 1.2 Prozentpunkte, wenn die Anzahl der Patente pro Kopf um das 2.5-Fache zunimmt, das heisst, sich mehr als verdoppelt. Allerdings haben nur Innovationen neu eintretender Unternehmen einen solchen Effekt, während Innovationen bestehender Firmen die soziale Mobilität nicht signifikant erhöhen. Im Gegenteil, wenn bestehende Firmen, z. B. mit Lobbying, Marktzutrittsbarrieren errichten und den Wettbewerb durch neue Konkurrenten behindern, dann verringern sie die Aufstiegschancen mittels innovativer Unternehmensgründungen.

Die Erträge erfolgreicher Innovationen fallen überwiegend wenigen Haushalten und Personen zu. Dadurch steigt der Anteil der Spitzenverdiener am Gesamteinkommen und die Ungleichheit nimmt zu. Gleichzeitig verbessern innovative Unternehmensgründungen, welche die etablierten Unternehmen herausfordern und bestehende Besitzstände im Sinne „kreativer Zerstörung" nach Schumpeter angreifen, die Aufstiegschancen in der Gesellschaft.

Mindern bessere Aufstiegschancen den Wunsch nach mehr Umverteilung?

Elisabeth Essbaumer

Relevanz
Zu starke Ungleichheit gefährdet den Zusammenhalt in der Gesellschaft. Die Politik soll möglichst allen eine angemessene Teilhabe am gemeinsamen Wohlstand sichern. Aber Ungleichheit unterliegt einem steten Wandel. Wer in jungen Jahren aus knappen Verhältnissen startet, mag nach erfolgreicher Karriere zu den Spitzenverdienern gehören. Und wer daran glaubt, bald selbst zu den Reichen zu gehören, hat womöglich weniger Verlangen danach, den eigenen Aufstieg mit progressiven Steuern und mehr Umverteilung zu erschweren. Wie weit klaffen Wahrnehmung und Wirklichkeit der Aufstiegschancen auseinander, und wie bestimmen die wahrgenommenen Aufstiegschancen die politische Unterstützung für mehr oder weniger Umverteilung?

Quelle
Alesina, Alberto, Stantcheva, Stefanie and Edoardo Teso (2018), Intergenerational Mobility and Preferences for Redistribution, American Economic Review 108(2), 521–554.

Traditionell zeigen sich Amerikaner eher skeptisch, was staatliche Umverteilung betrifft. Der Nobelpreisträger John Steinbeck begründete dies einst mit dem ungebrochenen Glauben der armen Amerikaner, vielleicht bald selbst Millionär zu sein. Die Ökonomen Alberto Alesina, Stefanie Stantcheva und Edoardo Teso

E. Essbaumer (✉)
Universität St.Gallen, St.Gallen, Schweiz
E-Mail: elisabeth.essbaumer@unisg.ch

© Der/die Autor(en) 2021
C. Keuschnigg und M. Kogler (Hrsg.), *Die Wirtschaft im Wandel,*
https://doi.org/10.1007/978-3-658-31735-5_25

von der Universität Harvard gehen dieser Frage nach: Sind die Menschen bereit, mehr Ungleichheit hinzunehmen, wenn sie an ihren eigenen sozialen Aufstieg glauben? Und wie sehr unterscheiden sich die Amerikaner und ihre Kultur des *American Dream* von den Europäern?

Die Forscher stützen sich auf eine Befragung von über 12'000 Teilnehmern aus den USA, Frankreich, Italien, Schweden und Großbritannien. Die Teilnehmer wurden befragt, wie sie soziale Mobilität wahrnehmen und ihre Aufstiegschancen in der Gesellschaft einschätzen. Besonderes Augenmerk richten die Forscher auf die Aufstiegsmöglichkeiten von Kindern aus Familien mit niedrigem Einkommen. Wie viele Kinder der ärmsten 20 % einer Gesellschaft schaffen es in ihrem Erwachsenenleben, zu den reichsten 20 % ihrer Generation vorzustoßen? Und wie viele können ihre Situation nicht verbessern und gehören auch später zu den ärmsten Familien? Die Wissenschaftler vergleichen die individuell wahrgenommenen Aufstiegschancen mit dem tatsächlich gemessenen Erfolg.

Die Amerikaner sind optimistisch. Abb. 1 zeigt, dass die Teilnehmer aus den USA ihre Aufstiegschancen im Durchschnitt überschätzen, während jene aus europäischen Staaten diese meist unterschätzen. Die linke Seite vergleicht die wahrgenommene Wahrscheinlichkeit, dass Kinder am unteren Ende der Einkommensverteilung bleiben, mit der tatsächlichen Erfolgsrate. In Frankreich glaubt man beispielsweise, dass 35 von 100 Kindern der ärmsten Familien auch später selbst zu den ärmsten Familien zählen werden. Tatsächlich ist dies aber nur bei 29 Kindern der Fall. Die Franzosen überschätzen also das Risiko, dass Kinder aus der untersten Einkommensgruppe auch im Erwachsenalter dort verbleiben. Sie schätzen ihre Aufstiegschancen pessimistisch ein.

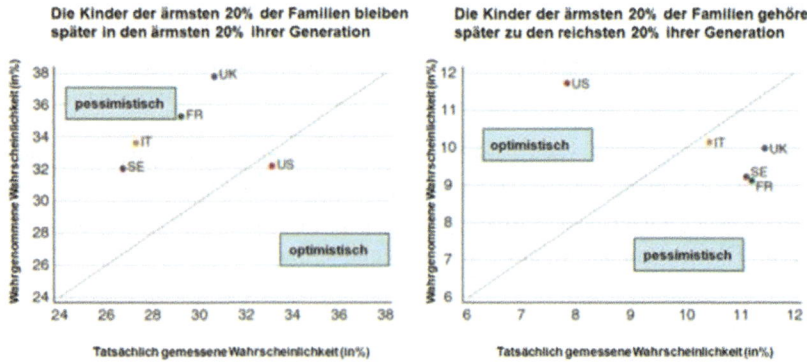

Abb. 1 Soziale Mobilität – Wahrnehmung und Realität. (Eigene Darstellung nach Alesina u. a. 2018)

Nur die Teilnehmer aus den USA zeigen sich optimistisch und schätzen ihre Aufstiegschancen deutlich höher ein, als sie in Wirklichkeit sind. Die rechte Seite von Abb. 1 vergleicht Wahrnehmung und Realität des *American Dreams*. Die Befragten geben an, dass es in den USA etwa zwölf von 100 Kindern gelingt, im Laufe ihres Lebens von den ärmsten zu den reichsten 20 % aufzusteigen. Tatsächlich schaffen es nur acht Kinder, das ist um ein Drittel weniger. Die europäischen Teilnehmer unterschätzen hingegen die Möglichkeiten.

> Die U.S. Amerikaner überschätzen ihre Aufstiegschancen und glauben, dass es zwölf von 100 Kindern aus den ärmsten Familien in die Top 20 % schaffen. Tatsächlich sind es nur acht von 100. Die Europäer unterschätzen dagegen ihre Möglichkeiten.

Die pessimistische Einschätzung sozialer Mobilität der Europäer im Vergleich zu den Amerikanern könnte mit unterschiedlichen historischen Erfahrungen zusammenhängen. Europa war lange Zeit durch feudale Strukturen geprägt, in denen gesellschaftliche Positionen schon bei Geburt unveränderlich bestimmt waren. Die Vereinigten Staaten wurden hingegen von Einwanderern gegründet, die ihre Heimat oft verließen, um sich wirtschaftlich zu verbessern. Dieses Bild des *American Dreams* wird in den USA auch heute stark in Politik und Medien kultiviert, während in den europäischen Staaten kein vergleichbares Leitmotiv existiert.

In einem weiteren Schritt analysieren die Forscher, welche Gruppen die Aufstiegschancen besonders optimistisch oder pessimistisch bewerten. Die politische Einstellung der Befragten spielt dabei eine wichtige Rolle: Jemand, der politisch links orientiert ist, schätzt die Aufstiegsmöglichkeiten nachweisbar pessimistischer ein als jemand, der politisch rechts steht. Unabhängig von ihrer politischen Überzeugung stimmen die Teilnehmer aber darin überein, dass harte Arbeit und Anstrengung einen ökonomisch schwachen Familienhintergrund nicht ganz ausgleichen können.

In den USA schätzen auch Frauen, Eltern, Teilnehmer mit niedrigem Einkommen, Personen ohne höhere Schulbildung sowie Afroamerikaner ihre Möglichkeiten tendenziell zu optimistisch ein. Selbst in den Bundesstaaten mit vergleichsweise geringer sozialer Mobilität schätzen die Teilnehmer ihre Aufstiegschancen als besonders positiv ein.

Die Befragung ergibt auch ein Meinungsbild über die wahrgenommene Fairness im jeweiligen Land. Beispielsweise stimmen insgesamt etwa 50 % der befragten Amerikaner der Aussage zu, dass ihr Wirtschaftssystem fair sei. 53 % geben an, dass jeder eine Chance auf Erfolg habe. Der Glauben an gute Aufstiegschancen geht mit einer günstigen Einschätzung der Fairness im Land einher. Die Schweden sind bezüglich ihrer Aufstiegschancen pessimistischer, aber 65 % schätzen ihr System als fair ein. Die Studie weist darauf hin, dass schwedische Teilnehmer diese Fairness auch als Ergebnis ihres Wohlfahrtsstaates ansehen könnten, amerikanische Teilnehmer eher als Ergebnis des Marktes. In Italien und Frankreich hingegen bewerten nur 10 bzw. 19 % der Befragten das Wirtschaftssystem als fair. Generell äußern sich politisch links orientierte Teilnehmer kritischer hinsichtlich der empfundenen Fairness.

> 53 % der Amerikaner und 65 % der Schweden bewerten ihr Gesellschaftssystem als fair. In Italien sind es nur 10 % der Befragten, in Frankreich 19 %.

Die Wahrnehmung sozialer Mobilität beeinflusst auch die Bewertung sozial- und wirtschaftspolitischer Maßnahmen wie z. B. Ausgaben für Bildung und Gesundheit, welche die Chancengleichheit erhöhen sollen, sowie staatliche Umverteilung durch soziale Sicherungssysteme und Steuern. Letztere sollen die Einkommensungleichheit der Haushalte verringern. Auf der Ausgabenseite fällt die Zustimmung zu Politikmaßnahmen höher aus, wenn die Aufstiegschancen als gering eingeschätzt werden. Der gewünschte Anteil der Ausgaben für Bildung und Gesundheit am Staatshaushalt steigt im Vergleich zum tatsächlichen Ausgabenanteil um etwa 0,75 Prozentpunkte, wenn die Aufstiegschancen in der untersten Einkommensgruppe sinken und um 25 Prozentpunkte mehr in ihrer Situation verharren. Schlechte Aufstiegschancen gehen auch mit einer höheren Wertschätzung der Ausgaben für soziale Sicherungssysteme einher. Wenn beispielsweise in Frankreich von 100 Kindern nicht 8, sondern 33 (also um 25 mehr) in der untersten Einkommensgruppe stecken bleiben, würde demnach der gewünschte Anteil der Sozialausgaben im Staatshaushalt um 0,5 Prozentpunkte steigen.

> Geringere Aufstiegschancen steigern den Wunsch nach höheren Sozialausgaben. Wenn in der untersten Einkommensgruppe um 25 Prozentpunkte mehr im Status Quo verharren, steigt der bevorzugte Anteil der Sozialausgaben im Staatshaushalt um 0,5 Prozentpunkte.

Konservative und politisch eher rechts orientierte Teilnehmer lehnen meist eine stärkere Umverteilung über Steuern ab, unabhängig von den gegebenen Aufstiegsmöglichkeiten. Außerdem ist es für diese Gruppe besonders wichtig, ob jemand durch eigene Anstrengung und harte Arbeit in eine höhere Einkommensklasse gelangen kann. Nur wenn unter großer eigener Anstrengung ein Aufstieg nicht möglich wäre, würden konservative Befragungsteilnehmer auch höhere Steuern unterstützen. Überraschenderweise sprechen sich Konservative in diesem Fall nicht für eine höhere Besteuerung der Top 1 % der Einkommen aus, sondern für eine höhere Besteuerung der unteren 50 % der Einkommen. Im Vergleich zum aktuell geltenden durchschnittlichen Steuersatz befürworten nach den Ergebnissen der Studie eine Anhebung um 1,9 Prozentpunkte.

> Können Kinder trotz eigener Anstrengung nicht aufsteigen, unterstützen auch Konservative eine Anhebung des Einkommensteuersatzes um etwa 1,9 Prozentpunkte. Allerdings soll laut Befragung die Steuererhöhung nur die unteren 50% der Einkommen treffen, nicht aber die Top 1 %.

Insgesamt wird soziale Mobilität über alle Ländergrenzen hinweg als entscheidend für eine Gesellschaft angesehen. Werden die Aufstiegschancen als gering wahrgenommen, verstärkt dies bei der politischen Linken die ohnehin höhere Bereitschaft, staatliche Ausgaben für die Erhöhung der Chancengleichheit zu unterstützten. Bei konservativen und politisch eher rechts orientierten Personen bleibt die Bereitschaft zu höheren Staatsausgaben gering, womöglich weil sie den Staat tendenziell als Problem und nicht als Lösung betrachten.

Wenn Frauen mehr als ihre Männer verdienen

Roberta Maria Koch

Relevanz

Die Frauen haben aufgeholt. Die steigenden Löhne der Frauen und ihre zunehmende Erwerbstätigkeit zeigen ihre wachsende Bedeutung in Wirtschaft und Gesellschaft. Der Trend setzt sich in den Familien fort. Die Familien, in denen die Frauen sich im Beitrag zum Familieneinkommen den Männern annähern, werden immer häufiger. Sobald jedoch die Frauen mehr als ihre Männer verdienen, nimmt der Anteil dieser Haushalte in der gesamten Bevölkerung schlagartig ab. Auch die Scheidungsraten nehmen in dieser Konstellation zu. Hoch qualifizierte Frauen machen bisweilen kostspielige Kompromisse, um Konflikten auszuweichen. Es scheint schwierig, mit traditionellen Rollenbildern zu brechen. Diesen Prozess zu beschleunigen, würde nicht nur der Qualität des Familienlebens nützen, sondern auch Wirtschaft und Gesellschaft zugutekommen.

Quelle

Marianne Bertrand, Emir Kamenica und Jessica Pan (2015), Gender Identity and Relative Income Within Households, Quarterly Journal of Economics 130(2), 571–614.

Frauen verdienen im Durchschnitt deutlich weniger als Männer. Dies trifft nicht nur auf die Schweiz zu, sondern zeigt sich in praktisch allen Ländern. Eine mögliche Erklärung für diese Ungleichheit sind soziale Normen hinsichtlich der

R. M. Koch (✉)
Universität St.Gallen, St.Gallen, Schweiz
E-Mail: robertamaria.koch@student.unisg.ch

© Der/die Autor(en) 2021
C. Keuschnigg und M. Kogler (Hrsg.), *Die Wirtschaft im Wandel*,
https://doi.org/10.1007/978-3-658-31735-5_26

163

Geschlechterrollen. Diese teilen Frauen wie Männern bestimmte Verhaltensweisen, Eigenschaften und Aufgaben zu. Der Mann geht zur Arbeit, die Frau sorgt für Kinder und Haushalt. Diese klassische Rollenverteilung ist auch in Zeiten der Me-Too-Debatte und weltweiten Frauenmärschen weitverbreitet. Doch was passiert, wenn Frauen beruflich erfolgreicher sind als ihre Ehemänner und, entgegen ihrem traditionellen Rollenbild, zur Hauptverdienerin der Familie aufsteigen?

Obwohl Frauen nach wie vor für die gleiche Arbeit oft weniger verdienen als ihre männlichen Kollegen, ist die Lohndifferenz während der letzten Jahrzehnte gesunken. Im selben Zeitfenster nahm jedoch auch die Heiratsquote deutlich ab. Motiviert durch diese Entwicklung gingen Marianne Bertrand, Emir Kamenica und Jessica Pan der Frage nach, welche Auswirkungen es haben kann, wenn die Frau die Hauptverdienerin eines Haushalts ist. Zur Beantwortung dieser Frage verwendeten die drei Ökonominnen und Ökonomen der University of Chicago Daten aus den USA in den Jahren 1970–2000 und 2008–2011.

Abb. 1 illustriert die Ausgangslage: Sie zeigt die Verteilung der Haushalte, ansteigend nach dem Einkommensanteil der Frauen in der Familie, zwischen 1990 und 2011. Berücksichtigt wurden ausschliesslich Haushalte, in denen beide Ehepartner berufstätig sind. Die horizontale Achse reiht die Haushalte nach dem Anteil, welchen die Ehefrau zum gesamten Haushaltseinkommen beisteuert. Die Punkte zeigen den Anteil von Ehepaaren, welche den jeweiligen Einkommensanteil der Frau aufweisen. Zum Beispiel sind es knapp 10 % der Haushalte, in denen die Frau 40 % des Familieneinkommens verdient.

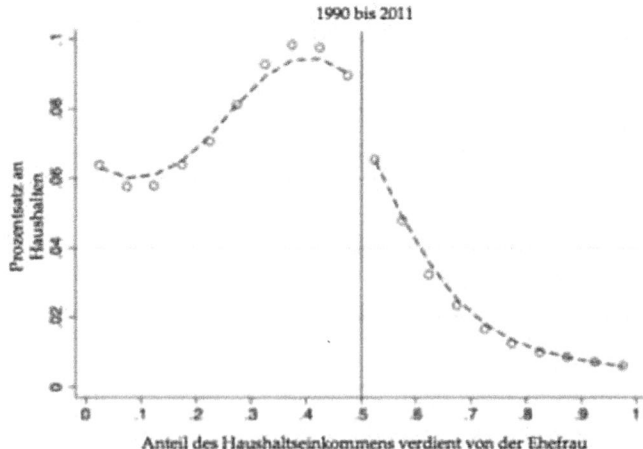

Abb. 1 Verteilung des relativen Haushaltseinkommens. (Quelle: Bertrand u. a. 2015)

Die vertikale Linie hebt den Anteil der Haushalte hervor, bei welchem beide Partner gleich viel verdienen und somit jeweils die Hälfte zum Haushaltseinkommen beitragen. Deutlich erkennbar ist ein Bruch in der Verteilung, sobald die Frauen die Schwelle von 50 % des Familieneinkommens übertreffen: Der Anteil der Haushalte sinkt schlagartig, sobald die Ehefrau mehr verdient als der Mann. Die Daten weisen beim Überschreiten dieser Schwelle einen Rückgang von 13.6 % auf. Dieser ist in allen untersuchten Jahren sichtbar, doch das Ausmass des Rückgangs hat sich in den letzten Jahrzehnten verringert. So belief sich dieser Sprung in den 80er-Jahren noch auf über ein Viertel. Im Zeitraum von 2008 bis 2011 fiel der Anteil der Haushalte beim Überschreiten dieses Verdienstanteils nur noch um rund 10 %. Immer mehr Frauen werden zur Hauptverdienerin der Familie.

Der Anteil der Haushalte steigt, in denen die Frauen zu den Männern aufholen und einen wachsenden Anteil des Familieneinkommens beisteuern. Sobald jedoch die Frau besser verdient als ihr Ehemann, geht der Anteil dieser Haushalte stark zurück. Über die Jahrzehnte hinweg hat sich das Ausmass des Rückgangs jedoch verringert. Immer mehr Frauen werden zur Hauptverdienerin der Familie.

Der Bruch in der Verteilung besteht auch bei Paaren ohne Kinder, ist aber bei Familien mit Kindern stärker ausgeprägt. Auch die Dauer der Ehe hat einen Einfluss darauf, um wie viele Prozentpunkte der Anteil der Haushalte abnimmt, wenn die Ehefrau mehr verdient als ihr Mann. Je frischer die Eheschliessung, umso schwächer fällt der Sprung aus. Bei Paaren, welche nicht länger als ein Jahr verheiratet sind, beträgt der Rückgang 8.4 %. Paare, welche seit 2 bis 5 Jahren verheiratet sind, weisen einen Rückgang von 10.1 % auf. Unter allen Paaren, die zwischen 6 und 10 Jahren verheiratet sind, geht der Anteil der Paare um ganze 12.9 % auf, sobald die Frau mehr als die Hälfte zum Familieneinkommen beisteuert.

In den letzten Jahrzehnten stiegen die Löhne der Frauen stetig an. Der Gehaltsunterschied zu den Männern ging zurück. Gleichzeitig nahm die Heiratsquote ab. Die Studienautoren vermuten einen Zusammenhang zwischen diesen beiden Entwicklungen. Im Beobachtungszeitraum stieg die Wahrscheinlichkeit, dass eine zufällig ausgewählte Frau mehr verdient als ein zufällig ausgewählter Mann, von 17–20 % auf rund ein Drittel im Jahr 2010. Die Wahrscheinlichkeit ist wesentlich grösser geworden, dass die Einkommensverteilung innerhalb eines Haushalts dem traditionellen Rollenbild widerspricht, wonach der Ehemann Hauptverdiener ist. Die Schätzungen der Wissenschaftler zeigen, dass dieser relative Lohnanstieg der Frauen rund 29 % des Rückgangs der Heiratsrate von 1980 bis 2010 erklären kann.

Der Lohnanstieg der Frauen im Vergleich zu Männern kann rund 29 Prozent des Rückgangs der Heiratsrate im Zeitraum von 1980 bis 2010 erklären.

Wie reagieren Ehefrauen darauf, dass ihr relativer Lohnzuwachs die traditionelle Rollenverteilung infrage stellt? Die Frauenerwerbsquote in den USA, welche 1970 nur bei 43 % lag, hat deutlich zugenommen, jedoch stagniert sie seit Mitte der 1990er Jahre bei knapp 75 %. Die Studienautoren argumentieren, dass Geschlechterrollen zumindest teilweise für diese Stagnation verantwortlich sind. Manche Frauen, deren potenzielles Einkommen jenes ihres Mannes übertrifft, entschliessen sich sogar, ihre Erwerbstätigkeit zu verringern oder ganz aufzugeben. Steigt die Wahrscheinlichkeit, dass die Frau mehr verdient als ihr Ehemann, um zehn Prozentpunkte, dann sinkt die Wahrscheinlichkeit, dass sie einer Erwerbstätigkeit nachgeht, um rund 1.4 Prozentpunkte bzw. um zwei Prozent. Insgesamt schliessen Bertrand und ihre Koautoren daraus, dass verheiratete Frauen teilweise bewusst nicht arbeiten, um nicht zur Hauptverdienerin des Haushalts aufzusteigen. Dieses Verhalten ist besonders bei Paaren mit niedriger Bildung zu beobachten. Einkommensverzicht oder gar der Ausstieg der Frau aus dem Arbeitsmarkt sind äusserst kostspielige Verhaltensweisen, um die traditionelle Rollenverteilung zu bewahren.

> Manche Frauen ziehen sich bewusst aus der Erwerbstätigkeit zurück, um nicht die Haupternährerin der Familie zu sein. Eine um zehn Prozentpunkte höhere Wahrscheinlichkeit, dass die Frau mehr verdient als ihr Mann, reduziert die Wahrscheinlichkeit ihrer Erwerbstätigkeit um rund zwei Prozent.

Dennoch kommt es immer öfter vor, dass Frauen mehr verdienen als ihre Ehemänner. Im Jahr 2010 traf dies auf 27 % der Ehepaare in den USA (18–65 Jahre) zu. In diesem Fall könnten Frauen versucht sein, die „Verletzung" der traditionellen Geschlechterrolle dadurch zu kompensieren, dass sie mehr Hausarbeit leisten als ihre Ehemänner, selbst wenn letztere deutlich weniger verdienen. Die empirischen Ergebnisse zeigen tatsächlich, dass das Geschlechtergefälle bei der Hausarbeit stärker zu Ungunsten der Frauen ausfällt, wenn sie ihre Männer im Verdienst übertreffen.

Dies könnte nach Bertrand, Kamenica und Pan einer der Gründe sein, weshalb Paare mit der Frau als Hauptverdienerin öfter Eheprobleme aufweisen bzw. sich öfter scheiden lassen. Wenn die Frau neben ihrer Erwerbstätigkeit auch noch einen Grossteil der Hausarbeit auf sich nimmt, ist sie stärker belastet. Die Qualität der Ehe leidet in dieser Situation. Die Schätzungen ergeben: Wenn die Frau vor zwei Jahren mehr verdient hat als der Mann, liegt die Wahrscheinlichkeit einer Scheidung um rund ein Viertel höher als in den klassischen Fällen mit den Männern als Hauptverdiener.

Insgesamt zeigt die Studie, welchen nicht zu unterschätzenden Einfluss soziale Geschlechternormen auf die Verteilung des Einkommens innerhalb eines

Haushalts sowie auf die Erwerbstätigkeit von Frauen und auf die Qualität des Zusammenlebens haben können. Die Löhne für Frauen sind in den letzten Jahrzehnten deutlich angestiegen. Geschlechterrollen und Verhaltensweisen passen sich dagegen nur langsam an. Die Starrheit der sozialen Normen ist schwierig zu überwinden und bringt hohe Kosten sowohl für die Eheleute wie auch für die Gesellschaft als Ganzes mit sich.

Kleiner Kredit mit grosser Wirkung?

Arnaud Schuele

Relevanz

Wohlstand entsteht aus Arbeit, Investition und Unternehmertum. Aber wo Armut herrscht, scheitert der Traum vom Aufstieg allzu oft an der Finanzierung, gerade in den Entwicklungsländern. Kleine Kredite könnten grosse Wirkung haben und eine nachhaltige Entwicklung anstossen. Die Realität der Mikrofinanz ist allerdings weniger beeindruckend und lässt zweifeln, dass es allein mit der Bereitstellung von Krediten getan ist. Vielleicht braucht es vorher mehr Bildung, Unternehmergeist und eine Änderung der Rollenbilder, damit nachher die Mikrofinanz bessere Ergebnisse zeitigen kann?

Quelle

Banerjee, A., E. Duflo, R. Glennerster und C. Kinnan (2015), The Miracle of Microfinance? Evidence from a Randomized Evaluation, American Economic Journal: Applied Economics 7, pp.22–54.

Mikrokredite weckten grosse Hoffnungen auf eine schnelle Armutsbekämpfung in Entwicklungsländern. Im Jahr 2006 wurde Mohammad Yunus, dem Pionier der Mikrofinanz, der Friedensnobelpreis verliehen. Allerdings gibt es keine ungeteilte Zustimmung. Kritiker bemängeln etwa, dass Banken auf Kosten der armen Bevölkerung hohe Gewinne erwirtschaften, und verweisen beispielsweise auf

A. Schuele (✉)
Universität St.Gallen, St.Gallen, Schweiz
E-Mail: arnaud.schuele@student.unisg.ch

© Der/die Autor(en) 2021   169
C. Keuschnigg und M. Kogler (Hrsg.), *Die Wirtschaft im Wandel*,
https://doi.org/10.1007/978-3-658-31735-5_27

erhöhte Selbstmordraten aufgrund von Überschuldung in Indien. Die Diskussion, welche Rolle Mikrokredite in der Armutsbekämpfung spielen können, leidet jedoch unter einem Mangel wissenschaftlicher Evidenz. Denn oft werden Mikrokreditbanken nicht zufällig in einem Dorf oder Viertel tätig. Wenn sie vorwiegend Gegenden mit vielen tatkräftigen Personen aussuchen, dann mag der Erfolg der Mikrofinanz weniger mit der Bereitstellung von Krediten, sondern eher mit den besseren unternehmerischen Talenten ihrer Kunden zusammenhängen. Blosse Anekdoten über erfolgreiche Unternehmer oder hoch verschuldete Kreditnehmer sagen noch wenig über die ursächlichen Folgen der Kreditvergabe aus.

Kann ein einfacherer Zugang zu Mikrokrediten tatsächlich die wirtschaftliche und soziale Lage der kreditnehmenden Haushalte verbessern? Diese Frage untersucht ein Forscherteam rund um die Entwicklungsökonomen Esther Duflo und Abhijit Banerjee vom Massachusetts Institute of Technology (MIT), welche 2019 für ihre Arbeiten zur globalen Armutsbekämpfung den Wirtschaftsnobelpreis erhielten. Sie verwenden dazu einen experimentellen Ansatz, mit dem sie einen weitgehend unverzerrten Effekt von Mikrokrediten herausfiltern können.

Zu diesem Zweck führten sie 2005 in Zusammenarbeit mit der indischen Mikrokreditbank *Spandana* ein kontrolliertes Experiment durch. Jene Bank eröffnete in 52 von 104 zufällig ausgewählten Armenvierteln von Hyderabad, der fünftgrössten Stadt Indiens, neue Niederlassungen. Damit wurden Mikrokredite in jenen Vierteln einfacher verfügbar. Sie wurden explizit an Frauen vergeben, die sich dadurch selbstständig machen oder einen eigenen Betrieb aufbauen konnten. Danach befragten die Forscher 6'850 Haushalte in einem Zeitraum von drei Jahren, um die kurz- und mittelfristigen Auswirkungen der Kreditvergabe auf wirtschaftliche (z. B. Konsum, Einkommen, unternehmerische Tätigkeit) und soziale Indikatoren (z. B. Bildung, gesellschaftliche Stellung der Frau) zu erfassen.

Wie wurden die Mikrokredite angenommen? Zunächst zeigen die Forscher, dass die Kreditaufnahme signifikant anstieg. In jenen Vierteln, wo eine neue Niederlassung eröffnet wurde, hatten 15 bis 18 Monate nach dem Start des Experiments 26.7 % aller befragten Frauen einen Mikrokredit aufgenommen. Obwohl nur knapp mehr als ein Viertel der Frauen einen Mikrokredit aufnahmen, war ihr Anteil um 8.4 Prozentpunkte oder 46 % höher als in Vierteln ohne eigene Niederlassung der Bank (18.3 %). Der langfristige Effekt nach zwei Jahren fiel jedoch geringer aus. Zudem zeigte sich, dass Mikrokredite in erster Linie bestehende Finanzierungen z. B. aus informellen Quellen wie Familie oder lokalen Geldverleihern ersetzten. Solche Finanzierungen nahmen um 5.2 Prozentpunkte ab, sodass der verbesserte Zugang zu Mikrokrediten das gesamte Kreditvolumen nicht signifikant erhöhte.

15 bis 18 Monate nach Eröffnung einer neuen Niederlassung nahm die Aufnahme von Mikrokrediten durch Frauen um 8.4 Prozentpunkte zu. Gleichzeitig ging das Volumen anderer Finanzierungsformen zurück.

Mikrokredite sollen vor allem die selbstständige Erwerbstätigkeit sowie die Gründung von Kleinunternehmen fördern. Tatsächlich beobachten Esther Duflo und ihre Ko-Autoren einen Anstieg von Unternehmensgründungen, und zwar fast nur bei Frauen. Im Vergleich zu den Vierteln ohne neue Bankniederlassung nahm die Zahl von Unternehmensgründungen durch Frauen um rund 55 % zu. Allerdings waren die Neugründungen im Durchschnitt kaum profitabel und hatten weniger Mitarbeiter. So beschäftigte nur rund eines von neun der neuen, mit Mikrokrediten finanzierten Unternehmen einen externen Mitarbeiter. Oft handelte es sich um Kleinstbetriebe.

Der verbesserte Zugang zu Mikrokrediten steigerte die Unternehmensgründungen durch Frauen um 55 Prozent. Allerdings beschäftigten die neuen Kleinstbetriebe kaum externe Mitarbeiter.

Die Forscher untersuchen nicht nur, wie sich Mikrofinanzierungen auf Neu-gründungen auswirken, sondern auch, inwieweit bereits bestehende Unternehmen davon profitieren. Zwar zeigt sich ein Anstieg bei Investitionen und Betriebsein-kommen. Im Durchschnitt verdoppelten sich die Gewinne sogar. Bei genauerer Betrachtung wird jedoch deutlich, dass nur jene Unternehmen, die bereits zuvor zu den profitabelsten zählten, ihre Gewinne steigern konnten. Bei allen anderen nahmen die Gewinne hingegen nicht signifikant zu. Ebenso stieg die Mitarbeiter-zahl bei bereits bestehenden Unternehmen nicht signifikant an. Abb. 1 illustriert den Gewinnanstieg aufgrund des vereinfachten Zugangs zu Mikrokrediten geordnet nach der Profitabilität der Unternehmen. Demnach erhöhen Mikro-kredite nur dann die Gewinne von bestehenden Unternehmen, wenn diese bereits zuvor besonders profitabel waren.

Nur jene fünf Prozent der bestehenden Unternehmen mit den höchsten Gewinnen konnten durch den Zugang zu Mikrokrediten ihre Gewinne steigern.

Zwar dienen Mikrokredite in erster Linie der Finanzierung unternehmerischer Tätigkeit. Ihr eigentlicher Zweck besteht aber darin, die wirtschaftliche und soziale Lage der Haushalte zu verbessern und so letztlich zur Armutsbekämpfung beizutragen. Die vorliegende Studie weckt aber Zweifel daran: So nimmt der monatliche Pro-Kopf Konsum eines Haushalts durch den einfacheren Kredit-

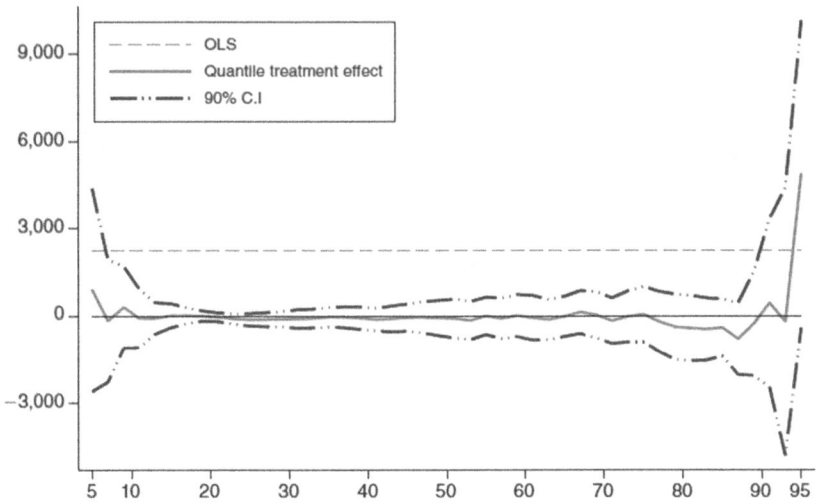

Abb. 1 Effekt der Mikrokredite auf Unternehmensgewinne (Quelle: Banerjee u. a. 2015)

zugang nicht signifikant zu. Es zeigt sich aber eine Verschiebung der Konsum-struktur von einfachen Konsumgütern zu dauerhaften Gebrauchsgütern, welche zuvor nicht leistbar waren. So steigen die Ausgaben für Gebrauchsgüter um rund 17 %. Dieser Anstieg wurde durch Mehrarbeit im eigenen Betrieb – die Forscher schätzen mehr als drei zusätzliche Arbeitsstunden pro Woche – und geringere Ausgaben für laufende Verbrauchsgüter finanziert.

Schliesslich kann die Studie kaum Evidenz dafür aufdecken, dass der Zugang zur Mikrofinanz einen entscheidenden Einfluss auf die soziale Lage eines Haus-halts hat. Obwohl Mikrokredite explizit an Frauen vergeben werden, verbessert sich ihre gesellschaftliche Stellung dadurch nicht. Ebenso fanden die Forscher keine signifikanten Auswirkungen auf den Anteil der Kinder und Jugendlichen, die eine Schule besuchen, sowie auf die Kinderarbeit gemessen an den Arbeits-stunden von 5- bis 15-Jährigen.

Mikrokredite tragen nicht entscheidend zu höherem Konsum sowie zu mehr Geschlechtergerechtigkeit, besserer Bildung, und weniger Kinderarbeit bei.

Die Ergebnisse der Studie regen zu einem Umdenken über die Rolle der Mikrofinanz an. Die Nachfrage nach solchen Krediten bleibt vergleichsweise gering. Nur gut ein Viertel der potenziellen Schuldner nimmt tatsächlich einen Kredit auf. Diese niedrige Inanspruchnahme ist bemerkenswert, denn die informelle Kreditaufnahme ist in Indien sehr hoch. Eine mögliche Erklärung liegt darin, dass informellen Quellen eine grössere Flexibilität bieten und daher trotz höherer Kosten bevorzugt werden.

Zudem macht die Studie deutlich, dass Mikrokredite zwar einige Haushalte unterstützen können, Betriebe zu gründen oder zu erweitern. Dennoch schlägt sich dies kaum im Konsum nieder, welcher ein guter Indikator für ihren Wohlstand ist. Dies liegt unter anderem daran, dass solche Betriebe oft winzig und kaum profitabel sind. Mikrokredite helfen typischerweise nur den bereits profitablen Unternehmen. Das wirft die Frage auf, ob sie tatsächlich ihren ursprünglichen Zweck erfüllen.

Wirtschaftlicher Wandel und gesellschaftliche Teilhabe: Beschäftigung und Arbeitsmarkt

Handel und Innovation: Chance oder Gefahr

Céline Diebold

Relevanz
Handel und Innovation lösen einen starken Strukturwandel aus. Sie sind Chance und Gefahr zugleich. Innovative Unternehmen erschliessen in China und anderswo neue Märkte, expandieren und schaffen mehr Beschäftigung. Andere müssen der Importkonkurrenz weichen. Die Konsumenten profitieren von günstigen Preisen und einer grösseren Auswahl. Handel und Innovation ermöglichen grosse Wohlstandsgewinne, aber nur, wenn Arbeit und Kapital erfolgreich von schrumpfenden zu expandierenden Unternehmen wandern. Wie ist inklusives Wachstum möglich, an dem möglichst alle teilhaben können? Den Strukturwandel aufzuhalten würde den Fortschritt blockieren. Die Politik braucht ein Programm, das die besonders betroffenen Arbeitenden absichert und darin aktiv unterstützt, mit neuen Qualifikationen anderswo eine neue Beschäftigung mit besseren Perspektiven zu finden.

Quelle
Autor, David H., David Dorn und Gordon H. Hanson (2015), Untangling Trade and Technology: Evidence from Local Labor Markets, Economic Journal 125, 621–646.

Globalisierung und technologischer Fortschritt verändern die Arbeit und erfordern neue Qualifikationen. Technologische Neuerungen ermöglichen es

C. Diebold (✉)
Universität St.Gallen, St.Gallen, Schweiz
E-Mail: celine.diebold@unisg.ch

© Der/die Autor(en) 2021   177
C. Keuschnigg und M. Kogler (Hrsg.), *Die Wirtschaft im Wandel*,
https://doi.org/10.1007/978-3-658-31735-5_28

den Unternehmen, produktiver zu werden, etwa indem sie Routineaufgaben computerbasiert automatisieren. Dies hat grosse Folgen für den Arbeitsmarkt: Zum einen fallen die betroffenen Arbeitsplätze weg, zum anderen kann die Nachfrage nach Fachkräften wie z. B. IT-Spezialisten steigen. Auch der zunehmende internationale Handel löst einen Strukturwandel aus und verändert die Beschäftigungsverhältnisse nachhaltig. Im Wettbewerb mit Niedriglohnländern geraten Löhne und Arbeitsplätze in den Industriestaaten zunehmend unter Druck.

Wie technologischer Fortschritt und Welthandel die Beschäftigung beeinflussen, erforschen die Ökonomen schon seit langem, aber meist getrennt voneinander. David Autor, Gordon Hanson und David Dorn vergleichen die Auswirkungen der beiden Trends miteinander. Sind die Umwälzungen auf dem Arbeitsmarkt eher eine Folge des internationalen Handels oder des technologischen Fortschritts? Wie unterscheiden sich Technologie und Handel im Hinblick auf verschiedene Gruppen von Arbeitnehmern, Tätigkeiten und Branchen?

Die Forscher schätzen, wie sich Innovation und Handel auf die Beschäftigung in den USA zwischen 1980 und 2007 ausgewirkt haben. Dabei definieren sie 722 regionale Arbeitsmärkte, welche sich in der Bedeutung verschiedener Wirtschaftszweige unterscheiden. Je nach Branchenstruktur sind sie also mit unterschiedlicher Intensität dem internationalen Wettbewerb und technologischen Wandel ausgesetzt.

Die Folgen der Innovation für die Beschäftigung hängen sehr von der Routineintensität der Arbeitsplätze ab. Routineaufgaben sind besonders leicht zu automatisieren. Dies trifft beispielsweise auf Produktionsvorgänge, Büroarbeiten oder kontrollierende Tätigkeiten zu, jedoch weniger auf abstrakte (z. B. Mitarbeiterführung) oder handwerkliche Tätigkeiten. Dagegen hängt der internationale Wettbewerbsdruck auf die Beschäftigung in amerikanischen Unternehmen sehr mit dem Aufstieg Chinas zusammen. Seine Bedeutung im weltweiten Handel hat massiv zugenommen. China zählt heute zu den wichtigsten Handelspartnern der USA. Die Forscher nutzen Daten über diese beiden Entwicklungen in jedem der über 700 regionalen Arbeitsmärkte und quantifizieren die Beschäftigungseffekte von Technologie und Handel, indem sie auf die Routineintensität eines typischen Arbeitsplatzes bzw. auf die Zunahme von US-Importe aus China pro Arbeitsplatz abstellen.

Wie beeinflussen Handel und technologischer Fortschritt die Beschäftigungs- und Arbeitslosenzahlen? Werden heimische Beschäftigte verdrängt? Die Schätzungen ergeben, dass die Automatisierung von Routineaufgaben insgesamt zu keinem Rückgang der Beschäftigungsquote führte, aber der internationale Wettbewerbsdruck aufgrund steigender Importe aus China signifikante Beschäftigungsverluste auslöste. Dabei gibt es grosse regionale Unterschiede in der Importkonkurrenz. Die Importe waren im obersten Quartil der regionalen Arbeitsmärkte mit der höchsten Importintensität um rund 1'100 US\$ pro

Beschäftigten höher als im untersten Quartil der Regionen mit dem geringsten Importanteil. Die Wissenschaftler schätzen, dass ein Anstieg der Importe aus China um 1'000 US$ pro Arbeitnehmer über zehn Jahre mit einem Rückgang der Beschäftigungsquote um 0,7 Prozentpunkte sowie mit einem Anstieg der Arbeitslosen- und Nichterwerbsquote um 0,2 bzw. 0,5 Prozentpunkte einherging. Der Beschäftigungsrückgang führte in rund drei von vier Fällen dazu, dass die Betroffenen dauerhaft aus dem Arbeitsmarkt ausschieden. Nur wenige wechselten in die (temporäre) Arbeitslosigkeit.

> Um 1'000 US$ höhere Importe aus China pro Arbeitnehmer verringerten die Beschäftigungsquote in den USA um 0.7 Prozentpunkte in 10 Jahren, wogegen die Automatisierung weder zu Beschäftigungsgewinnen noch Verlusten führte.

Dabei sind verschiedene demographische Gruppen einem recht unterschiedlichen Risiko ausgesetzt. Die Schätzungen zeigen, dass der technologische Fortschritt die Beschäftigungsquote von Frauen und älteren Arbeitnehmern signifikant verringerte. Diese Gruppen waren überproportional in Berufen mit vielen leicht automatisierbaren Routineaufgaben tätig. Die stärkere Konkurrenz aus China betraf hingegen alle Bildungs-, Geschlechts- und Altersgruppen. Gering qualifizierte Arbeitnehmer mussten die stärksten Beschäftigungsverluste hinnehmen. Ein Importanstieg von 1'000 US$ pro Arbeitnehmer führte zu einem Rückgang der Beschäftigungsquote um 1,2 Prozentpunkte bei niedrig qualifizierten Arbeitnehmern, aber nur um 0,5 Prozentpunkte bei höher Qualifizierten. In beiden Fällen schieden die betroffenen Arbeitnehmer oft ganz aus dem Arbeitsmarkt aus. Die Forscher weisen jedoch darauf hin, dass dies an den verwendeten Daten liegen könnte, welche alle sieben bzw. zehn Jahre erhoben wurden. So werden nur mittelfristige Auswirkungen auf die Beschäftigungszahlen erfasst. Es ist daher vorstellbar, dass Arbeitnehmer zunächst arbeitslos wurden, bevor sie schliesslich den Arbeitsmarkt verliessen.

> Die zunehmende Importkonkurrenz aus China traf niedrig qualifizierte Arbeitnehmer besonders stark. Die Beschäftigungsquote sank um 1.2 Prozentpunkte je 1'000 US$ Importe pro Arbeitnehmer, verglichen mit nur 0.5 Prozentpunkten bei höher Qualifizierten.

Welche Berufsgruppen und Aufgabenfelder sind am stärksten von Technologieentwicklung und internationalem Wettbewerb betroffen? Die Forscher unterscheiden grob zwischen drei Kategorien: Tätigkeiten in Management und Technik verlangen spezialisierte Fähigkeiten in Organisation und abstrakter

Problemlösung. Sie werden meist von gutbezahlten Arbeitnehmern mit hohem Bildungsstand ausgeführt. Tätigkeiten in Produktion, Administration und Vertrieb umfassen typischerweise zahlreiche Routineaufgaben, welche relativ leicht durch Computer ersetzbar bzw. automatisierbar sind. Eine dritte Kategorie bilden Berufe in Handwerk, Landwirtschaft und Dienstleistungen, welche oft körperliche Arbeit mit sich bringen und keine höhere Ausbildung voraussetzen. Sie haben sich meist als nur schwer automatisierbar erwiesen.

Zunehmende Automatisierung betrifft vor allem die zweite Kategorie mit hoher Routineintensität und führte dort zu signifikant niedrigeren Beschäftigungsquoten. Dies geschah unabhängig von Alter, Geschlecht sowie Ausbildung der Arbeitnehmer. Im Gegensatz dazu veränderte sich die Beschäftigungsquote von hoch bzw. niedrig qualifizierten Tätigkeiten (erste und dritte Kategorie) nicht signifikant. Automatisierung und Computerisierung tragen also zu einer Polarisierung von Berufen bei. So gehen zwar Arbeitsplätze etwa in Verwaltung und Büro verloren. Es entstehen aber neue Arbeitsplätze sowohl in leitenden Tätigkeiten als auch in handwerklichen Berufen, welche die entgegensetzten Enden des Einkommensspektrums besetzen. Diese Entwicklung erklärt zumindest teilweise die immer größer werdende Einkommensungleichheit in den USA. Der zunehmende Wettbewerb mit China führte dagegen zu Beschäftigungsverlusten in allen Berufskategorien, mit überdurchschnittlich starken Auswirkungen auf Arbeitnehmer mit nur geringen Qualifikationen oder in routineintensiven Tätigkeiten.

> Die Beschäftigungsquote in Produktion, Administration und Vertrieb sank um 1.8 Prozentpunkte stärker, wenn diese Tätigkeiten besonders routineintensiv und leicht automatisierbar waren.

Schliesslich vergleichen die Forscher die Entwicklung in verschiedenen Branchen. In der Industrie führte zunehmende Konkurrenz aus China zu deutlichen Arbeitsplatzverlusten: Die Beschäftigungsquote sank über zehn Jahre um 0,5 Prozentpunkte, wenn chinesische Importe um 1'000 US$ pro Beschäftigten zunahmen. Von diesem Rückgang waren nicht nur Mitarbeiter in der Produktion selbst, sondern auch leitende und technische Angestellte sowie Büromitarbeiter betroffen. Dagegen verursachte der technologische Fortschritt im gesamten Beobachtungszeitraum von 1980 bis 2007 insgesamt kaum signifikante Arbeitsplatzverluste in der Industrie. Aber die Verwendung von Computern, vor allem in den 1980er und 1990er Jahren, veränderte Aufgabenfelder und Berufsbilder sehr stark, führte zu Beschäftigungsverlusten bei routineintensiven Tätigkeiten, und förderte eine Polarisierung der Arbeitswelt. Dieser Effekt nahm in den 2000er Jahren deutlich ab. In anderen Branchen hingegen nahm die Automatisierung von Routinetätigkeiten vor allem nach dem Jahr 2000 noch weiter zu.

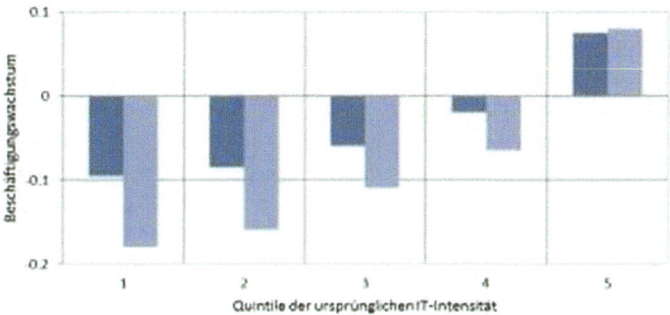

Abb. 1 Beschäftigungseffekt unterschiedlich starker chinesischer Importkonkurrenz in 12 EU-Staaten. Bemerkung: Beschäftigungswachstum je nach Innovationsgrad der Firmen in Branchen mit schwach und stark steigenden Importen aus China. Die IT-Intensität ist von Quintil 1 zu 5 ansteigend. (Quelle: Nicholas Bloom, Mirko Draca und John Van Reenen, Who's Afraid of the Big Bad Dragon? How Chinese Trade Boosts European Innovation, VOXeu, 3. Februar 2011)

> In der Industrie stellt seit den 1990er Jahren die Importkonkurrenz aus China eine immer grösser werdende Gefahr für die Beschäftigung dar. Der Trend zur Automatisierung führt weniger in der Industrie, aber zunehmend im Dienstleistungssektor zu Arbeitsplatzverlusten.

Die Auswirkungen des technologischen Fortschritts auf den amerikanischen Arbeitsmarkt scheinen ihren Fokus zu verschieben: Während in der Vergangenheit Produktionsabläufe automatisiert und hierdurch Arbeitsplätze abgebaut wurden, war zwei Jahrzehnte später der Dienstleistungssektor betroffen, z. B. durch Neuerungen in der Daten- und Informationsverarbeitung.

In einer ähnlichen Studie untersuchen Nicholas Bloom und seine Co-Autoren[1] die Folgen der chinesischen Importkonkurrenz für zwölf europäische Staaten im Zeitraum von 1996 bis 2007. Abb. 1 veranschaulicht den Beschäftigungszuwachs bzw. -rückgang europäischer Firmen in Sektoren, welche in einem schwachen

---

[1]Nicholas Bloom, Mirko Draca und John van Reenen (2016), Trade Induced Technical Change? The Impact of Chinese Imports on Innovation, IT and Productivity, *Review of Economic Studies 83*, 87–117.

bzw. starken Ausmaß von chinesischer Importkonkurrenz betroffen waren, je nach Technologieintensität der Unternehmen. Firmen mit geringer IT-Intensität schrumpften überall, aber besonders stark in Branchen und Regionen mit hoher chinesischer Importkonkurrenz. Relativ IT-intensive Unternehmen konnten jedoch offenbar unabhängig vom Ausmaß der chinesischen Importkonkurrenz einen Zuwachs der Beschäftigungszahlen verzeichnen. Dies deutet darauf hin, dass zwar wenige produktive Firmen im Zuge der chinesischen Importe verdrängt wurden. Innovative und technologieintensive Unternehmen konnten jedoch erfolgreich reagieren und ihre Marktanteile, unbeeindruckt der chinesischen Konkurrenz, sogar ausbauen.

Wie viel Training brauchen Arbeitslose?

Carina Steckenleiter

Relevanz

Die Bekämpfung der Arbeitslosigkeit ist eines der wichtigsten Ziele der Wirtschaftspolitik. Jährlich wenden Industrienationen beträchtliche Summen an Geldern für Arbeitsmarktprogramme auf. Laut einer vergleichenden Aufstellung der OECD entsprachen im Jahr 2015 die Ausgaben für aktive Arbeitsmarktprogramme in Deutschland beispielsweise 0,6 % des Bruttoinlandsprodukts (BIP) und in Frankreich 1 % des BIPs. Vor dem Hintergrund dieser hohen Kosten sind belastbare Auswertungen, die die Wirkung der Programme evaluieren, von immenser Bedeutung. Die Autoren der vorliegenden Studie evaluieren dabei insbesondere den Effekt der Dauer eines Arbeitsmarktprogramms.

Quelle

Flores, Carlos A., Alfonso Flores-Lagunes, Arturo Gonzalez, und Todd C. Neumann (2012), Estimating the Effects of Length of Exposure to Instruction in a Training Program: The Case of Job Corps, Review of Economics and Statistics 94(1), 153–171.

Arbeitsmarktprogramme sind ein etabliertes Instrument zur Arbeitsmarktintegration von arbeitslosen Personen. Es erscheint plausibel, dass neben der Tatsache, ob jemand an einem Programm teilgenommen hat, auch die Programmdauer und somit die Intensität den späteren Arbeitsmarkterfolg beeinflussen. So

C. Steckenleiter (✉)
Universität St.Gallen, St.Gallen, Schweiz
E-Mail: carina.steckenleiter@unisg.ch

© Der/die Autor(en) 2021   183
C. Keuschnigg und M. Kogler (Hrsg.), *Die Wirtschaft im Wandel*,
https://doi.org/10.1007/978-3-658-31735-5_29

ist es einerseits vorstellbar, dass sich der Nutzen eines Programms erst ab einer
bestimmten Dauer der Programmteilnahme materialisiert. Andererseits erscheint
es ebenso plausibel, dass ab einer bestimmten Programmdauer kein zusätzlicher
Nutzen für den Teilnehmer entsteht. Darüber hinaus könnte es sein, dass verschiedene Gruppen wie zum Beispiel jüngere und ältere Teilnehmer unterschiedlich reagieren. All diese Informationen sind für politische Entscheidungsträger
wichtig. Sie können dazu dienen, Programme besser auf die Bedürfnisse der Teilnehmer anzupassen und Steuergelder kosteneffizient einzusetzen. Die Arbeit von
Flores, Flores-Lagunes, Gonzalez, und Neumann ist eine der ersten Studien, die
den Wirkungszusammenhang zwischen Programmlänge und späterem Arbeitsmarkterfolg erforscht.

Die Autoren analysieren am Beispiel des Job Corps Programms in den USA,
welchen Effekt die Länge der Programmteilnahme auf den Arbeitsmarkterfolg hat.
Das Job Corps Programm existiert seit 1964 und kann landesweit an mehr als 120
Zentren absolviert werden. Es bietet unter anderem Berufsausbildung, Kurse zur
Stärkung der Sozialkompetenz und verschiedene Komponenten von Schulbildung
wie zum Beispiel Mathematikkurse oder vorbereitende Kurse zum Absolvieren des
High-School Abschlusses an. 16- bis 24-jährige können bei Erfüllung verschiedener
Kriterien am Programm teilnehmen. Zu diesen zählen unter anderem Armutsstatus,
das Leben in einem schwierigen Umfeld, ein Schulabbrecher zu sein, oder das
Benötigen von weiterer Bildung/Ausbildung. Der typische Programm-Teilnehmer
gehört zu 70 % einer Minderheit an, ist 18 Jahre alt und hat in 75 % der Fälle die
High-School abgebrochen. Etwa 60.000 junge Erwachsene beginnen jedes Jahr
das Programm. Besonders am Job Corps Programm ist, dass teilnahmeberechtigte
Bewerber zufällig zur Teilnahme ausgewählt wurden. Dies erlaubt die Evaluation
der Programmeffekte mit gängigen ökonometrischen Methoden.

> Der typische Programm-Teilnehmer gehört zu 70 % einer Minderheit an, ist
> 18 Jahre alt und hat zu 75 % die High-School abgebrochen.

Gemeinsam mit einem Berater entwickelt jeder Teilnehmer einen Programmplan,
welcher von den eigenen Bedürfnissen und Präferenzen und den Charakteristika
des jeweiligen Programmcenters abhängt. Die Teilnahmedauer einer Person setzt
sich somit aus institutionellen Gegebenheiten sowie persönlichen Entscheidungen
zusammen. Die durchschnittliche Teilnahmedauer entspricht 30,4 Wochen, somit
in etwa 7,5 Monate.

Die Autoren der Studie messen den Arbeitsmarkterfolg anhand von zwei
Indikatoren: Zum einen betrachten sie das durchschnittliche wöchentliche Einkommen der Teilnehmer 48 Monate nach zufälliger Programmzuteilung, und zum
anderen das durchschnittliche wöchentliche Einkommen 1 Jahr nach Programm-

ende. Beide Indikatoren ermitteln sie sowohl absolut als auch in Differenz zum Einkommen, welches die Individuen vor der Programmteilnahme verdient haben. Abb. 1 zeigt die Ergebnisse der Studie zum Effekt der Programmdauer auf das durchschnittliche wöchentliche Einkommen 1 Jahr nach Programmende für verschiedene Gruppen. Die Ergebnisse werden einmal für die gesamte Stichprobe, aber auch zusätzlich für die Teilstichproben Männer, Frauen, Afroamerikaner, Weisse sowie Hispanics gezeigt. Die Abbildung beschreibt den marginalen Effekt einer zusätzlichen Woche Programmteilnahme auf das durchschnittliche Wocheneinkommen ein Jahr nach dem Ende der Teilnahme (in Differenzen). Punkte auf der schwarzen Linie oberhalb der Null-Dollar-Grenze geben an, um wie viel das Einkommen bei einer Verlängerung der Programmteilnahme um eine zusätzliche Woche steigen würde. Die Grafik zeigt, dass dies für alle Gruppen zumeist der Fall ist. Jedoch ist auch klar zu erkennen, dass der Effekt einer zusätzlichen Woche auf das Einkommen mit zunehmender Programmdauer kleiner wird. Jede Schätzung weist eine Unsicherheit auf, welche in der Abbildung durch die gestrichelten Linien (Konfidenzintervalle) dargestellt wird. Wenn ein geschätzter

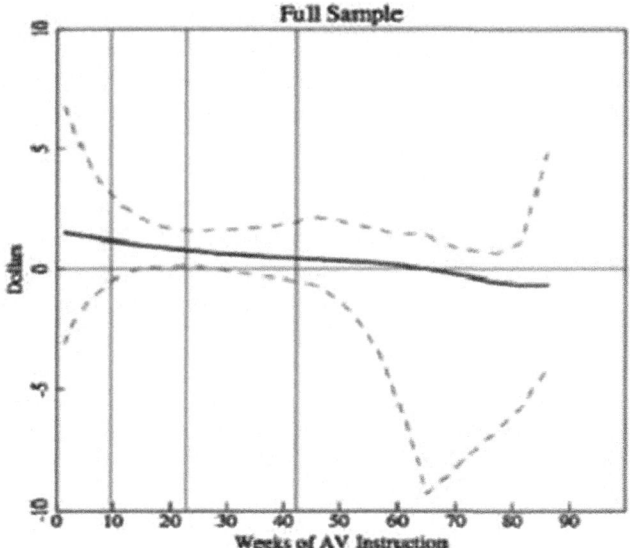

Abb. 1 Effekt einer zusätzlichen Woche Programmteilnahme auf das durchschnittliche wöchentliche Einkommen 1 Jahr nach Programmende in Differenz zum Einkommen vor Programmteilnahme. (Quelle: Flores et al. 2012, S. 167)

Effekt positiv und statistisch signifikant von Null verschieden ist, befinden sich alle Werte des Intervalls oberhalb der Nullgrenze. Dies ist z. B. für die gesamte Stichprobe bis zu einer Programmdauer von ungefähr 31 Wochen der Fall.

> Der durchschnittliche marginale Ertrag einer weiteren Woche Programmteilnahme wird auf 2,1 US-Dollar geschätzt, das sind 1,8 % des Einkommens vor der Programmteilnahme. Bei einer Programmdauer von 10 Wochen würde eine Verlängerung um eine Woche das Wocheneinkommen um ca. 4 US-Dollar steigern. Der marginale Ertrag einer verlängerten Teilnahme von 23 auf 24 Wochen entspricht in etwa noch der Hälfte der Einkommenssteigerung von 10 auf 11 Wochen Teilnahme.

Vergleicht man die einzelnen Abbildungen miteinander, stellt man teilweise deutliche Unterschiede in den Einkommenszuwächsen fest, welche verschiedene Gruppen bei einer Verlängerung des Programms um eine Woche erzielen könnten. Wenn man beispielsweise Männer und Frauen über die Programmwochen 1–42 hinweg vergleicht, lassen sich interessante Unterschiede feststellen. Der durchschnittliche marginale Ertrag einer weiteren Woche Programmteilnahme beträgt für Männer 3,1 US-Dollar pro Woche, für Frauen dagegen nur 1,3 US-Dollar.

Die Studie vergleicht zudem die Auswirkungen auf das durchschnittliche Wocheneinkommen 48 Monate nach Programmzuteilung bzw. 1 Jahr nach Programmende. Die Forscher zeigen, dass der geschätzte Einkommenszuwachs von einer Woche mehr Training 1 Jahr nach Programmende höher ist. So beträgt der geschätzte durchschnittliche marginale Ertrag einer zusätzlichen Woche Programmteilnahme 1 Jahr nach Programmende 2,1 US-Dollar, während dieser 48 Monate nach Programmzuteilung auf 0,8 US-Dollar geschätzt wird (beides in Differenz zu vor Programmbeginn erzieltem Einkommen). Die Autoren schlussfolgern daraus, dass sogenannte „Lock-in-Effekte" im Job-Corps-Programm von Bedeutung sind. Als „Lock-in-Effekte" bezeichnen Arbeitsmarktökonomen negative Beschäftigungseffekte unmittelbar nach Beginn des Arbeitsmarktprogramms, welche dadurch entstehen, dass Teilnehmer weniger Zeit zur Stellensuche aufwenden können.

> Über die gesamte Programmdauer betrachtet ist der durchschnittliche Einkommenszuwachs aus einer Verlängerung der Programmteilnahme um 1 Woche für Männer zweimal so hoch wie für Frauen.

Insgesamt zeigt die Studie einen positiven Zusammenhang zwischen einer längeren Partizipationsdauer und dem nachher erzielten wöchentlichen Einkommen auf. Die Wirkung einer Verlängerung um eine Woche nimmt jedoch mit der Dauer des Programms ab. Interessanterweise fällt der Nutzen sehr unterschiedlich für verschiedene Gruppen aus. Männer profitieren im Durchschnitt doppelt so stark wie Frauen. Die Studie zeigt somit zum einen auf, dass die Dauer der Programmteilnahme ein wichtiger Baustein für Arbeitsmarktprogramme ist, und zum anderen, dass es beträchtliche Unterschiede zwischen verschiedenen demographischen Gruppen gibt.

Wie die Arbeitslosenversicherung die Wirtschaft stabilisiert

Isabella Maassen

Relevanz

Die Arbeitslosenversicherung schützt die Arbeitenden vor grösseren Einkommensausfällen in der Rezession und hilft, den Wohlstand über die Zeit zu glätten. Sie ist auch ein wichtiger automatischer Stabilisator, der die Konjunkturschwankungen dämpft. Gerade die Arbeitslosen haben häufig eine hohe Konsumquote und geben in der Rezession jedes zusätzliche Einkommen aus. Die Absicherung der Einkommen stützt zudem die Kreditfähigkeit der Haushalte. Eine solide finanzierte Arbeitslosenversicherung stabilisiert die Konsumnachfrage und festigt die Widerstandskraft der Wirtschaft. Christian Keuschnigg und Michael Kogler, Herausgeber.

Quelle

Marco Di Maggio, Amir Kermani (2017), Unemployment Insurance as an Automatic Stabilizer: The Financial Channel, Harvard Business School Finance Working Paper.

In einer Rezession verlangsamt sich das Wachstum, die Nachfrage bricht ein, Unternehmen entlassen Mitarbeiter und die Finanzmärkte stocken. Konjunkturpakete sollen die negativen Auswirkungen mildern. Während der grossen Wirtschaftskrise 2008 setzten Regierungen weltweit auf zusätzliche öffentliche Investitionen, Steuersenkungen, oder Erleichterungen beim Kreditzugang von Unternehmen und Haushalten, nicht selten mit Kosten von über 2 % des Bruttoinlandsprodukts.

I. Maassen (✉)
Universität St.Gallen, St.Gallen, Schweiz
E-Mail: isabella.maassen@student.unisg.ch

Dennoch traf die Krise einige Regionen stärker als andere. Unterschiedlich grosse Konjunkturpakete sind dafür eher wenig relevant. Viel stärker von Bedeutung ist die grundlegende Widerstandsfähigkeit einer Volkswirtschaft. Diese hängt stark von der Wirksamkeit automatischer Stabilisatoren ab. Anders als Konjunkturpakete müssen sie nicht erst im Krisenfall aktiviert werden. Sie können automatisch und ohne Verzögerungen die wirtschaftlichen Schwankungen deutlich verringern. Ein besonders wichtiger automatischer Stabilisator ist die Arbeitslosenversicherung.

Mit steigender Arbeitslosigkeit erleiden mehr Haushalte Einkommensverluste. Auch die Jobsuche dauert länger. Deshalb konsumieren sie weniger. Auch jene, die ihren Arbeitsplatz nicht verlieren, leiden unter grösserer Unsicherheit und sparen mehr. In allen Fällen hilft die Arbeitslosenversicherung, die Nachfrage zu stützen: Zum einen erhöht sie das verfügbare Einkommen der Arbeitslosen. Zudem verringert sich das Risiko derer, die Angst um ihren Job haben. Es gibt jedoch auch kontraproduktive Effekte. So kann eine grosszügigere Arbeitslosenunterstützung langfristig auch zu höherer Arbeitslosigkeit führen, wenn sie bei den Arbeitslosen die Intensität der Jobsuche und die Bereitschaft, eine neue Stelle anzunehmen, mindert.

Solche gegenläufigen Auswirkungen erschweren die Überlegungen zur günstigen Ausgestaltung der Arbeitslosenversicherung. Trotz einiger einflussreicher Studien mangelt es nach wie vor an praktischen Orientierungshilfen für politische Entscheidungsträger. Die Ökonomen Marco di Maggio und Amir Kermani von den Universitäten Harvard und Berkeley wollen empirisch die Frage klären, welche Mechanismen der Arbeitslosenversicherung die Stabilität einer Volkswirtschaft verbessern können. Sie untersuchen vor allem den Einfluss auf die Schwankungen der Beschäftigung und des Konsums. Die Arbeitslosenversicherung beeinflusst zudem die Fähigkeit von Haushalten, ihre finanziellen Verpflichtungen zu erfüllen. Daher untersuchen sie auch den Effekt der Arbeitslosenversicherung auf die Verfügbarkeit von Krediten, mit denen die Haushalte ihren Konsum aufrechterhalten können.

Die Forscher nutzen eine Besonderheit der Arbeitslosenversicherung in den USA aus. Die Bundesstaaten können weitgehend selbst bestimmen, wie grosszügig sie die Arbeitslosenunterstützung gestalten. Diese Unterschiede erlauben es di Maggio und Kermani, die Auswirkungen wirtschaftlicher Einbrüche auf lokaler Ebene zu vergleichen. Sie analysieren die Beschäftigungs- und Wirtschaftsentwicklung in Bezirken (Counties), die sich hauptsächlich in ihren Leistungen der Arbeitslosenversicherung unterscheiden, sonst aber sehr ähnlich sind.

Die Forscher verwenden Daten zu Beschäftigung und Arbeitslosenversicherung im Zeitraum 1990 bis 2013. Sie messen die Grosszügigkeit der Arbeitslosenversicherung anhand der Ersatzrate. Diese erfasst, welchen Anteil des früheren Gehalts Arbeitslose nach dem Jobverlust erhalten. Dabei gibt es zwischen den Bundesstaaten starke Unterschiede bei den Ersatzraten, von 190 bis 400 US\$ pro Woche. Die durchschnittliche Ersatzrate betrug 36,4 % mit einer Standardabweichung von 3,9 Prozentpunkten, das sind 11 % des Durchschnittswerts.

Wie kann man die Unterschiede in der lokalen Arbeitsnachfrage messen? Die Forscher verwenden dafür das Konzept des „Bartik Schocks". Sie betrachten zunächst die Entwicklung des Arbeitsmarktes auf nationaler Ebene nach Branchen. Dann gewichten sie die branchenspezifische Arbeitsnachfrage mit dem Beschäftigungsanteil der Branche im jeweiligen Bezirk im Jahr 1998. So erhalten sie am Ende ein Mass für die Unterschiede in der lokalen Arbeitsnachfrage. Wenn z. B. landesweit die Beschäftigung in den Dienstleistungsbranchen und in der Industrie um zwei bzw. vier Prozent zurückgeht und in einem Bezirk je die Hälfte der Arbeitnehmer in diesen beiden Branchen tätig sind, dann ergibt dies einen Bartik Schock von minus drei Prozent in diesem Bezirk. Der Vorteil dieses Ansatzes liegt darin, dass die so ermittelte lokale Arbeitsnachfrage nicht durch bezirksspezifische Veränderungen im Arbeitsangebot verfälscht wird. In den Daten variieren die Schocks auf die lokale Arbeitsnachfrage zwischen −6,9 und +3,3 %.

Eine grosszügige Arbeitslosenversicherung kann den Beschäftigungseinbruch in einem wirtschaftlichen Abschwung verringern. Erhöht sich die Ersatzrate von 36.4 auf 40.3 Prozent, sinkt der Einbruch des Beschäftigungswachstums um 9 Prozent. Dies stützt besonders die Beschäftigung in den Dienstleistungsbranchen.

Die Arbeitslosenversicherung hilft, Beschäftigung und Konsum in der Krise zu stützen. Die Wissenschaftler schätzen, dass z. B. ein Rückgang der lokalen Arbeitsnachfrage (gemessen anhand des Bartik Schocks) das Beschäftigungswachstum um 9 % weniger stark verringert, wenn die Ersatzrate der Arbeitslosenversicherung in einem Bezirk um eine Standardabweichung, konkret um 11 %, höher ist. Dieser stützende Beschäftigungseffekt wirkt vor allem bei Dienstleistungen wie Handel und Gastronomie besonders stark, wo eine grosszügige Arbeitslosenunterstützung den lokalen Beschäftigungsrückgang sogar um 16 bis 20 % reduziert. Wenn höhere Ersatzraten den Rückgang des verfügbaren Einkommens abschwächen, müssen selbst Arbeitslose ihren Konsum nicht so stark verringern. Dies stützt die Nachfrage in einem Abschwung und verringert so den Beschäftigungseinbruch. Denn die Arbeitslosenunterstützung kommt gerade jenen Haushalten mit einer hohen Konsumquote zu Gute, die jedes zusätzliche Einkommen zum grössten Teil ausgeben und nicht ansparen.

Ist die Ersatzrate der Arbeitslosenversicherung um 11 Prozent höher, schwächt sich in einer Rezession der lokale Konsumrückgang bei langlebigen Gütern um 12 Prozent ab, bei Verbrauchsgütern um 6 Prozent.

Die Studie zeigt weiter, dass eine grosszügigere Arbeitslosenunterstützung nach einem lokalen Schock auch den Rückgang des Konsums um durchschnittlich 7 % abschwächt. Dabei fällt der Konsumrückgang bei langlebigen Gütern um bis zu 12 % weniger stark aus, während die Nachfrage nach Verbrauchsgütern um 6 % weniger stark fällt. Alltägliche Konsumausgaben wie z. B. Lebensmittel schwanken also im Konjunkturverlauf nur schwach. Die Anschaffung langlebiger Güter wie z. B. eines neuen Autos kann man hingegen in einer Krise leicht auf einen späteren Zeitpunkt verschieben. Da die Konsumnachfrage solcher Güter wesentlich stärker schwankt, kann eine grosszügigere Arbeitslosenunterstützung gerade bei langlebigen Gütern stärker stabilisieren.

Abb. 1 veranschaulicht die Ergebnisse. Die horizontale Achse zeigt die lokalen Schocks, wobei der Wert 0 einem normalen Wirtschaftsgang entspricht. Vertikal sind die Wachstumsraten der Beschäftigung – getrennt für nicht handel-

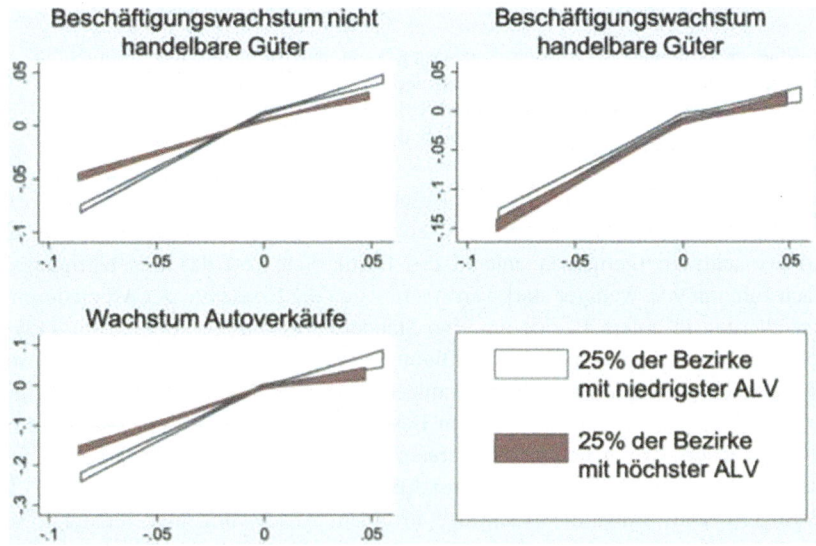

Abb. 1 Lokale Auswirkungen von Schocks nach Grosszügigkeit der Arbeitslosenversicherung. (Quelle: Di Maggio und Kerami 2017)

bare (vorwiegend lokale Dienstleistungen) und handelbare Sektoren – und der Autoverkäufe abgetragen. Die rot schattierten Linien zeigen die Veränderungen in den Top 25 % der Bezirke mit der höchsten Arbeitslosenversicherung (ALV), die blauen nicht schattierten Linien zeigen die Entwicklung in den 25 % der Bezirke mit der tiefsten Versicherung. Es wird deutlich, dass eine grosszügige Arbeitslosenversicherung vor allem die negativen Schocks abfedert, während die Unterschiede zwischen den Bezirken in den Boomphasen gering bleiben. Zudem entfaltet sie die stärksten stabilisierenden Effekte vor allem in den lokalen, nicht handelbaren Branchen und bei langlebigen Verbrauchsgütern wie Autos, während die Unterschiede in den handelbaren Branchen nur schwach signifikant sind.

Welche Rolle spielt der Finanzsektor? Die Forscher stellen fest, dass sich Haushalte in einem wirtschaftlichen Abschwung oft stärker verschulden, z. B. durch höhere Kreditkartenschulden. So können sie ihren Konsum über die Zeit glätten und kurzfristig den Lebensstandard aufrechterhalten. Es zeigt sich aber, dass die Arbeitslosenunterstützung das Verschuldungsverhalten nicht signifikant beeinflusst. Dies deutet darauf hin, dass Haushalte zwar gerne mehr Kredite aufnehmen würden, diese aber während einer Rezession kaum verfügbar sind. Damit fällt der Rückgang des Konsums und der Nachfrage stärker aus, was den Abschwung tendenziell verstärkt. Auch wenn eine Mehrverschuldung nicht möglich ist, kann eine grosszügige Arbeitslosenversicherung zumindest den Rückgang der Kreditvergabe abfedern. Denn Haushalte erleiden trotz Arbeitslosigkeit einen geringeren Einkommensverlust und können so ihren finanziellen Verpflichtungen besser nachkommen. Es fallen weniger Kredite aus. Das Risiko der Kreditgeber sinkt. Sie sind daher eher bereit, die Kreditvergabe aufrecht zu erhalten.

> Ein finanzieller Beschleuniger der Rezession entsteht, wenn Haushalte wegen Arbeitslosigkeit Kredite nicht zurückzahlen können. Eine grosszügigere Unterstützung erlaubt ihnen, ihre Verpflichtungen dennoch zu erfüllen und verhindert so hohe Kreditausfälle und einen starken Rückgang der Kreditvergabe.

Die empirische Evidenz macht deutlich, dass höhere Ersatzraten der Arbeitslosenversicherung in einer Rezession eine stabilisierende Wirkung entfalten. Zwei Mechanismen sind dabei zentral: Erstens stützen höhere Ersatzraten das verfügbare Einkommen und damit Konsum und die Nachfrage. Zweitens können die betroffenen Haushalte eher ihren finanziellen Verpflichtungen nachkommen. Dies senkt das Kreditrisiko und verhindert eine Kreditklemme. Auf beiden Wegen schwächt eine kräftigere Nachfrage den konjunkturbedingten Beschäftigungsrückgang ab.

Wie wirksam ist Regionalförderung?

Céline Diebold

Relevanz

Das Ziel der Regionalpolitik ist die Förderung strukturschwacher Gebiete, damit sie zum nationalen Durchschnitt aufschliessen. Doch die Steuermittel sind knapp und haben viele gute Verwendungen. Auch die Regionalförderung muss sich mit ihrem Nutzen rechtfertigen. Ist sie tatsächlich wirksam, die Entwicklung benachteiligter Gebiete mit zusätzlichen Investitionen anzustossen? Oder erschöpft sie sich in reinen Mitnahmeeffekten, indem sie Investitionen fördert, welche die Unternehmen ohnehin getätigt hätten? Führt sie zu einer Verlagerung von Investitionen und Beschäftigung von nicht geförderten zu geförderten Gebieten, ohne dass die Gesamtwirtschaft profitiert? Kann die Regionalförderung eine nachhaltige, selbsttragende Entwicklung anstossen, die auch dann noch bestehen bleibt, wenn die Förderung wieder ausläuft? Oder bleibt der neu geschaffene Wohlstand dauerhaft von Subventionen abhängig?

Quelle

Criscuolo Chiara, Ralf Martin, Henry G. Overman und John Van Reenen (2019), Some Causal Effects of an Industrial Policy, American Economic Review 109, 48–85.

C. Diebold (✉)
Universität St.Gallen, St.Gallen, Schweiz
E-Mail: celine.diebold@unisg.ch

© Der/die Autor(en) 2021
C. Keuschnigg und M. Kogler (Hrsg.), *Die Wirtschaft im Wandel*,
https://doi.org/10.1007/978-3-658-31735-5_31

Viele Staaten setzen seit langem Subventionen und Zuschüsse ein, um wirtschaftlich benachteiligte, strukturschwache Regionen zu fördern. Die Wirksamkeit solcher Massnahmen ist allerdings umstritten. Kritiker mutmaßen, dass solche Initiativen sich in Mitnahmeeffekten erschöpfen und lediglich private Investitionen finanzieren, welche die Unternehmen ohnehin getätigt hätten.

Wie wirksam ist die Regionalförderung? Empirische Untersuchungen, inwieweit staatliche Zuschüsse Investitionen und Beschäftigung steigern können, sind rar. Ein Grund dafür liegt in der Schwierigkeit, tatsächlich den kausalen Effekt einer solchen Förderung festzumachen. Ein blosser Vergleich der wirtschaftlichen Entwicklung von Unternehmen mit und ohne staatlicher Förderung genügt jedenfalls nicht. Schließlich liegen die geförderten Unternehmen oft in strukturschwachen Regionen, was das Unternehmenswachstum im Vergleich zu anderen Regionen verzerren kann.

Chiara Criscuolo, Ralf Martin, Henry G. Overman und John Van Reenen untersuchen die Wirkungen der Regional- und Industriepolitik auf den Arbeitsmarkt in Großbritannien. Sie analysieren das Förderprogramm „Regional Selective Assistance", welches seit den 1980er Jahren besteht und Arbeitsplätze vor allem in der Industrie und im produzierenden Gewerbe schaffen und sichern soll. Unternehmen in strukturschwachen Regionen können Zuschüsse für Investitionen von bis zu 35 % der Gesamtkosten beantragen.

Um den kausalen Effekt der Regionalförderung festzumachen, nutzt das Forscherteam eine Reform aus dem Jahr 2000. Da regionale Förderprogramme den Wettbewerb verzerren können, unterliegen sie den Vorschriften der Europäischen Union. Die EU erlaubt wirtschaftliche Förderprogramme nur, wenn sie tatsächlich zur Unterstützung strukturschwacher Regionen beitragen. Solche Regionen sind in mehrere Kategorien eingeteilt, welche Investitionszuschüsse in unterschiedlicher Höhe zulassen. Diese Einteilung wird regelmäßig angepasst, so auch im Jahr 2000. Dies veränderte die Förderbarkeit der britischen Regionen sowie die zulässige Höhe der Investitionszuschüsse, welche ein lokal ansässiges Unternehmen beantragen kann.

Die Karte in Abb. 1 veranschaulicht diese Veränderungen. Vor 2000 waren gut 3400 der 10.737 Regionen Großbritanniens förderberechtigt. Der maximale Investitionszuschuss lag meist bei 20 % der Gesamtkosten und bei 30 % in besonders strukturschwachen Regionen. Im Zuge der Neueinstufung im Jahr 2000 verloren über 1000 Regionen die Berechtigung zu Förderungen. Dagegen wurden knapp 500 Regionen neu als strukturschwach und somit förderfähig eingestuft. Das Volumen des Förderprogrammes betrug im Beobachtungszeitraum jährlich etwa 164 Mio. Pfund.

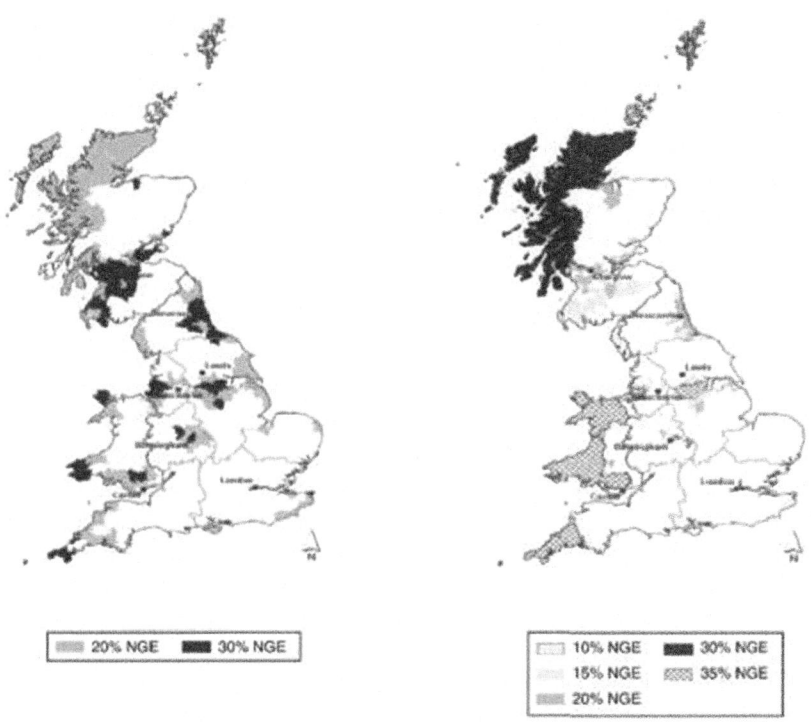

Abb. 1 Maximale regionale Investitionszuschüsse vor und nach 2000 (links vorher, rechts nachher). Bemerkung: NGE Net Grant Equivalent (zulässige Förderhöhe). (Quelle: Ciscuolo et al. 2019, S. 3)

Die Wissenschaftler untersuchen im Zeitraum von 1997 bis 2004 die Entwicklung der Beschäftigung und Arbeitslosigkeit in den verschiedenen Regionen sowie den wirtschaftlichen Erfolg der Unternehmen. Die Studie findet ökonomisch relevante Verbesserungen der Arbeitsmarktsituation. Wenn Unternehmen in einer Region einen um 10 Prozentpunkte höheren Investitionszuschuss beantragen können, erhöht dies die Zahl der Industriearbeitsplätze durchschnittlich um 10 %. Die Anzahl der Arbeitslosen in jener Region geht dadurch um rund 4,2 % zurück. Dieses Ergebnis gilt auch unter Berücksichtigung anderer wirtschaftspolitischer Massnahmen, welche im selben Zeitraum umgesetzt wurden. Wäre das Förderprogramm im Jahr 2000 ausgelaufen, hätte dies einen hypothetischen Verlust von nahezu 156.000 Arbeitsplätzen in Großbritannien bedeutet.

Steigt der maximale Investitionszuschuss für Industrieunternehmen um 10 Prozentpunkte, nimmt die Beschäftigung in diesem Sektor um 10 Prozent zu.

Der Beschäftigungsanstieg durch das Förderprogramm kommt in erster Linie durch die Schaffung neuer Arbeitsplätze und nicht durch die Verlagerung aus anderen Regionen oder Branchen zustande. Die Forscher finden keine Evidenz, dass die Investitionszuschüsse mit signifikanten Arbeitsplatzverlusten in anderen Regionen oder Branchen, welche nicht davon profitieren, verbunden sind.

Die positiven Beschäftigungseffekte der regionalen Förderprogramme gehen nicht mit einer Verlagerung von Arbeitsplätzen aus anderen Regionen einher.

Die Industriepolitik begünstigt in erster Linie bestehende Unternehmen. Dort entstehen die meisten der neuen Arbeitsplätze. Es sind vor allem kleine Unternehmen mit weniger als 50 Mitarbeitern, die durch Zuschüsse neue Arbeitsplätze schaffen. Große Unternehmen stellen hingegen im Durchschnitt keine zusätzlichen Mitarbeiter ein. Eine mögliche Ursache besteht darin, dass sie über mehr Spielraum verfügen, solche Programme auszunutzen. Zum Beispiel können sie leichter vorgeben, neue Arbeitsplätze zu schaffen, während sie an anderer Stelle abbauen.

Vor allem in kleineren Unternehmen führen Investitionszuschüsse zu mehr Arbeitsplätzen.

Innovation und hohe Produktivität stärken nachhaltig das Unternehmenswachstum. Die Schätzungen zeigen jedoch, dass staatliche Zuschüsse zwar die Investitionen und die Beschäftigung der Unternehmen in strukturschwachen Regionen erhöhen, jedoch ihre Produktivität nicht signifikant steigern können.

Zuschüsse führen zu einem Anstieg der Investitionen. Jedoch haben sie darüber hinaus keinen Einfluss auf die Produktivität der geförderten Unternehmen.

Die positiven Beschäftigungseffekte der Regionalförderung sind daher nicht von Dauer. Nach dem Wegfall von Förderungen, z. B. wenn eine Region die Förderbarkeit verliert, verschwinden die positiven Beschäftigungseffekte wieder. Die Einführung und Beendigung eines regionalen Förderprogramms löst in etwa gleich grosse Beschäftigungseffekte aus. Dies weist darauf hin, dass die Regionalförderung zwar zur Sicherung und Schaffung von Arbeitsplätzen beiträgt. Darüber hinaus kann sie jedoch kaum eine nachhaltig positive, selbst tragende Regionalentwicklung anstoßen.

Schaden höhere Gewinnsteuern am Ende den Arbeitnehmern?

Korbinian Wester

Relevanz

Wer eine Steuer an das Finanzamt überweisen muss, ist noch längst nicht derjenige, der die Steuer wirtschaftlich tragen muss. Die Betroffenen wehren sich, wo sie nur können, und überwälzen die Steuern gern auf andere. Die Unternehmen müssen Gewinnsteuern zahlen, aber fordern von den Arbeitenden ihren Teil ein, indem sie bei den Lohnerhöhungen sparen. Es passiert auch umgekehrt. Wenn die Lohnsteuern steigen, fordern die Arbeitenden höhere Löhne, um sich wenigstens einen Teil abgelten zu lassen. Dann tragen die Unternehmen und ihre Eigentümer einen Teil der Lohnsteuern mit. Wenn der Staat zugreift und es weniger vom gemeinsam erwirtschafteten Einkommen zu verteilen gibt, müssen eben beide Seiten verzichten. Auch Kunden und Lieferanten müssen oft mitzahlen, wenn die Unternehmen neue Preise durchsetzen, um die Steuerlast weiterzureichen. Wer in diesem Spiel wenig Verhandlungsmacht hat und sich wenig gegen die Überwälzung wehren kann, bei dem bleibt ein besonders hoher Teil der Steuerlast hängen.

Quelle

Fuest, C., A. Peichl und S. Siegloch (2018), Do Higher Corporate Taxes Reduce Wages? Micro Evidence from Germany, American Economic Review 2018, 393–418.

K. Wester (✉)
Universität St.Gallen, St.Gallen, Schweiz
E-Mail: korbinian.wester@student.unisg.ch

© Der/die Autor(en) 2021
C. Keuschnigg und M. Kogler (Hrsg.), *Die Wirtschaft im Wandel*,
https://doi.org/10.1007/978-3-658-31735-5_32

Wer trägt die Last einer Steuer? Auch wenn beispielsweise Unternehmen gesetzlich verpflichtet sind, eine Steuer zu bezahlen, bedeutet dies nicht, dass sie wirtschaftlich die Steuerlast selbst tragen. Sie können diese ganz oder teilweise auf andere überwälzen, z. B. auf die Konsumenten mittels höherer Preise oder auf ihre Mitarbeiter, indem sie niedrigere Löhne zahlen. Gerade bei der Besteuerung von Unternehmen gehen die Ansichten dazu auseinander. Umfragen ergeben typischerweise, dass die meisten Menschen der Meinung sind, eine höhere Gewinnsteuer (Körperschaftssteuer, Gewerbesteuer) treffe vor allem die Unternehmen. Die Unternehmensvertreter argumentieren hingegen gerne, dass eine Steuererhöhung die Investitionen senke und dadurch zu Lohneinbussen führe. Dann ginge die Steuer zulasten der Arbeitnehmer. Die meisten Ökonomen sind sich einig, dass eine zusätzliche Steuerbelastung tatsächlich zwischen Unternehmern und Arbeitnehmern aufgeteilt wird.

Eine kürzlich erschienene Studie von Clemens Fuest, Andreas Peichl und Sebastian Siegloch geht der Frage nach, wie die Last von Unternehmenssteuern zwischen den Unternehmen (d. h., seinen Eigentümern und Kapitalgebern) und den Arbeitnehmern aufgeteilt wird und ob letztere sinkende Löhne in Kauf nehmen müssen. Dazu betrachten die Forscher die Gewerbesteuer in Deutschland. Diese wird von Unternehmen direkt an die Gemeinde bezahlt und soll einen Beitrag zur Finanzierung der lokalen, von der Gemeinde bereitgestellten Infrastruktur darstellen. Jede Gemeinde entscheidet selbst über den Steuersatz, genauer gesagt, über den sogenannten Hebelsatz, welcher mit der vom Bund festgelegten Steuermesszahl in Höhe von momentan 3,5 % multipliziert wird. Legt der Gemeinderat den Hebelsatz beispielsweise auf 4 fest, so liegt der Gewerbesteuersatz bei 14 %.

Die Forscher betonen zunächst, dass die Aufteilung der zusätzlichen Steuerlast von vielen Faktoren abhängt, z. B. von unternehmensspezifischen Eigenschaften wie Grösse, Intensität der Gehaltsverhandlungen, Profitabilität, ob das Unternehmen in ausländischem Besitz ist, und ob es in verschiedenen Gemeinden tätig ist oder nicht. Zum anderen hängt die Aufteilung aber auch von den Eigenschaften der Arbeitnehmer ab. Dabei spielen vor allem Fähigkeiten, Geschlecht und Alter eine Rolle. Solche Eigenschaften können die Auswirkungen der Gewerbesteuer auf die Löhne verstärken oder verringern und damit Einfluss haben, welchen Anteil der Steuerlast die Arbeitenden tragen müssen.

Für die unternehmensspezifischen Eigenschaften gilt grundsätzlich: Je stärker ein Unternehmen Gewinne an andere Orte verschieben und dadurch Gewerbesteuer sparen kann, und je grösser die Verhandlungsmacht der Arbeitnehmerseite ist, desto schwächer wirkt sich eine höhere Gewerbesteuer auf die Löhne aus. Bei den Eigenschaften der Arbeitnehmer stellt man fest, dass vor allem jene mit niedrigeren Einkommen Lohneinbussen in Kauf nehmen müssen. Dies steht im Gegensatz zur vorherrschenden Meinung, dass Unternehmenssteuern progressiv wirken und somit vor allem höhere Einkommen mit einem hohen Anteil von

Kapitaleinkommen treffen. Die Überwälzung auf die Arbeitnehmer schwächt die progressive Wirkung des Unternehmenssteuersystems signifikant ab.

Um festzustellen, wie Veränderungen des Gewerbesteuersatzes die Löhne beeinflussen, verwenden die Wissenschaftler Daten von 1993 bis 2012 aus insgesamt 3522 Gemeinden, für welche Lohndaten verfügbar sind. Sie untersuchen rund 6800 Änderungen des Gewerbesteuersatzes. Der durchschnittliche Gewerbesteuersatz betrug 18,7 %. Eine typische Erhöhung machte rund 0,9 Prozentpunkte aus, lediglich ein Viertel war grösser als 1,1 Prozentpunkte.

> Bei einer Erhöhung der Gewerbesteuer tragen die Arbeitnehmer 51 Prozent der zusätzlichen Steuerlast.

Die Forscher kommen zu dem Schluss, dass bei einer Anhebung der Gewerbesteuer die Arbeitnehmer im Schnitt 51 % der zusätzlichen Steuerlast tragen müssen. Ein Unternehmen, welches 100 € mehr Gewerbesteuer zahlen muss, senkt also seine Lohnausgaben um durchschnittlich 51 €. Wirtschaftlich gesehen belastet eine Gewerbesteuererhöhung die Arbeitnehmer ähnlich stark wie die Unternehmen und ihre Eigentümer. Die empirische Evidenz weist also auf eine erhebliche Steuerüberwälzung hin. Abb. 1 illustriert, wie der mittlere Reallohn auf eine Erhöhung bzw. Senkung der Gewerbesteuer reagiert.

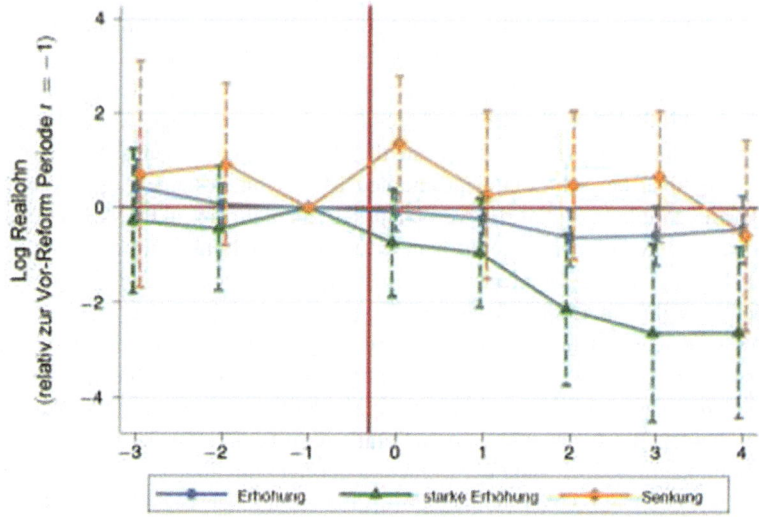

Abb. 1 Reallöhne und Änderungen der Gewerbesteuer. (Quelle: Fuest u. a. 2018, S. 405)

Die Schätzungen zeigen, dass die Überwälzung je nach Unternehmenstyp stark unterschiedlich ausfällt. Demnach müssen Mitarbeiter von kleinen Unternehmen mit weniger als 10 Beschäftigen Lohneinbussen von 124 € in Kauf nehmen, wenn die Gewerbesteuerbelastung um 100 € steigt. Der Lohnrückgang übersteigt sogar den zusätzlichen Steuerbetrag. Ganz anders fallen die Ergebnisse für grössere Unternehmen aus. Jene mit 10 bis 99 Mitarbeitern überwälzen nur noch 31 € auf die Arbeitnehmer. Bei noch grösseren Unternehmen wirkt sich eine Gewerbesteuererhöhung überhaupt nicht mehr signifikant auf die Löhne aus. Die Erhöhung der Gewerbesteuer in einer einzelnen Gemeinde beeinflusst die Kostenstruktur eines grossen Unternehmens mit verschiedenen Standorten typischerweise nur wenig. Deshalb reagiert es meist kaum darauf. Investitionen und Löhne bleiben weitgehend unverändert.

Hat ein Unternehmen weniger als 10 Mitarbeiter, werden 124 Prozent einer Gewerbesteuererhöhung auf die Arbeitnehmer überwälzt. Bei 10-99 Mitarbeitern sind es nur noch 31 Prozent. Bei größeren Unternehmen gibt es keine signifikante Überwälzung.

Auch die Art und Weise, wie die Tarifverhandlungen organisiert sind, beeinflusst die Überwälzung. Finden sie dezentral in jedem Unternehmen separat statt, so tragen die Arbeitnehmer 73 % der zusätzlichen Steuerlast. Bei Verhandlungen für eine ganze Branche sind es nur noch 42 %. In diesem Fall schwächt sich der Effekt ab, da die Erhöhung in einer Gemeinde nur einzelne Unternehmen der gesamten Branche betrifft, nämlich nur jene mit einem Standort in dieser Gemeinde. Gibt es nur zentrale, gemeinsame Tarifverhandlungen für alle Arbeitnehmer und Branchen zusammen, dann werden nur 29 % der Steuer überwälzt. Auch die Profitabilität des Unternehmens spielt eine wichtige Rolle. Während sehr profitable Unternehmen 57 % an die Arbeitnehmer weitergeben, hat eine Steuererhöhung bei sehr wenig profitablen Unternehmen keine Auswirkung auf die Löhne. Ähnliches zeigt der Vergleich der Eigentümerstruktur. Arbeitnehmer, die für ein Unternehmen in deutschem Besitz tätig sind, müssen im Schnitt 45 % der Erhöhung tragen. Bei Unternehmen in ausländischem Besitz kommt es zu keinen signifikanten Lohnrückgängen.

Aber auch innerhalb desselben Unternehmens sind die Mitarbeiter in unterschiedlichem Umfang von der Überwälzung betroffen. Grosse Unterschiede stellt man zum Beispiel fest, wenn man die Angestellten nach ihren Qualifikationen unterscheidet. Bei hochqualifizierten Mitarbeitern beeinflusst die Gewerbesteuer den Lohn kaum. Jedoch sinkt der Lohn von geringer qualifizierten Arbeitnehmern um 38 €, wenn ein Unternehmen um 100 mehr Steuer bezahlen muss. Auch zwischen den Geschlechtern gibt es deutliche Unterschiede: Während Frauen auf 53 € Gehalt verzichten müssen, sind es bei Männern nur 33 €. Ebenfalls entscheidend ist das Alter. Die Lohnzahlungen an junge Angestellte sinken im Schnitt um 51 €, während ältere Mitarbeiter lediglich auf 33 € verzichten müssen.

> Angestellte mit hohen Qualifikationen müssen bei einer Gewerbesteuererhöhung kaum Lohneinbussen befürchten, während schlecht ausgebildete Arbeitnehmer 38 Prozent der zusätzlichen Steuerlast tragen.

Die Studie zeigt, dass bei weitem nicht nur die Unternehmen eine Gewerbesteuererhöhung tragen müssen. Sie können die Steuerlast teilweise auf die Arbeitnehmer überwälzen. Die Steuerlast wird zwischen Unternehmen und Arbeitnehmern aufgeteilt. Eine höhere Gewerbesteuer ist also kein Mittel, das lediglich auf Kosten der Unternehmen und ihrer Kapitalgeber Geld in die öffentlichen Haushalte spült, sondern sie belastet auch Arbeitnehmer. Das Ausmass hängt stark von den Eigenschaften der betroffenen Unternehmen und Mitarbeiter ab. Gerade die gering qualifizierten Arbeitnehmer in kleinen Betrieben leiden besonders stark unter der Überwälzung der Gewerbesteuer.

Wirtschaftlicher Wandel und gesellschaftliche Teilhabe: Soziale Sicherheit und Gesundheit

Macht die Pensionierung gesund oder krank?

Sabrina Stadelmann

Relevanz

Viele Länder Europas reformieren ihre Rentensysteme. Eines der Hauptziele ist die Erhöhung des Rentenalters, um die finanzielle Stabilität der Rentensysteme angesichts steigender Lebenserwartung zu sichern. So wollen z. B. Deutschland, Dänemark, Frankreich, Italien und die Niederlande das Rentenalter schrittweise von 65 auf 67 Jahre anheben. Was sind die zu erwartenden Folgen einer Pensionierung für die Gesundheit? Wenn die Pensionierung tatsächlich Auswirkungen auf den Gesundheitszustand hat, sind weitere Folgen für die Kosten im Gesundheitswesen zu erwarten.

Quelle

Norma B. Coe und Gema Zamarro (2011), Retirement effects on health in Europe, Journal of Health Economics 30, 77–86.

Die schwierige finanzielle Zukunft der Schweizer Altersvorsorge ist spätestens seit der Abstimmung zur Rentenreform 2020 bekannt. Die steigende Lebenserwartung zusammen mit tiefen Zinserträgen auf das Alterskapital lassen die Defizite wachsen. Mit der Ablehnung der Rentenform 2020 am 24. September 2017 dürfte die Diskussion, ob das Rentenalter in der Schweiz angehoben werden muss, noch akuter werden. Kaum thematisiert sind dabei die Folgen der Pensionierung für das Gesundheitswesen: Macht die Pensionierung die Menschen gesünder oder kränker? Diese Frage untersuchen Norma B. Coe vom Boston

S. Stadelmann (✉)
Universität St.Gallen, St.Gallen, Schweiz
E-Mail: sabrina.stadelmann@unisg.ch

© Der/die Autor(en) 2021
C. Keuschnigg und M. Kogler (Hrsg.), *Die Wirtschaft im Wandel*,
https://doi.org/10.1007/978-3-658-31735-5_33

College und Gema Zamarro der RAND Corporation mit Querschnittsdaten aus dem Jahr 2004 für elf europäische Länder.

Die Pensionierung ist ein bedeutender Einschnitt im Erwachsenenleben. Während die einen sich auf das Ende von beruflichem Stress und körperlicher Belastung freuen und die neue Freiheit positiv erleben, fällt anderen die Neuorientierung ohne vorgegebene Tagesstruktur und Einbindung in die aktive Arbeitswelt schwer. In der bisherigen Forschung sind die Auswirkungen der Pensionierung auf die Gesundheit noch nicht verlässlich geklärt. Es liegen Ergebnisse mit positiven und negativen Auswirkungen vor. Coe und Zamarro (2011) untersuchen daher erneut, wie sich die Pensionierung auf die subjektive und objektive Gesundheit von Europäern auswirkt. Hierfür werten die Wissenschaftler Umfrage-Daten aus dem Jahr 2004 aus und schätzen durchschnittliche Effekte für die folgenden elf europäischen Länder: Belgien, Dänemark, Deutschland, Frankreich, Griechenland, Holland, Italien, Österreich, Schweden, Schweiz und Spanien.

Um Rückschlüsse auf die Gesundheitsfolgen der Pensionierung zu ziehen, reicht es nicht, einfach den Gesundheitszustand der Pensionierten mit jenem der noch aktiven Personen zu vergleichen. Auf der einen Seite kann die Pensionierung die Gesundheit beeinflussen. Umgekehrt dürfte aber die Wahl des Pensionierungszeitpunkts stark vom Gesundheitszustand abhängen. A priori ist die Richtung dieses Zusammenhangs, also was Ursache und was Wirkung ist, keinesfalls eindeutig. Eine Person mit schlechter Gesundheit lässt sich vermutlich aufgrund der grösseren Belastung durch die Arbeit eher früher pensionieren. Andererseits setzt eine Frühpensionierung einen gewissen Wohlstand voraus. Da ein höherer Wohlstand im Durchschnitt mit einer besseren Gesundheit einhergeht, könnten sich gerade die gesünderen Menschen eher frühpensionieren lassen. Coe und Zamarro (2011) lösen das Problem der beidseitigen Wechselbeziehung zwischen dem Pensionierungszeitpunkt und der Gesundheit, indem sie den Gesundheitszustand nur von jenen Personen vergleichen, welche leicht jünger bzw. leicht älter als das gesetzlich vorgegebene Rentenalter sind. Das gesetzliche Rentenalter wird für das ganze Land bestimmt und kann daher weder vom individuellen Gesundheitszustand noch von der persönlichen Ruhestandsentscheidung beeinflusst werden. Auf diesem Weg können sie den tatsächlichen kausalen Effekt der Pensionierung auf die Gesundheit isolieren.

Viele Schweizer arbeiten deutlich länger, als das Gesetz ihnen vorschreibt: lediglich 73 Prozent der Schweizer lassen sich zum Zeitpunkt des offiziellen Rentenalters von 65 Jahren pensionieren.

Personen in der Nähe des offiziellen Rentenalters zu vergleichen macht allerdings nur dann Sinn, wenn das gesetzlich vorgegebene Rentenalter die Personen auch dazu veranlasst, wirklich in Pension zu gehen. Die Mehrheit aller Personen richtet ihren Pensionierungszeitpunkt tatsächlich nach dem gesetzlichen Pensionsalter aus. In den meisten Ländern lassen sich mehr als 90 % der Bevölkerung spätestens zum gesetzlich vorgegebenen Alter pensionieren. Das gesetzliche Rentenalter liefert daher eine relativ genaue Vorhersage für das Pensionierungsverhalten. Nur die Schweizer scheinen gerne deutlich länger arbeiten zu wollen, als das Gesetz ihnen vorschreibt: lediglich 73 % der Schweizer, die das vorgeschriebene Rentenalter von 65 Jahren überschritten haben, sind pensioniert.

In ihrer Analyse kommen die Wissenschaftler zu dem zentralen Ergebnis, dass die Pensionierung zu einer Steigerung der Gesundheit führt. Die Wahrscheinlichkeit, eine unterdurchschnittliche, d. h., eine nur durchschnittliche, schlechte oder sehr schlechte Gesundheit zu melden, reduziert sich nach der Pensionierung um 35 %. Die Wissenschaftler messen die Gesundheit jedoch nicht nur nach der befragten Selbsteinschätzung, sondern auch mit einem Gesundheitsindex, der objektive Gesundheitskennzahlen wie z. B. Übergewichtigkeit (Body Mass Index, BMI) oder Griffstärke einer Person beinhaltet. Die Pensionierung führt auch zu einer signifikanten Verbesserung des Gesundheitsindexes. Allerdings werden die Gesundheitsfolgen nur zum Zeitpunkt der Pensionierung gemessen. Eine Pensionierung kann die Gesundheit aber nicht nur in der kurzen Frist, sondern auch über längere Zeit hinweg beeinflussen. In diesem Fall unterschätzt der gemessene Effekt die tatsächlichen langfristigen Gesundheitsfolgen einer Pensionierung.

Die Wahrscheinlichkeit, eine nur durchschnittliche, schlechte oder sehr schlechte Gesundheit zu melden, reduziert sich nach der Pensionierung um 35 Prozent.

Abb. 1 veranschaulicht den positiven Effekt der Pensionierung auf die Gesundheitswahrnehmung, in dem sie das Alter der untersuchten Personen deren Selbsteinschätzung zur Gesundheit gegenüberstellt. Die durchgezogene Linie betrifft Dänemark, welches kein gesetzliches Frühpensionierungsalter kennt. Die anderen Länder sind nach ihrem gesetzlichen Frühpensionierungsalter (zum Zeitpunkt der Untersuchung) gruppiert. In Schweden beispielsweise liegt diese Altersschwelle

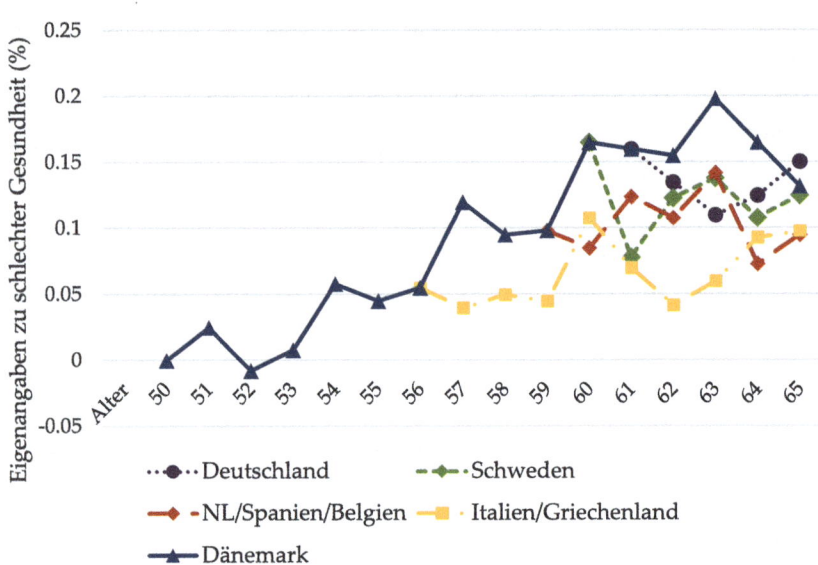

Abb. 1 Selbsteinschätzung von schlechter Gesundheit bei Erreichen des Frühpensionierungsalters. (Quelle: Coe und Zamarro 2011, S. 85)

bei 61 Jahren, während das normale Pensionierungsalter 65 Jahre beträgt. Mit
Überschreiten des Frühpensionierungsalters geht der Anteil schlechter Gesundheitsangaben gegenüber dem Vorjahr markant zurück. Diese Beobachtung
trifft zum Beispiel auch für die Italiener und Griechen zu, die sich bereits mit
57 Jahren vorzeitig pensionieren lassen können. Mit Erreichen dieser Alters-
grenze sind die schlechten Gesundheitsangaben deutlich geringer als im Jahr
zuvor. In Deutschland liegt das Frühpensionierungsalter bei 63, und auch dort
ist die Gesundheitswahrnehmung plötzlich signifikant besser als vorher. Mit
Erreichen der Altersschwelle für eine mögliche Frühpensionierung ist also eine
deutliche Verbesserung der Gesundheitswahrnehmung erkennbar.

Die Wissenschaftler schlagen in ihrer Untersuchung eine Wohlfahrtsanalyse
vor, welche die verschiedenen Kosten und Nutzen einer späteren oder vorzeitigen
Pensionierung gegenüberstellen sollten. Der Nutzen liegt vorwiegend bei den
Individuen, die sich nach einer Frühpensionierung merklich gesünder fühlen. Die
Kosten fallen eindeutig im Pensionssystem an, weil die vorzeitig Pensionierten

Leistungen beziehen und keine Beiträge mehr entrichten, obwohl sie nach ihrem Gesundheitszustand hätten länger arbeiten können. Das Ergebnis von Coe und Zamarro (2011) legt jedoch nahe, dass Einsparungen im Gesundheitswesen möglich sein könnten, wenn sich nach der Pensionierung der Gesundheitszustand tatsächlich verbessert. Solche Auswirkungen auf die Kosten im Gesundheitswesen werden jedoch von Coe und Zamarro (2011) nicht untersucht. Auch ist nicht klar, warum die Verbesserung des Gesundheitszustands eintritt. Es könnte sein, dass nach der Pensionierung mehr Zeit für gesundheitsfördernde Aktivitäten bleibt, wie z. B. Sport, gesellschaftliche Aktivitäten, bis hin zu einer bewussten gesundheitsorientierten Ernährung. Auch mehr Schlaf und die Entlastung von beruflichem Stress könnten der Gesundheit förderlich sein. Gegenteilige Effekte wie z. B. Sinnentleerung, Verlust an Kontakten und Passivität sind jedoch auch denkbar. Es bedarf weiterer Forschung, um die Beziehungen zwischen Arbeitsmarktaktivität, Gesundheitszustand und daraus entstehenden Folgen für die Gesundheitsausgaben zu quantifizieren.

Fördert ein Selbstbehalt Sparsamkeit in der Krankenversicherung?

Patrick Hasch

Relevanz

Zugang zu Gesundheitsleistungen stellt einen bedeutenden Schutz vor Wohlstandsverlusten durch schwere Krankheit dar. Die Krankenversicherung bietet Schutz. Aber wenn die Versicherung alle Behandlungskosten übernimmt, fehlt der Sparanreiz und es droht eine Überbeanspruchung des Gesundheitswesens. Auch ausufernde Gesundheitskosten können unseren Wohlstand beeinträchtigen. Eine Möglichkeit, den Anstieg der Prämien für die Krankenversicherung zu zähmen, ist der Selbstbehalt. Wenn die Versicherten einen Teil der Behandlungskosten selber zahlen müssen, gehen sie vielleicht sparsamer mit den Leistungen des Gesundheitswesens um. Kann ein Selbstbehalt mehr Sparsamkeit in der Krankenversicherung fördern?

Quelle

Aviva Aron-Dine, Liran Einav, Amy Finkelstein, Mark Cullen (2015), Moral Hazard in Health Insurance: Do Dynamic Incentives Matter? Review of Economics and Statistics 97, 725–741.

Versicherungen bieten Schutz. Der Schutz vor exorbitant hohen Kosten von Krankheiten ist besonders wichtig. In den meisten Staaten wird die Krankenversicherung gesetzlich geregelt. Wenn jedoch die Versicherung zahlt, nehmen die Versicherten gerne grosszügig Leistungen in Anspruch, sodass die Kosten steigen.

P. Hasch (✉)
Universität St.Gallen, St.Gallen, Schweiz
E-Mail: patrick.hasch@student.unisg.ch

© Der/die Autor(en) 2021

C. Keuschnigg und M. Kogler (Hrsg.), *Die Wirtschaft im Wandel*,
https://doi.org/10.1007/978-3-658-31735-5_34

Ein solches «moralisches Risiko» ist für alle Versicherungen typisch. Wie ist es möglich, Sicherheit und Schutz zu bieten und dennoch die Kosten im Griff zu behalten? Eine Möglichkeit ist der Selbstbehalt. Indem die Versicherten einen Teil der Kosten selbst zahlen und damit einen Preis entrichten müssen, entscheiden sie sorgfältiger, wie oft und wieviel sie Gesundheitsleistungen in Anspruch nehmen wollen. Das hält die Kosten im Zaum, so die Überlegung.

Wie stark können Preise für Gesundheitsleistungen tatsächlich das Verhalten der Versicherten und damit die Inanspruchnahme von Leistungen beeinflussen? Ein Forscherteam um Liran Einav und Amy Finkelstein untersucht diese Frage anhand der Krankenversicherung in den USA, welche oft durch den Arbeitgeber angeboten wird. Die Versicherten zahlen eine feste monatliche Prämie und eventuell einen Selbstbehalt, wodurch sie einen Teil der anfallenden Kosten selbst tragen. Allerdings ist der Selbstbehalt meist bis zu einem jährlichen Maximum begrenzt. Nach Erreichen dieser Selbstbehaltsgrenze übernimmt die Versicherung alle weiteren Kosten, sodass die Versicherten weitere Leistungen gratis erhalten. Dies bietet Schutz vor besonders hohen Kosten schwerwiegender Krankheiten.

Bei einer Neuanstellung kann ein Versicherungswechsel im laufenden Jahr stattfinden. Wenn jemand später im Jahr, z. B. am ersten Oktober, eine neue Stelle antritt, wird der maximale Selbstbehalt nicht angepasst und gilt für die restlichen drei Monate. Er muss dann bis zur Höhe des Selbstbehalts alles selbst zahlen und hat eine geringere Chance, dass die Versicherung die übersteigenden Kosten übernimmt. Das macht den Arztbesuch teuer. Jemand, der ab Jahresbeginn beim selben Arbeitgeber versichert ist, hat eine grössere Chance, die Selbstbehaltsgrenze zu erreichen und die Versicherung für darüber hinaus gehende Leistungen zahlen zu lassen als jemand, der gegen Jahresende Stelle und Versicherung wechselt. Die monatlichen Prämien sind zwar für alle gleich, aber der effektive Preis für Gesundheitsleistungen hängt wegen des fixen Selbstbehalts vom Beitrittsmonat ab. Jemand, der ab Jahresbeginn durchgehend beim gleichen Arbeitgeber versichert ist, hat einen geringeren Preis als jemand, der gegen Jahresende wechselt. Die Autoren nutzen diese Variation, um die Auswirkung des Selbstbehalts und damit des effektiven Preises für Gesundheitsleistungen auf das Nutzungsverhalten zu untersuchen.

> Der Beitrittsmonat entscheidet, wie schnell die Selbstbehaltsgrenze erreicht wird. Ein Versicherungsabschluss im Januar ist günstiger als im Dezember. Ein späterer Beitrittsmonat verteuert den persönlichen Preis für Gesundheitsleistungen.

Welche Folgen haben die Preisunterschiede? Konkret zeigen die Forscher, dass bei einem frühen Eintritt in die Versicherung der Anreiz grösser ist, Leistungen in Anspruch zu nehmen, weil der effektive Preis niedriger ist. Bei einem späten Eintritt ist jedoch typischerweise ein höherer Teil der Leistungen selbst zu finanzieren und damit ein höherer Preis zu bezahlen, sodass der Anreiz zum Leistungsbezug sinkt. In diesem Fall würde der Eintritt im Januar dazu führen, dass der Versicherte häufiger Behandlungen nachfragt, die vielleicht nicht notwendig sind. Bei Eintritt im Dezember müssten solche Behandlungen meist selbst bezahlt werden, da die Selbstbehaltsgrenze noch nicht erreicht wäre.

Um das Verhalten der Versicherten zu analysieren, verwenden die Autoren einen Datensatz von drei US-amerikanischen Unternehmen (1999–2007). Diese Unternehmen haben zwischen 45.000 und 60.000 Mitarbeiter, welche sie versichern. Sie bieten zwei Vertragstypen an, nämlich jeweils einen Tarif mit und ohne Selbstbehalt. Der maximale Selbstbehalt beträgt 150 bis 300 Dollar für Einzelpersonen bzw. 300 bis 750 Dollar für Familien pro Jahr. Er ist unabhängig davon, zu welchem Zeitpunkt die Versicherung abgeschlossen wurde. Dadurch ergeben sich erhebliche Unterschiede im tatsächlichen Preis von bis zu 30 Prozentpunkten oder rund 37 %: Ein Versicherter, der zwischen Februar und April beitritt, zahlt am Jahresende im Durchschnitt gut 50 Cent pro Dollar zusätzlich anfallender Gesundheitskosten selbst. Bei Vertragsabschluss zwischen August und Oktober sind dies hingegen rund 80 Cent.

> Bei einem Eintritt im Februar ist der effektive Preis von Gesundheitsleistungen wegen des fixen Selbstbehalts in der Krankenversicherung um durchschnittlich rund 37 Prozent niedriger als bei einem Eintritt im Oktober.

58 % der Versicherten nehmen innerhalb der ersten drei Monate Leistungen ihrer Versicherung in Anspruch. Die durchschnittlichen Kosten liegen bei 600 Dollar. Sowohl die Wahrscheinlichkeit, dass Leistungen in Anspruch genommen werden, als auch die Kosten unterscheiden sich je nach Tarif und Beitrittsmonat. Bei Tarifen *mit Selbstbehalt* ist ein früherer Beitrittsmonat mit einer höheren Nutzungswahrscheinlichkeit und grösseren Gesamtkosten verbunden. Bei Tarifen *ohne Selbstbehalt* werden generell mehr Leistungen bezogen, und es besteht auch keine systematische Beziehung zwischen der Nutzung und dem Beitrittsmonat. Ohne Selbstbehalt bezahlen die Versicherten immer die gleiche Prämie, während die Nutzung von Gesundheitsleistungen kostenlos ist.

Um zu schätzen, wie sich der Beitrittsmonat auf den Leistungsbezug auswirkt, vergleichen die Forscher Versicherte mit und ohne Selbstbehalte in demselben Unternehmen. Dieser Ansatz ermöglicht es ihnen, verzerrende Faktoren zu berücksichtigen, welche die Inanspruchnahme der Versicherung unabhängig vom Preis beeinflussen und gehäuft in einzelnen Monaten auftreten (z. B. Erkältungswelle im Februar). Die empirischen Ergebnisse deuten darauf hin, dass moralisches Risiko zur Übernutzung beiträgt. Ein späterer Beitrittsmonat verringert die Nutzungswahrscheinlichkeit sowie die Gesundheitskosten signifikant. Wenn der Vertrag einen Monat später abgeschlossen wird, sinkt die Wahrscheinlichkeit für einen Leistungsbezug in den ersten drei Monaten um 0,4 bis 1 Prozentpunkte.

> Ein späterer Eintritt in die Krankenversicherung verringert den Leistungsbezug bei Selbstbehaltstarifen. Zudem sinken die Gesundheitskosten pro Monat zwischen 2 und 8 Prozent.

Zudem schätzen die Autoren den direkten Effekt einer Preiserhöhung auf die Inanspruchnahme von Leistungen. Muss ein Versicherter am Jahresende um 10 Cent pro Dollar mehr von den zusätzlichen Gesundheitskosten selbst bezahlen, sinkt die Wahrscheinlichkeit um 1,3 Prozentpunkte oder 2,2 %, dass während der ersten drei Monate Leistungen bezogen werden. Die Gesundheitskosten fallen im selben Zeitraum um 7,8 %. Ein höherer Selbstbehalt führt zu einem leichten Rückgang der Nutzungswahrscheinlichkeit. Kommt es jedoch zu einer Inanspruchnahme der Versicherung, dann sind die Versicherten sparsamer im Umfang der bezogenen Leistungen, sodass die Kosten deutlich sinken.

> Steigt der Preis um 10 Cent pro Dollar der anfallenden Gesundheitskosten, gehen die Nutzungswahrscheinlichkeit um 2.2 und die Kosten um 7.8 Prozent zurück.

Die Studie stützt sich auf die detaillierten Krankenversicherungsdaten dreier Unternehmen. Um ihre Ergebnisse zu verallgemeinern, untersuchen die Forscher auch die staatlich gestützte Krankenversicherung Medicare. Diese bietet Versicherungsleistungen für die Senioren an. Ihre Tarife und Selbstbehalte sind ähnlich wie bei den drei vorherigen Beispielen. Anstatt des Eintrittsdatums der Beschäftigten in die betriebliche Krankenversicherung ist im Medicare – Programm jedoch das Datum des 65. Geburtstags ausschlaggebend. Dadurch beeinflusst der Geburtstagsmonat den Preis der Versicherung im laufenden Jahr. Für jene mit Geburtstagen am Jahresende erhöht sich bei einer Versicherung mit Selbstbehalt der tatsächliche Preis von Gesundheitsleistungen.

Auch bei Medicare zeigen sich ähnliche Zusammenhänge, wie Abb. 1 zeigt. Der tatsächliche Preis für Gesundheitsleistungen bei einer Versicherung mit Selbstbehalt (obere Linie) steigt bei späterem Beitritt im Jahresverlauf, während ohne Selbstbehalt der Preis eher abnimmt (untere Linie). Die dunklen Säulen

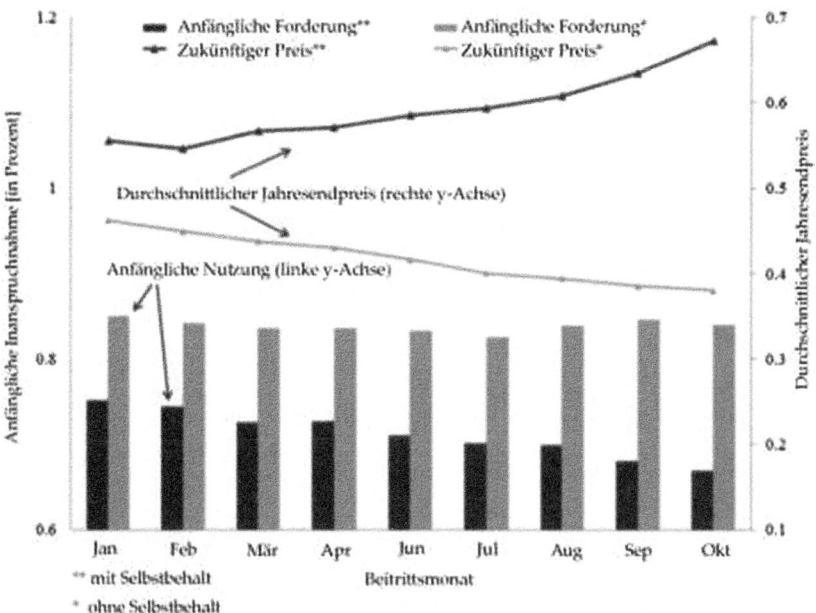

Abb. 1 Preisstrukturen bei Medicare. (Quelle: Finkelstein et al. (2015), Abb. 2)

zeigen bei Tarifen mit Selbstbehalt eine im Jahresverlauf abnehmende Wahrscheinlichkeit, Leistungen zu beziehen. Bei Tarifen ohne Selbstbehalt (helle Säulen) hängt diese kaum vom Beitrittsmonat ab.

Welche Schlüsse lassen sich aus der Studie ziehen? Zunächst scheinen die Versicherten im Durchschnitt die Effekte eines Selbstbehalts zu verstehen und vorausschauend zu berücksichtigen. Die Inanspruchnahme der Krankenversicherung hängt nicht nur vom Gesundheitszustand und auftretenden Krankheiten ab, sondern auch vom Selbstbehalt. Die Versicherten wägen ab, ob bzw. wann eine Behandlung notwendig ist. Sinkt der Selbstbehalt oder fehlt er gänzlich, werden mehr Leistungen genutzt und die Kosten steigen. Da der Versicherte einen Teil der anfallenden Kosten selbst trägt, reduzieren Selbstbehalte das Moralische Risiko einer Übernutzung.

Senkt ein hoher Selbstbehalt die Gesundheitskosten?

Immanuel Lampe

Relevanz

Die Gesundheitskosten in der Schweiz und damit auch die Prämien für Krankenversicherungen steigen jährlich an. In der politischen Debatte werden hohe Franchisen bisweilen als Allheilmittel betrachtet, um die Versicherten zu mehr Kostenbewusstsein anzustossen. Dabei wird immer wieder auf Evidenz zurückgegriffen, welche zeigt, dass eine höhere Franchise tatsächlich die Gesundheitskosten senkt. Aber was wäre gewonnen, wenn die Einsparungen auf Kosten der Qualität der Gesundheitsversorgung geht? Eine neue Forschungsarbeit zeigt, dass die Kosten insbesondere deshalb sinken, weil Versicherte auf durchaus sinnvolle Leistungen verzichten, während sich die Preise für die in Anspruch genommenen Leistungen kaum ändern.

Quelle

Brot-Goldberg, Zarek C., Amitabh Chandra, Benjamin R. Handel und Jonathan T. Kolstad (2017), What does a Deductible Do? The Impact of Cost-Sharing on Health Care Prices, Quantities, and Spending Dynamics, Quarterly Journal of Economics 132(3), 1261–1318.

Die Ausgaben für die medizinische Versorgung steigen weltweit rasant an. Beispielsweise betrugen 1995 die durchschnittlichen Gesundheitsausgaben pro Einwohner der USA $320 im Monat. Bis 2015, innerhalb von lediglich 20 Jahren, ist

I. Lampe (✉)
Universität St.Gallen, St.Gallen, Schweiz
E-Mail: Immanuel.Lampe@unisg.ch

© Der/die Autor(en) 2021
C. Keuschnigg und M. Kogler (Hrsg.), *Die Wirtschaft im Wandel*,
https://doi.org/10.1007/978-3-658-31735-5_35

221

dieser Wert auf mehr als das Doppelte ($780) angewachsen. Diese Entwicklung ist in anderen hoch entwickelten Ländern, beispielsweise Österreich, der Schweiz oder Deutschland, ähnlich. Wachsen die Ausgaben in den nächsten Jahren weiterhin mit derselben Geschwindigkeit, ist das Gesundheitssystem nur schwer finanzierbar.

> Die Gesundheitsausgaben sind in den letzten Jahren explodiert. Im Jahr 2014 betrugen die Kosten für medizinische Versorgung der USA 17 Prozent des BIP.

Die politischen Entscheidungsträger befinden sich in einer Zwickmühle. Auf der einen Seite müssen die Gesundheitsausgaben reduziert werden. Auf der anderen Seite sollte dies nicht die Qualität der medizinischen Versorgung mindern. Das Ziel kann natürlich nicht in der Reduzierung aller medizinischen Behandlungen liegen. Stattdessen sollen der Bevölkerung die Gesundheitskosten stärker bewusst gemacht werden. Ein möglicher Lösungsansatz in der Krankenversicherung ist die verstärkte Verwendung von Franchisen, einer Selbstbeteiligung. Auf diese Weise müssen Versicherte bis zu einer jährlichen Höchstgrenze selbst für alle anfallenden Gesundheitskosten aufkommen. Daten aus den USA zeigen, dass dieses Instrument immer häufiger eingesetzt wird. 2009 hatte nur ca. jeder fünfte Versicherte eine jährliche Franchise von mehr als $1000. 2014 traf dies bereits auf nahezu jeden zweiten Arbeiternehmer zu.

Ist eine hohe Franchise zielführend? Werden die Versicherten kostengünstigere Ärzte aufsuchen oder nur auf nicht notwendige medizinische Behandlungen verzichten, sodass die Qualität der medizinischen Versorgung unverändert bleibt? Diesen Fragen geht ein Forscherteam um Amitabh Chandra von der Universität Harvard nach. Mehrfach wurde schon nachgewiesen, dass nach Einführung einer Franchise die Gesundheitsausgaben sinken. Allerdings konnte noch kein Forscher die genaue Wirkungskette von Franchisen und ihre Folgen für die Nachfrage nach medizinischen Leistungen festmachen.

Um die Auswirkung der Einführung einer hohen Franchise nachzuverfolgen, verwenden die Wissenschaftler Daten eines grossen Arbeitgebers in den USA. Wie in den Vereinigten Staaten üblich waren die Mitarbeiter über ihren Arbeitgeber krankenversichert. Das Unternehmen beschäftigte zum Zeitpunkt der Auswertung mehrere 10.000 Mitarbeiter. Die Arbeitnehmer erzielten ausserordentlich hohe Einkommen. Lediglich 8 % verdienten weniger als $100.000 pro Jahr. Zuerst sah die Krankenversicherung keine Franchise vor. Aufgrund steigender Gesundheitskosten entschloss sich das Unternehmen allerdings, eine Franchise in Höhe von $3000 bis $4000 einzuführen. Die Mitarbeiter wurden drei Jahre vor der tatsächlichen Umsetzung darüber informiert. Das Forschungsteam nutzte diese Anpassung, um zu untersuchen, wie die Versicherten auf die Einführung einer vergleichsweise hohen Selbstbeteiligung reagieren. Der Datensatz umfasst Angaben zu Kosten und Diagnose jedes einzelnen Arztbesuches im Zeitraum von vier Jahren vor und zwei Jahren nach Einführung der Franchise.

In den vier Jahren vor Einführung der Franchise stiegen die durchschnittlichen jährlichen Gesundheitsausgaben pro Mitarbeiter von ca. \$4000 auf \$5200. Im Jahr der Änderung sanken diese Ausgaben abrupt auf rund \$4400. Bei einem Vergleich dieser Werte muss man allerdings Inflation und Alterung der Mitarbeiter während des sechsjährigen Beobachtungszeitraums berücksichtigen. Beides erhöht die Gesundheitskosten. Unter Berücksichtigung dieser Faktoren schätzen die Wissenschaftler einen Anstieg der durchschnittlichen Gesundheitskosten in den vier Jahren vor der Einführung der Franchise um ca. 8 %. Die Franchise verringerte jene Kosten im Durchschnitt um 18 %. Abb. 1 illustriert diese Entwicklung anhand der monatlichen Gesundheitskosten. Auf der horizontalen Achse bezeichnen t_{-4} bis t_{-1} die Jahre vor sowie t_0 und t_1 die Jahre während bzw. nach der Anpassung. Die dunkelblaue untere Linie zeigt den Kostenverlauf unter Berücksichtigung von Inflation und Alterung. Die graue Linie zeigt die Entwicklung der nominalen Kosten.

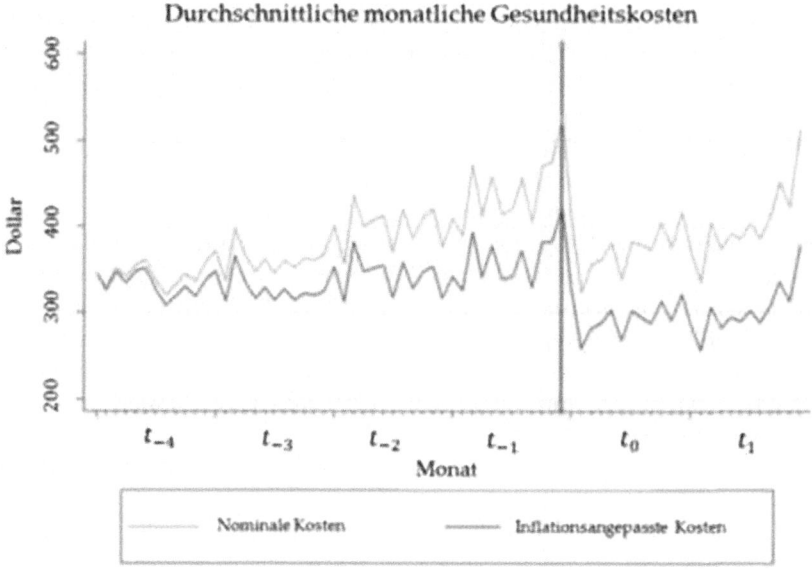

Abb. 1 Monatliche Gesundheitskosten bei Einführung einer Franchise (Quelle: Brot-Goldberg u. a., 2017, S. 13)

Wodurch wird der beschriebene Kostenrückgang verursacht? Die Wissenschaftler nennen drei mögliche Gründe. Erstens setzen sich Versicherte bewusster
mit der Wahl eines Arztes auseinander. Ihnen wurde beispielsweise ein Online-
Preisvergleichstool empfohlen, das auf kostengünstigere Ärzte hinweist. Zweitens
ersetzen Versicherte teure Behandlungsmethoden durch kostengünstigere.
Drittens nehmen Versicherte generell weniger Behandlungen in Anspruch. Das
Forscherteam kann zeigen, dass der einzige Grund für den Kostenrückgang in
der geringeren Inanspruchnahme medizinischer Leistungen liegt. Letztere geht
ebenfalls um 18 % zurück. Eine solche Entwicklung wäre unproblematisch,
solange nur unwichtige Leistungen gekürzt wurden. Allerdings verzichten die
Versicherten auch auf vorbeugende Behandlungen wie etwa Vorsorgeunter-
suchungen.

> Die jährlichen Kosten für die medizinische Versorgung der Mitarbeiter sinken nach
> der Einführung der Franchise um 18 Prozent. Einzige Ursache hierfür ist der teil-
> weise Verzicht auf medizinische Leistungen in der gesamten Bandbreite.

Selbst bei den Kränksten beobachten die Wissenschaftler einen deutlichen Kostenrückgang. Somit nahmen auch jene Menschen, für welche die
medizinische Versorgung am wichtigsten ist, weniger Leistungen in Anspruch.
Dies trat ein, obwohl die Gesundheitskosten dieser Gruppe den Selbstbehalt
ohnehin übersteigen und die Kosten weiterer Behandlungen von der Krankenver-
sicherung getragen werden. Ein Beispiel mag den Zusammenhang verdeutlichen:
Ein Diabetiker muss regelmässig zu Kontrolluntersuchungen und benötigt täglich
Medikamente. Die monatlichen Kosten dafür betragen $400. Bis zum Ende des
Jahres summieren sich diese Kosten auf $4800 und überschreiten die maximale
Franchise. Zu Beginn des Jahres erkrankt der Versicherte an einer starken Grippe.
Ein Arztbesuch würde zu Kosten von $200 führen. Nachdem der Selbstbehalt
bereits anderweitig überschritten ist, fallen die Kosten nicht beim Patienten,
sondern bei der Versicherung an, und sollten daher die Entscheidung zum Arztbesuch nicht mehr beeinflussen. Die Ergebnisse der Studie widersprechen dem
allerdings und zeigen, dass auch Kranke mit hohen Gesamtkosten ihre Arzt-
besuche verringern.

Solange die Versicherten damit rechnen, dass sie über das gesamte Jahr die
Franchise nicht überschreiten werden, müssen sie jede weitere Ausgabe vollständig selber zahlen. Die Entscheidung, ob sie eine medizinische Leistung in

Anspruch nehmen sollen, hängt damit vor allem von jenen Kosten ab, die sie selbst zum Zeitpunkt der Behandlung bezahlen müssen. Ob mit einer aktuellen Ausgabe am Ende des Jahres die Franchise ausgeschöpft wird, sodass diese Kosten am Ende von der Versicherung übernommen und nicht selbst getragen werden, beeinflusst die aktuelle Entscheidung nicht. Liegen die innerhalb des Jahres bisher angefallenen Kosten unterhalb der Franchise, muss ein Versicherter in seiner Wahrnehmung die zusätzlichen Behandlungskosten selbst tragen. Die empirischen Ergebnisse zeigen, dass die medizinischen Behandlungen in diesem Fall um nahezu die Hälfte zurückgingen. Dies bedeutet, dass im Vergleich zu den Jahren vor Einführung der Franchise jeder zweite Arztbesuch ersatzlos gestrichen wurde.

Wenn jedoch die bisher angefallenen Kosten bereits vorzeitig den Selbstbehalt übersteigen, erkennen die Versicherten, dass sie ab diesem Zeitpunkt für weitere Behandlungen nicht mehr selbst aufkommen müssen, sondern die Krankenversicherung alle zusätzlichen Kosten übernimmt. Die Studie zeigt, dass sich die Versicherten in diesen Fällen ähnlich verhielten wie vor Einführung der Selbstbeteiligung. Sie verzichteten nicht mehr auf medizinische Behandlungen, nachdem die Höhe der Franchise erreicht wurde.

> Wenn die Versicherten damit rechnen, dass sie über das Jahr den Betrag der Franchise nicht überschreiten und damit die Kosten von medizinischen Behandlungen selber tragen müssen, nehmen sie nur noch nahezu die Hälfte der üblichen Leistungen in Anspruch.

Die Ergebnisse legen nahe, dass die Einführung einer hohen Franchise kein nachhaltiger Ansatz ist, um die Gesundheitskosten zu verringern. Einzige Ursache für die Reduzierung der Gesamtkosten ist der Verzicht auf medizinische Leistungen. Dies betrifft die komplette Bandbreite des Angebots. Versicherte kürzen sowohl unwichtige als auch wichtige Behandlungen. Es ist nicht auszuschliessen, dass dieses Verhalten zu verspäteten Diagnosen und somit zu hohen Folgekosten führt. Zudem sollte man berücksichtigen, dass es sich bei den betrachteten Personen um Spitzenverdiener handelt. Der negative Einfluss einer hohen Franchise könnte bei Normal- bzw. Geringverdienern noch stärker ausfallen.

Herausgeber- und Autorenverzeichnis

Über die Herausgeber

Christian Keuschnigg ist Initiator des Projekts Next Generation und Herausgeber der Forschungsnachrichten. Er ist Professor für Nationalökonomie und leitete bis dato die Programme Master in Economics und Master in Quantitative Economics and Finance. Seine Forschungsinteressen umfassen Besteuerung, soziale Sicherung, Unternehmen, Banken und Finanzierung, und internationale Ökonomie. Er ist in der Politikberatung engagiert und leitet des Wirtschaftspolitische Zentrum WPZ, ein Kompetenzzentrum der Universität St. Gallen (FGN-HSG).

Michael Kogler ist Mitherausgeber der Forschungsnachrichten. Seit seiner Promotion zum Ph.D. in Economics and Finance 2016 arbeitet er als Postdoktorand an der Universität St. Gallen (FGN-HSG). 2017–2018 war er Visiting Scholar an der New York University, Stern School of Business. Seine Forschungsinteressen liegen in den Bereichen Banken, insbesondere deren Regulierung und Besteuerung, sowie Finanzmärkte und Wachstum.

Autorenverzeichnis

Arthur Corazza Wirtschaftsuniversität Wien
Institut für Makroökonomie

Céline Diebold Universität St.Gallen
Studium: Master in Economics
celine.diebold@student.unisg.ch

Elisabeth Essbaumer Universität St.Gallen
Studium: PhD in International Affairs and Political
Economy
elisabeth.essbaumer@unisg.ch

Till Nikolaus Folger Universität St.Gallen
Studium: Master in Economics
till.folger2@student.unisg.ch

Laurenz Grabher Universität St.Gallen
Studium: Master in Economics
laurenz.grabher@student.unisg.ch

Margaret Green Universität St.Gallen
Studium: Master in Economics
margaret.green@student.unisg.ch

Gerald Gogola WPZ Research
gerald.gogola@wpz-research.com

David Gmür Universität St.Gallen
Studium: Master in Economics
david.gmuer@student.unisg.ch

Patrick Hasch Universität St.Gallen
Studium: Master in Economics
patrick.hasch@student.unisg.ch

Valentine Huber Universität St.Gallen
Studium: Bachelor in Economics
valentine.huber@student.unisg.ch

Adrian Jäggi Universität St.Gallen
Studium: PhD in Economics and Finance
adrian.jaeggi@unisg.ch

Julian Johs Wirtschaftsuniversität Wien & WPZ
Research
Studium: Master in Economics
julian.johs@wpz-research.com

Roberta Maria Koch Universität St.Gallen
Studium: Master in Economics
robertamaria.koch@student.unisg.ch

Verena Maria Konzett Universität St.Gallen
Studium: Master in Economics
verena.konzett@student.unisg.ch

Immanuel Lampe Universität St.Gallen
Studium: PhD in Economics and Finance
Immanuel.Lampe@unisg.ch

Benedikt Lennartz Universität St.Gallen
Studium: PhD in Economics and Finance
benedikt.lennartz@unisg.ch

Piotr Lukaszuk Universität St.Gallen
Studium: PhD in Economics and Finance
piotr.lukaszuk@student.unisg.ch

Isabella Maassen Universität St.Gallen
Studium: Master in Economics
isabella.maassen@student.unisg.ch

Christina Maier Universität St.Gallen
Studium: Master in Quantitative Economics and
Finance
christina.maier@student.unisg.ch

Flurina Mark Universität St.Gallen
Studium: Master in Economics
flurina.mark@student.unisg.ch

Johannes Matt Universität St.Gallen & Stockholm
School of Economics
Studium: Master in Economics & Master in International Economics
johannes.matt@student.unisg.ch

Eric Offner Universität St.Gallen
Studium: Master in Quantitative Economics and Finance
eric.athaydeoffner@student.unisg.ch

Thomas Schiller Universität St.Gallen
Studium: Master in Economics
thomas.schiller@student.unisg.ch

Arnaud Schuele Universität St.Gallen
Studium: Master in Quantitative Economics and Finance
arnaud.schuele@student.unisg.ch

Sabrina Stadelmann Universität St.Gallen
Studium: PhD in Economics and Finance
sabrina.stadelmann@unisg.ch

Carina Steckenleiter Universität St.Gallen
Studium: PhD in Economics and Finance
Carina.steckenleiter@unisg.ch

Korbinian Wester Universität St.Gallen
Studium: Master in Quantitative Economics and
Finance
korbinian.wester@student.unisg.ch

Volkswirtschaftslehre an der Universität St. Gallen

 Das Department für Volkswirtschaftslehre an der Universität St. Gallen ist Teil der School of Economics and Political Science und bietet Studienprogramme zur Volkswirtschaftslehre auf allen Stufen der Lehre sowie in der Executive School an. Detaillierte Informationen zu den Studienprogrammen sind auf folgenden Seiten zu finden:

- Bachelor Major VWL: www.vwl.unisg.ch

- Master in Economics: www.mecon.unisg.ch

- Master in Quantitative Economics and Finance (MiQEF): www.miqef.unisg.ch

- PhD in Economics and Finance (PEF): www.pef.unisg.ch

The manufacturer's authorised representative in the EU is Springer
Nature Customer Service Centre GmbH, Europaplatz 3, 69115 Heidelberg,
Germany. If you have any concerns regarding our products, please
contact ProductSafety@springernature.com

Printed and bound by CPI Group (UK) Ltd, Croydon, CR0 4YY
28/04/2026
02098495-0001